関 正行

Excelで経営情報を分析する

ビジネス統計入門

［決定版］

プレジデント社

Microsoft、Windows、Excelは、米国Microsoft Corporationの米国またはその他の国における登録商標です。
その他、本文中のシステム・製品名は、一般に各社の登録商標、商標または商品名です。
本文中では、™、®マーク、©マークは省略しております。

はじめに

　ある人がある人を愛しているとします。気持ちは通じるものだ、という考え方もあるかもしれませんが、やはり、"I love you."という明確な言葉で表現しない限り、感情は伝わらないものです。一方、発せられた言葉を、正確に理解することも大切です。言葉を正確に理解するためには、正しい語彙と文法の理解が不可欠です。"I"は「私は」という主語であり、"love"は「愛する」という動詞であり、時制は現在です。そして、"you"は「あなたを」という目的語です。

　ビジネス統計も、基本的にはこれと同じだと思います。ビジネスデータ（＝言語）の背後には、必ず経済実態（＝ある人がある人を愛しているという事実）が存在します。語彙や文法が言語の意味を正確に理解するために必要なものだとすれば、ビジネス統計は、ビジネスデータの背後でうごめく経済実態を正しく把握し、さらに、「分析」というプロセスを経て、新たな洞察を生み出すのに役立つものです。

　本書では、データの中心とバラツキを表す指標、区間推定、仮説検定、相関分析、回帰分析、時系列分析、主成分分析、因子分析、判別分析といった、ビジネス統計の中でも特に重要で、かつリアルワールドへの適用機会の多い項目を5日間で駆け抜けます。5日後、今まで無機質に感じられていたビジネスデータが、いきいきと、何らかの意味を持つものとしてみなさんの目に飛び込んでくるようになったとしたら、筆者としてそれに勝る喜びはありません。

　数学的・統計学的な見地から、常に貴重な洞察をいただいた大島裕子さん、図表の作成や表現・数値のチェックを手伝っていただいた岡本真紀さん、後藤渉さん、松本浩美さん、粉川香奈恵さんに深く感謝申し上げます。

　最後に、私の活動を側面から支援してくれている妻の京子、娘の真理、絵理、四国の両親と妹にも、この場を借りてお礼を言いたいと思います。

2011年夏

　　　　　　　　　　　　　　　　　　　　　　　　　関　正行

Contents

Prologue — 1

Day 1 — 7
データの顔を知る
——統計の基礎

▶ 1時間目　データの中心を知る
　　　　　——平均、メディアン、モード — 8

▶ 2時間目　バラツキを知る
　　　　　——分散、標準偏差 — 38

▶ 3時間目　バラツキのカタチを知る
　　　　　——代表的な確率分布 — 63

Day 2 — 85
確率論的にデータを捉える
——区間推定と仮説検定

▶ 4時間目　データは99％の確率で
　　　　　この範囲内にある
　　　　　——区間推定 — 86

▶ 5時間目　偶然か必然かをジャッジする
　　　　　——仮説検定 — 103

Day 3   121
データ間の関係の強さと因果関係を知る
──**相関分析と回帰分析**

- ▶ 6時間目　**データとデータの関係の強さを知る**
  ──相関分析　　　　　　　　　　　　　　122

- ▶ 7時間目　**データとデータの因果関係を知る**
  ──回帰分析　　　　　　　　　　　　　　147

Day 4   181
過去のデータから将来を予測する
──**時系列分析**

- ▶ 8時間目　**過去から将来を予測する①**
  ──時系列分析のベーシックス　　　　　　182

- ▶ 9時間目　**過去から将来を予測する②**
  ──移動平均法、自己回帰、指数平滑法、近似　211

Day 5
データの山から重要な情報を抽出する
―――**多変量解析**

- ▶ 10時間目 　大量のデータから
　　　　　　　重要な切り口を見つける
　　　　　　　　―――主成分分析　　　　　　　　　　244

- ▶ 11時間目 　データの背後にある要因を探る
　　　　　　　　―――因子分析　　　　　　　　　　　270

- ▶ 12時間目 　数学的に白黒をつける
　　　　　　　　―――判別分析　　　　　　　　　　　294

Epilogue　　　　　　　　　　　　　　　　　　　　326
Index　　　　　　　　　　　　　　　　　　　　　　332
Bibiography　　　　　　　　　　　　　　　　　　　336

Prologue

ここはとあるカフェ。東はぼんやりと外を眺めているミライを見つけると話しかけた。

東　　　　ミライ。

ミライ　　こんにちは、東さん。

東　　　　久しぶり。ずいぶん早いね。約束の時間前に来るなんて、やっぱり社会人になると違うのかな？

ミライ　　それは……社会人になって、もう5年だもの。

東　　　　そうなの？　つぶやきでは、あいかわらず天文同好会に顔を出しているみたいだし、あちこちに旅行にも行ってるみたいだし、学生時代と同じノリみたいな感じだけどね。

ミライ　　そうそう。この前、顔を出したら、ニュートリノ研究で有名なスーパーカミオカンデ見学ツアーを企画中ですって言ってた。

東　　　　スーパーカミオカンデ見学に名を借りた飛騨高山温泉ツアーってことだね。

ミライ　　まあ、そんなとこでしょうね。当時の私たちと五十歩百歩よ。

東　　　　ところで、サークルきっての台風娘がどうもパワーが落ちたように見えるけど、何かあったのかい？　彼氏とうまくいってないから、何とかしてくれって言うんじゃないだろうね。

ミライ　　そんなんじゃないわ。だいたい恋愛問題なら、最初から東さんに相談なんてしません。ただ、Facebookに登録したら、東さんの名前を見つけて……で、MBAとったって書いてあったから……

東	うん。大学を出て、3年ほど地元の電力会社に勤めたあと、アメリカのビジネススクールに留学したんだ。アカウンティングやら、ファイナンスやら、マーケティングやら、一通り学んだよ。
ミライ	アメリカでの生活は楽しかった？
東	とんでもない。試験漬けの2年間だったよ。言葉のハンディもあるし、本当に大変だった。でも、これまでの人生で最も真剣に学んだという実感があるよ。
ミライ	なるほど。で、今は？
東	帰国後、母校に戻って後期博士課程に進んだんだ。今は、研究しながら、経済学部や経営学部の学生にビジネス統計のベーシックスを教えたりしている。
ミライ	サークルとバイトに精を出し過ぎて、卒業すら危うかった人が、先生？　人生、どこでどうなるか、わからないものね。
東	余計なお世話だよ。まじめな話、相談って、仕事のことなのかい？
ミライ	そうなの……
東	たしか、ミライは航空会社に就職したんだよね。
ミライ	うん。3年間空港に勤務して、この春、本社の経営企画室に配属されたんだけど、ついていけてなくって……
東	企画室のスタッフなら、会社のあらゆる業務を理解していなければならないよね。入社してまだ3年なんだから、当然だと思うよ。
ミライ	今はまだ見習い期間だから、データ入力とか、議事録の作成とか、比較的単純な作業が多いんだけど、そもそも書いてることが意味不明なの。会議で何を議論しているのかもわからないし。先輩に、このデータからこういうグラフを作ってと言われても、まったく作れなくて……マーケとかファイナンスの研修も始まったんだけど、こちらもお手上げなのよ。
東	おやおや。そういうことなら、協力できると思うよ。その前に、ミライに質問。
ミライ	？

東	ミライは、入社したての頃は空港で働いてたんだよね？　ところで、空港でチェックインしてから出国審査を終えるまでの時間って、どのくらいバラついてるの？
ミライ	何でそんなこと聞くの？
東	何度か仕事でアメリカに行ったことがあるんだけど、スイスイ行く時とそうでない時の差が大きいな、という印象を持ってる。だから聞いたのさ。
ミライ	同感。たしかに、すごく時間がかかる時もあれば、短い時間で済むこともある。
東	OK。じゃあ、ミライが感じているバラツキを、数字で表すことはできるかい？
ミライ	えっ？
東	話題を変えよう。最近、地球温暖化に関する議論が活発だね。AJAにとっても深刻な問題だよね。
ミライ	もちろん。どうすればCO_2の排出量を減らすことができるか、さまざまな取り組みをしているわよ。
東	たとえば？
ミライ	この前、運航本部の先輩とランチした時、飛行高度や飛行速度で二酸化炭素の排出量がどう変わってくるか、実験してるって言ってた。
東	なるほど。たとえば、高度10,000メートルで飛ぶ時と、8,000メートルで飛ぶ時って、CO_2の排出量に差はあるの？
ミライ	たぶん……
東	じゃあ、マッハ0.8で飛ぶ時と0.7で飛ぶ時では？
ミライ	ある……んじゃないかな？
東	少し自信なさそうだね。では、……これもAJAにとっては頭の痛い問題だろう。相変わらず原油価格が高止まりしているね。
ミライ	そうなの。航空会社は、営業費用に占める燃料費のウエイトがとても高いの。原油価格の高騰は、会社にとって死活問題だわ。

プロローグ

東	原油価格が上がれば、ジェット燃料の価格も上がり、結果、営業費用も増大する、ということだね。じゃあ、原油価格と営業費用の相関って、調べてみたことある？
ミライ	原油価格が上がれば営業費用も上がるということは、常識的に考えてもそうだと思うし、実際そうなんだけど……相関までは……
東	OK。他にも、燃油サーチャージと旅客数、チケットレス化の進展度合と営業費用、ファーストクラスやビジネスクラス等、上級クラスの利用率と便あたりの収益率の相関なんかはどう？ 調べてみるとおもしろいかも、ね。
ミライ	なるほど。いずれも関係はありそうだけど、「数字」まではわからないわ。
東	まだ配属されたばかりだからね。気にすることはないよ。 あるいは、最近の旅客数……国際線でも国内線でもいいんだけど、その動向は？
ミライ	湾岸戦争や米国同時多発テロの直後は落ち込んだけど、おおむね上昇基調にあるんじゃないかしら。
東	なるほど。最近では、SARS（Severe Acute Respiratory Syndrome；重症急性呼吸器症候群）や新型インフルエンザが流行した時も、旅客数が大きく落ち込んだね。では、今後の旅客数について、AJAでは、あるいはミライはどのように見ている？
ミライ	突発的な事件以外にも、季節なんかも旅客数に影響するので……さっきも言ったとおり、総じて上昇基調にある、としか……
東	OK。じゃあ、最後はマーケティングに関する質問。AJAでももちろん顧客アンケートはとってるよね。
ミライ	もちろん。
東	ちなみに、アンケートでは、どんなことを聞いてる？
ミライ	安全性、運賃、地球温暖化への取り組み、グラウンドスタッフの親切さ、機内の快適さや機内食のおいしさ、予約センターの手

際のよさ、といったところ。たぶん、質問は数十項目あると思うわ。

東　では、それらのアンケート結果から浮かび上がってきた顧客像とは？

ミライ　顧客像？

東　言い換えると、顧客は、航空会社の何を、あるいはどこを見ているのか、ということ。

ミライ　なるほど。でも、顧客アンケートはマーケティング本部が主管だし、仮にうちが主管だとしても……40〜50項目にも及ぶアンケート結果から、何を、どう導き出せばよいのか、正直、今はわからない……

東　あれこれ、根掘り葉掘り聞いちゃったね。でも、ミライが不安を感じている理由が何となくわかったような気がする。先ほどから聞いていると、「何となく……」とか、「……ような気がする」とか、感覚的な答えが多い。
　ミライが、鋭い感覚の持ち主で、かつ物事を論理的に考えることができることは、学生時代からよく知っている。でも、もし自分の直感やヒラメキを、「数字で」裏付けることができたら、すばらしいと思わないかい？

ミライ　そうね。今まで、自分が、たぶんこうだろう、と感じたことは、おおむね正しかったわ。でも、なぜそれが正しいのかを、説得力をもって説明することができなかった。職場の上司や同僚に。そして自分自身にも。

東　その悔しさやもどかしさ、よくわかるよ。僕自身、そうだったからね。自分の考えを、客観的な立場から説明するうえで、「数字」ほどふさわしいものはない。なぜなら、それらの数字は、数え切れないくらい多くの人によって試され、幾多の試行錯誤を経て磨き上げられた統計理論や数学理論に基づき生み出されたものだからね。
　ただ、気をつけなければならないのは、定量的な分析やそれに基づく意思決定が、必ずしも定性的なそれよりも優れているというわけではない、ということだ。定量的 vs. 定性的……あるいは、

science vs. artと言ってもいいと思うが、これは二律背反の問題ではなく、要はバランスの問題だと思うんだ。

ミライ　なるほど。私の場合は、やや……かなり（？）かな、「定性的」の方向に偏っていると……

東　　Yes。でも、「定量的」な分析手法や意思決定の方法を身に付けることによって、「定性的」と「定量的」が相互に補完しあえるようなモノの見方ができるようになれば、分析や意思決定のスピード、客観性、そして深みが格段に増すと思うんだ。もしミライが希望するならば、明日からでも、ビジネス統計の勉強会をやってあげようか？

ミライ　えっ　本当？　でも、数学が苦手な私でもついていけるかな？

東　　ところどころ、少し複雑な公式が出てくるけれども、それらはいわば枝葉に過ぎない。幹、すなわち、それらの公式が導き出されるもととなった考え方をしっかり理解すれば大丈夫だよ。細かい公式なんかは覚える必要はないんだ。ただ、その土台となる考え方を筋道立てて理解すればいいのさ。
　　　それに、あえて「手で」やってもらうものもあるけど、大部分の計算はExcelがやってくれるしね。

ミライ　じゃあ、安心だわ。お願いしてもいいかしら？

東　　もちろん。では、今日が日曜日なので……明日から金曜日まで、5日間でビジネス統計のエッセンスを駆け足で学べるようなカリキュラムを考えてみるよ。

ミライ　ありがとう。

東　　場所はここでいいかな？　会社は何時頃に上がれそう？

ミライ　予算編成も終わったし、当分は残業しなくてよさそう。東さんは？

東　　今週は特に学会とかもないし、18時には大学を出れるよ。じゃあ、明日19時にここで。ノートPCと電卓を忘れずに。

ミライ　はい、それでは、明日からよろしくお願いします。

東　　了解。ただし、コーヒーは君のおごりだよ。

データの顔を知る

統計の基礎

1時間目
データの中心を知る

　　　　　　　　　　　　　　　　　　平均、メディアン、モード

ミライ　お待たせ。これからよろしくお願いします。

そう言って座ったミライは、学生の頃、よく見た笑顔だった。

東　　　今日は元気そうだ。

ミライ　だって、先がすこーし、明るくなったんだもの。

東　　　じゃ、早速始めよう。トップバッターは、「データの中心を表す指標」だ。

ミライ　ようは「平均」ということかしら？

東　　　たしかに、われわれにとって最もなじみが深いのは平均だね。でも、それだけじゃない。中心を表す代表的な指標は、平均以外にもたくさんあるんだ。これにしても、この次にやる「バラツキを表す指標」にしても、ビジネス統計の骨格となるところ、英語でいえば、主語とは、動詞とは、に相当するところだ。

ミライ　これが理解できてないと、先に進めない、ということなのかな？

東　　　そのとおり。英語でも、主語、動詞、目的語等の役割がしっかり理解できてないと、関係詞とか、分詞構文とか、より高度な内容を勉強したとしても、チンプンカンプンだよね。この2つは、ビジネス統計の土台だ。大げさかもしれないけど、今日やる内容の理解度が、残りの4日間が有意義なものになるかどうかを決めることになると思うよ。

ミライ　うわっ！　そんなにプレッシャーかけなくても……

東　　　といっても、硬くなる必要はない。ミライにとっては、新しい発見の連続になるんじゃないかな。

❶「いわゆる」平均──最も身近な算術平均

東 まずは算術平均から。算術平均 $\bar{X}$ (Arithmetic Mean; Mean; Average) は、すべてのデータを足し算したものを、データ数で割ったものだ。式にするとこうなる。

$$\bar{X} = \frac{X_1 + X_2 + X_3 + \cdots + X_n}{n} = \frac{\Sigma X}{n}$$

(ただし、X_1、X_2、X_3、……、X_n はデータ、n はデータ数)

ミライ 私たちが普段、「平均」と言う時の平均ね。ところで、$\bar{X}$ はどう読むの?

東 「エックスバー」と読む。また、最近ではビジネスの世界でも平均のことを「Mean(ミーン)」と呼ぶことが多くなってきているので、この言葉も覚えておこう。
では、簡単な事例で算術平均を計算してみよう。**図表1-1**は、京阪神タイガースの投手7人の身長を表にしたものだ。算術平均を計算すると、どうなる?

ミライ 7人の身長を足して、7で割ればいいから、

$$\bar{X} = \frac{180+184+184+180+181+185+184}{7}$$
$$= 182.57 \text{cm}$$

東 Good。このように、算術平均はきわめて明快で、かつ容易に

図表1-1　京阪神タイガースの投手7人の身長

名前		身長 (cm)
N見	A史	180
A藤	Y也	184
F川	K児	184
F原	S	180
K保田	T之	181
F田	T陽	185
S柳	T	184

計算できるので、あらゆる場面で用いられている。また、この次に勉強するバラツキを計算する時にも使うから、よく覚えておこう。

でも1つ、落とし穴があるので気をつけてほしい。それは、「データに外れ値、すなわち極端に大きい、もしくは小さい値が含まれる場合、計算結果がそれに引きずられる可能性がある」ということだ。

よく引き合いに出される例に「日本人の金融資産保有額」がある。日銀等の調査によると、わが国の、1世帯あたりの平均金融資産保有額は1,000万円を超えるそうだ。

ミライ　1,000万円!?

東　うん。しかし、僕もそうだけど、多くの日本人にはそのような実感はないだろう。なぜだと思う?

ミライ　一部の大金持ちが、平均を押し上げているのかしら?

東　その可能性が高いね。もう1つ。これは、2005年度の1人あたり県民所得をヒストグラム（度数分布表とも呼ばれる）にしたものだ。横軸が県民所得、縦軸が度数。

度数とは、たとえば、県民所得が250万円から300万円、300万円から350万円を各々レンジとし、それらのレンジに含まれる都道府県の数だね。このグラフを見ると、1つだけ、抜きんでて県民所得の高いところがある（**図表1-2**）。

ミライ　右端ね。東京かしら。

東　Yes。ためしに、東京アリと東京ナシで平均を計算してみると、実に5万円近い差が出てくる。この例のように、データの分布が左右対称でない場合は、計算結果に歪みが生じるので、慎重に解釈しなければならない。

ミライ　データの分布が左右対称かどうかは、ヒストグラムを見ればわかるの?

東　Yes。ヒストグラムは、各階級に含まれるデータの数をカウントし、それをグラフ化したものだ。

ミライ　階級?

東 「階級(Class)」とは、さきほどの県民所得の例で言えば、250万円から300万円とか、400万円から450万円といった「区間」のことだ。ヒストグラムは、データの分布をざっくりと把握するうえでとても有効となる。そこで、最初にヒストグラムの作り方を紹介しよう。

ミライ Excelで作るの？

東 もちろん「正ちゃんマーク」をつけながら、手で集計することもできる。POSシステムで有名なセブン-イレブンでさえ、当初は、手作業で商品の数をカウントしていたというからね。でも、データの数が多くなると、手作業ではなかなか大変なので、今回はExcelで作ることにしよう。
データは、さきほどの「1人あたり県民所得」を用いることにしよう（**図表1-3**）。

ミライ OK。

東 まず、「階級」を設定する。

ミライ データをグループ化するための「区間」、もしくは「刻み(きざみ)」のことね。

東 Yes。とりあえず、10万円（100千円）刻みでやってみよう。

図表1-2　**都道府県別1人あたり県民所得の分布**

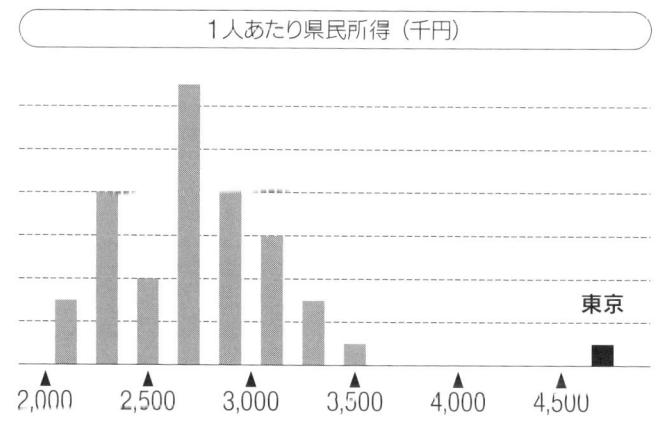

出所：矢野恒太記念会『データでみる県勢 2009年版』(矢野恒太記念会、2008年)より抜粋して作成

	1人あたり県民所得の最大値はいくらだった？
ミライ	東京の4,778千円。
東	最小値は？
ミライ	最小値は、沖縄の2,021千円。
東	そうだね。なので、2,000千円から5,000千円——もちろん4,800千円でもいいけど、その範囲を100千円間隔で刻んでやればいいね。
ミライ	最初の階級が2,000～2,100千円、次が2,100～2,200千円、その次が2,200～2,300千円、そして最後が4,900～5,000千円ということね。
東	そうだね。Excelには、2,000、2,100、2,200、……、4,800、4,900、5,000と入力する（**図表1-4 Step1**）。ちなみに「2,000」

図表1-3　**都道府県別1人あたり県民所得**

1人あたり県民所得（千円）

北海道	2,577	富山	3,097	鳥取	2,308
青森	2,184	石川	2,852	島根	2,453
岩手	2,363	福井	2,869	岡山	2,653
宮城	2,620	山梨	2,729	広島	3,038
秋田	2,295	長野	2,838	山口	3,001
山形	2,427	岐阜	2,794	徳島	2,757
福島	2,728	静岡	3,344	香川	2,616
茨城	2,838	愛知	3,524	愛媛	2,357
栃木	3,101	三重	3,068	高知	2,146
群馬	2,859	滋賀	3,275	福岡	2,661
埼玉	2,955	京都	2,895	佐賀	2,507
千葉	3,000	大阪	3,048	長崎	2,222
東京	4,778	兵庫	2,731	熊本	2,384
神奈川	3,204	奈良	2,654	大分	2,608
新潟	2,772	和歌山	2,708	宮崎	2,212
				鹿児島	2,272
				沖縄	2,021

出所：矢野恒太記念会『データでみる県勢 2009年版』（矢野恒太記念会、2008年）より抜粋

とは、「1,900＜X≦2,000」のことなんだ。

ミライ　なるほど。じゃあ、沖縄は、2,000＜2,021≦2,100なので「2,100」のハコに、東京は、4,700＜4,778≦4,800なので「4,800」のハコに各々入ってくるということね。そして、千葉は3,000千円ちょうどなので、「3,000」のハコに入るのね。

東　そのとおり。これで階級が設定できたね。次に、〔データ〕→〔データ分析〕を選択すると、〔データ分析〕ダイアログボックスが表示される。その中の〔ヒストグラム〕を選んで、〔OK〕ボタンをクリックする（**図表1-4 Step2**）。これで、〔ヒストグラム〕ダイアログボックスが表示されるはずだ。

ミライ　〔入力元〕の〔入力範囲（ I ）〕には「県民所得」なんかのラベルと北海道から沖縄までの1人あたり県民所得を、〔データ区間（ B ）〕にはやっぱりラベルとさきほど設定した2,000から5,000までの階級を入力すればいいのね。

東　Yes。そのうえで、〔入力元〕の〔ラベル（ L ）〕チェックボックスにチェックを入れて、〔出力オプション〕の〔新規ワークシート（ P ）〕をオンにし、〔グラフ作成（ C ）〕チェックボックスにチェックを入れて、〔OK〕ボタンをクリックする（**図表1-4 Step3**）。すると……ヒストグラムと度数分布表が出力されるんだ（**図表1-4 Step4**）。

ミライ　ヒストグラムを見れば、データがどのように分布しているのかが一目瞭然ね。

東　そうだね。データを分析するさいには、まずはヒストグラムを作って、分布のカタチを頭の中にインプットしておくことが大切だね。最後に、少し細かくなるけれど、スタージスの式（Sturges' Formula）と呼ばれる、階級の数を決めるための公式を紹介しよう。スタージスの式によると、最適な階級数mは、以下の数式により求めることができる。

$$m = 1 + \frac{\log_{10} n}{\log_{10} 2}$$

（ただし、nはデータ数）

ミライ　懐かしい。対数なんて、高校生以来だわ。でも、$\log_{10}$のなんと

かはどうすれば求めることができるの？

東 対数の意味についてはあとで簡単に触れるとして、ここでは求め方だけ説明しておこう。

Excelなら、「LOG10」という常用対数を求める関数があるので、それを使えばいい。たとえば、$\log_{10}2$なら、「＝LOG10(2)」と打ち込めば、すぐに0.30103という対数を返してくれる。

ミライ 県民所得の場合は、データ数が都道府県の数、つまり47だから、

最適な階級数 $m = 1 + \dfrac{\log_{10} 47}{\log_{10} 2} = 1 + \dfrac{1.67210}{0.30103} = 6.55459$

図表1-4 Excel 2010でヒストグラムを作る手順

Step1 階級を入力する。

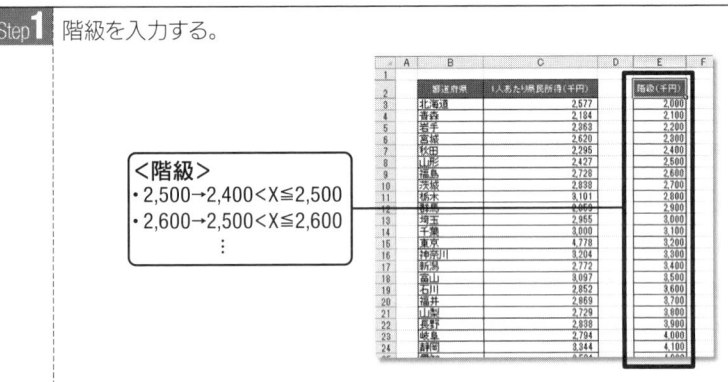

<階級>
・2,500→2,400＜X≦2,500
・2,600→2,500＜X≦2,600
　　　　⋮

Step2 〔データ分析〕ダイアログボックスから〔ヒストグラム〕を選択し、〔OK〕ボタンをクリックする。

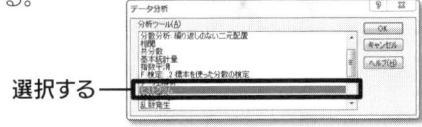

選択する

〔データ〕タブに〔データ分析〕が表示されていない時には、
〔ファイル〕→〔オプション〕→〔アドイン〕で〔アドイン〕ページを開き、
〔管理(A)〕から〔Excelアドイン〕を選択、〔設定〕ボタンを
クリックする。〔アドイン〕ダイアログボックスの一覧で
「分析ツール」チェックボックスにチェックを入れ、
〔OK〕ボタンをクリックして、アドインを有効にする。

東　　Good。階級数は7くらいに設定してやればいいということだね。県民所得の最大値と最小値の差は？

ミライ　最大値（東京）4,778 − 最小値（沖縄）2,021 = 2,757千円。これを7で割ると……約394千円。でも、40万円刻みっていうのは、中途半端だから、ラウンドアップして50万円刻みにしてもいいのかしら。

東　　そうだね。あるいは、50万円刻みでは少し大まか過ぎるかもしれないので、下に丸めて、25万円刻みにしてもいいかもしれないね。
　　　ヒストグラムは、50万円刻みにすると**図表**1-5、25万円刻みにすると**図表**1-6のようになる。結構、違って見えるよね。

Step3　〔ヒストグラム〕ダイアログボックスの〔入力元〕では、
〔入力範囲（I）〕にラベルと北海道から沖縄までの1人あたり県民所得を、
〔データ区間（B）〕にラベルと2,000から5,000までの階級を設定、
〔ラベル（L）〕チェックボックスにチェックを入れ、
〔新規ワークシート（P）〕をオンにし、
〔グラフ作成（C）〕チェックボックスにチェックを入れて、
〔OK〕ボタンをクリックする。

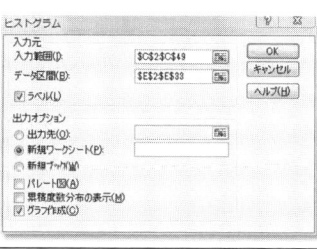

Step4　ヒストグラムが出力される。

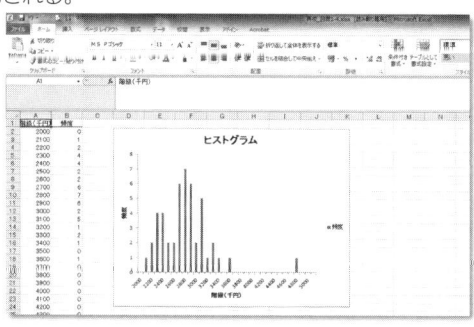

スタージスの式はあくまでも目安なので、それにとらわれる必要はない。分析の目的に応じて、階級数を増やしたり減らしたりして、解像度をコントロールしてやればいい。

ただ忘れてならないのは、どんなデータであれ、まずはヒストグラムを作って、データの分布、つまり中心化傾向とバラツキをビジュアルで確認しておく、ということだ。分布のカタチが変われば、自ずと分析へのアプローチも変わってくるからね。

最後に、ヒストグラムについて説明したついでに、「パレート図（Pareto Chart）」と呼ばれる分析ツールも紹介しておこう。

図表1-7は、日産自動車の2008年度の販売費及び一般管理費（販管費）と、それをパレート図にしたものだ。販売費及び一般管理費とは、いわゆる「経費」と呼ばれるもので、広告宣伝費、

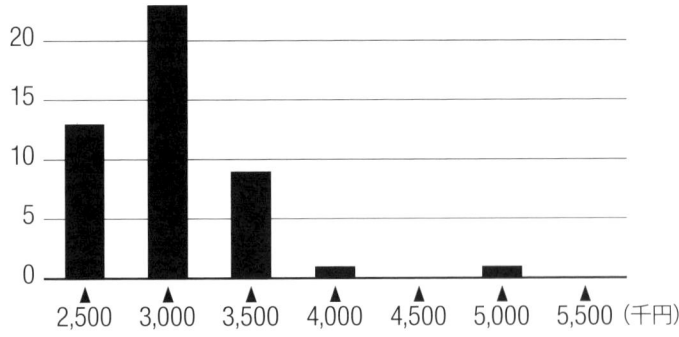

図表1-5　Excelによる1人あたり県民所得の分布（50万円刻み）

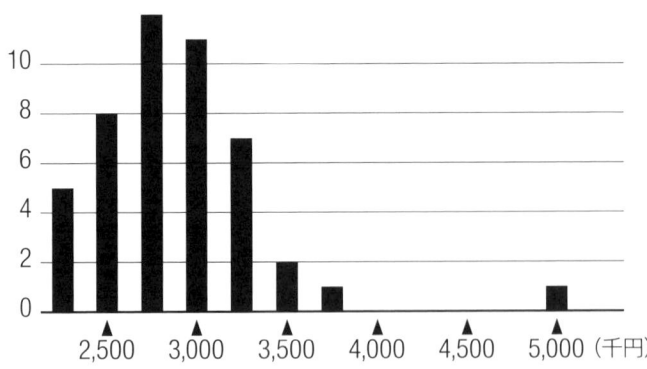

図表1-6　Excelによる1人あたり県民所得の分布（25万円刻み）

図表 1-7　日産自動車の2008年度の販売費および一般管理費

項目	金額（百万円）
広告宣伝費	223,542
サービス保証料	57,968
製品保証引当金繰入額	92,093
販売諸費	259,342
給料及び手当	377,456
退職給付費用	37,151
消耗品費	6,264
減価償却費	78,020
貸倒引当金繰入額	94,941
のれん償却額	6,494
その他	222,762

項目	金額（百万円）	累積金額（百万円）	累積（%）
Ⓐ給料及び手当	377,456	377,456	25.9%
Ⓑ販売諸費	259,342	636,798	43.7%
Ⓒ広告宣伝費	223,542	860,340	59.1%
Ⓓその他	222,762	1,083,102	74.4%
Ⓔ貸倒引当金繰入額	94,941	1,178,043	80.9%
Ⓕ製品保証引当金繰入額	92,093	1,270,136	87.2%
Ⓖ減価償却費	78,020	1,348,156	92.6%
Ⓗサービス保証料	57,968	1,406,124	96.6%
Ⓘ退職給付費用	37,151	1,443,275	99.1%
Ⓙのれん償却額	6,494	1,449,769	99.6%
Ⓚ消耗品費	6,264	1,456,033	100.0%

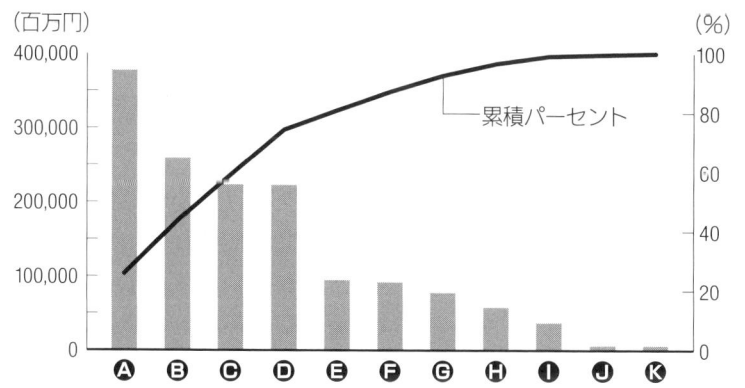

出所：『有価証券報告書総覧「日産自動車株式会社」平成21年』
　　　（全国官報販売協同組合発売、朝陽会発行、2009年）より抜粋して作成

減価償却費等、さまざまな項目が含まれるが、それらを金額の多い順に並べ替え、さらに、累積パーセントを折れ線グラフで表示することがある。このような複合グラフのことを「パレート図」と呼ぶんだ。

モノづくりの現場ではさまざまな種類の欠陥が発生するが、その中でも特に発生頻度の高いものを特定したり、あるいはコールセンター等の顧客接点において最も発生頻度の高い苦情のタイプを特定するといった際に、パレート図はよく用いられている。パレート図は「世の中の現象の多くは、少数の要因によって説明できることが多い」というパレートの法則と呼ばれる考え方を視覚化したものなんだ。ようは、製造現場で発生する欠陥や顧客接点で発生する苦情にはさまざまな種類があるが、実は、ほんの数種類の欠陥や苦情で、すべての発生件数の7割とか8割を占めていることが往々にしてある、ということだ。

ゼネラル・エレクトリック社（GE）等では、この、少数の、しかしきわめて重要な要因のことを「Vital Few X（ヴァイタル・フュー・エックス）」、多くの、でもそれほど重要ではない要因のことを「Trivial Many」と呼んだりしている。

ミライ　なるほど。「Vital」は命にかかわるとか、きわめて重大な、といった意味で、「Trivial」はささいなとか、つまらない、という意味だものね。

東　いずれにせよ、パレート図や実験計画法等を活用することによって、物事のVital Few Xを特定することはとても大切なことだと思う。Trivial Manyをいくらたくさん潰したところで、根本的な解決にはならないからね。
さきほどの日産の販管費の例に戻ろう。このパレート図から何が読み取れる？

ミライ　販管費は多くの勘定科目からなるけど、なかでも人件費（給料及び手当）、販売諸費、広告宣伝費等のウエイトが高いみたい。

東　そうだね。この3つの項目だけで、全体の約6割を占めている。経費の最適化について考える際、まずはどの領域に切り込むべきかも、自ずと明らかになってくるよね。少し寄り道したね。
では、次にメディアンについて説明しよう。

❷ データを小さい順に並べた時に真ん中にくる値──メディアン

東 「メディアン（Median）」は、データを小さいものから順に並べた時、ちょうど真ん中にくる値、中央値のことだ。50パーセンタイルとも呼ばれていて、M_eと表記されることが多い。さきほどの京阪神タイガースの投手の身長の例（**図表1-1**）だと、メディアンは何cmになる？

ミライ データを小さい順に並べ替えるのね。180cm→180cm→181cm→184cm→184cm→184cm→185cmだから、真ん中は184cm。

東 Good。

ミライ でも、この場合はデータの数が奇数だから、真ん中はコレってすぐにわかったけど、偶数の場合はどうすればいいの？

東 鋭いね。**図表1-8**は、京阪神タイガースの投手8人の身長をまとめたものだ。実は、データの数が偶数でも、基本的な考え方は

図表1-8　京阪神タイガースの投手8人の身長

名前		身長（cm）
N見	A史	180
A藤	Y也	184
F川	K児	184
F原	S	180
F田	T陽	181
S柳	T	185
厂田	T	184
W辺	R	175

小さい順に並べると……
175 → 180 → 180 → 181 → 184 → 184 → 184 → 185

真ん中の2つの平均＝$\dfrac{181 + 184}{2}$＝ **182.5** …メディアン

	同じなんだ。小さいものから順に並べてみよう。
ミライ	175cm→180cm→180cm→181cm→184cm→184cm→184cm→185cm。
東	OK。では真ん中は？
ミライ	真ん中は、175cm→180cm→180cm→181cm……●……184cm→184cm→184cm→185cmだから、181cmと184cmの間。
東	そうだね。このように、データの数が偶数の場合は、真ん中の2つのデータの平均を求めて、それをメディアンとするんだ。
ミライ	なるほど。では、この場合は、真ん中に位置する2つのデータの平均 $(181+184)÷2=182.5$ なので、メディアンは182.5cmということね。
東	そのとおり。以上がメディアンを求める方法だが、メディアンには、外れ値の影響を受けないという特徴がある。たとえば、仮に、ランディ・ジョンソンが京阪神タイガースに来たとしよう。
ミライ	ランディ・ジョンソン？
東	時速160km超の球を投げる、メジャーリーグ屈指の左腕だ。残念ながら、最近、引退を表明したので「だった」と言うべきかもしれない。**図表1-9**は、彼を含む5人の投手の身長をまとめたものだ。まず、平均を計算してみよう。
ミライ	$平均 = \dfrac{184+181+185+184+208}{5}$ $= 188.40\text{cm}$

図表1-9　ランディ・ジョンソンが京阪神に来たとしたら……

名前	身長（cm）
F川　K児	184
K保田　T之	181
F田　T陽	185
S柳　T	184
ランディ・ジョンソン	208

東 　OK。どう思う?

ミライ 　うーん……5人とも、プロ野球選手で、しかも投手だから背が高いのはわかるけど……、190cm近くっていうのは、少し高すぎる気がする。

東 　そうだね。われわれよりも背が高いのはまちがいないだろうけど、実感として、少し高すぎる気がするね。

ミライ 　ランディ・ジョンソンの208cmという、とてつもない大きさに引きずられているのね。

東 　Yes。彼は、8歳の時、リトルリーグの入団テストを受けたのだけれど、あまりにも体が大きかったので、年齢詐称を疑われたという逸話の持ち主だからね。

ミライ 　どうなったの?

東 　母親が身分証明書を見せて、結局、事なきを得たらしい。

ミライ 　これは、さきほどの県民所得の例と同様、まさに、外れ値によって平均に歪みが生じてしまったケースね。

東 　そうだね。では、メディアンは何cmになるだろう?

ミライ 　小さい順に並べると、181cm→184cm→184cm→185cm→208cm。なので、メディアン＝真ん中＝184cm。たしかに、こちらの方が、平均188.40cmよりも私の感覚に近いかな。

東 　そうだね。あるいは、最初からランディ・ジョンソンを除いて、平均を計算してもいいかもしれない。彼を除く4人の平均身長は$(184+181+185+184)\div 4=183.5$cm。もっともらしい数字だ。このように、あらかじめ外れ値、たとえばデータの上位5％と下位5％とかを取り除いたうえで求められた平均のことを「トリム平均（Trimmed Mean）」と呼ぶ。ちなみに、「trim」には「（芝等を）刈り込んで整える」とか、「切り落とす」といった意味がある。この場合は後者の意味だね。

ではここで、さきほどの「日本人の金融資産保有額」の話に戻ろう。金融広報中央委員会の資料によると、2009年における1世帯あたり金融資産保有額の平均は1,124万円だった。しかし、全世帯のうち約7割が平均を下回っていた。

ミライ　少数の富裕層が平均を押し上げているのね。その結果、日本人の多くが調査結果に違和感を感じた……

東　　Yes。ちなみに、1世帯あたり金融資産保有額のメディアンは500万円ちょうどだったんだ。1,124万円と500万円。われわれ平均的な日本人にとって、どちらがしっくりくるかは明らかだ。一方、メディアンの弱点としては、当該メディアン以外のデータの情報が一切考慮されないことや、10個や20個ならまだしも、データの数が多くなると、メディアンを探すのが大変になること等が挙げられる。
では次に、モードについて説明しよっ。

❸ 最も頻繁に現れる値——モード

東　　「モード（Mode）」は、データの中で最も頻繁に現れる値のことだ。モードは最頻値とも呼ばれ、M_oと表記されることが多い。ここでは、京阪神タイガースの投手32名の身長を使って、モードを求めてみよう。

ミライ　モード＝最も頻繁に現れるデータだから、180cmの人が何人、181cmの人が何人、183cmの人が何人、という具合に、身長ごとの人数をカウントしていけばいいのね。

東　　Yes。もちろん、Excelで度数分布表やヒストグラムを作ることによっても求めることができるけどね。今回は、少し泥臭いが、手作業でやってみよう。

ミライ　OK。

東　　集計結果は？

ミライ　184cmの人が8人で一番多いから、モードは184cm（**図表1-10**）。

東　　Good。定義からも明らかなように、モードもまた、外れ値の影響を受けない指標だと言えるね。

ミライ　モードに弱点はないの？

図表1-10　京阪神タイガースの投手32人の身長とモード

名前	身長(cm)
W辺　R	175
K村　A	187
N見　A史	180
F田　T陽	185
A藤　Y也	184
S山　N久	182
S　I傑	180
T井　K也	184
I田　M	178
F川　K児	184
E草　H貴	178
A	188
F原　S	180
K嶋　T也	181
K保田　T之	181
H本　K太郎	192
S原　M司	183
U園　K史	184
S柳　T	184
N村　K	182
T　N人	180
S仁田　H和	187
I川　S介	184
W竹　R士	178
W	183
A部　K太	184
K田　Y輔	190
K村　D裕	184
T置　Y	181
K原　D貴	180
Y山　R之介	182
R	191

身長(cm)	出現頻度(回)	
175	●	
176		
177		
178	●●●	
179		
180	●●●●●	
181	●●●	
182	●●●	
183	●●	
184	●●●●●●●	← モード
185	●	
186		
187	●●	
188	●	
189		
190	●	
191	●	
192	●	

DAY 1　データの顔を知る

東　メディアン同様、モードも、この例の場合であれば「184cm」以外のデータは、一切考慮されない。また、仮に身長が180cmの人があと3人いたとしたら、184cmと同数（8人）となり、「どっちをとればいいの？」ということになってしまう。

ミライ　なるほど。

東　さらに、階級のとり方によって値が変わってくるということもモードの欠点、というか性質として挙げられる。たとえば、「県民所得」の例で言うと、10万円刻みの場合のモードは「2,700～2,800千円」、50万円刻みの場合のモードは「2,500～3,000千円」、そして25万円刻みの場合のモードは「2,500～2,750千円」といった具合に、刻みによって変わってしまうんだ（**図表1-4～1-6**）。
では次に、幾何平均について説明しよう。

❹ 平均伸び率を計算する──幾何平均

東　幾何平均の求め方について説明する前に、1つ、クイズを出すね。消費者物価指数の過去3年間の対前年比が順に1.1、1.2、1.3だったとすると、年平均増加率は何％になるだろうか？

ミライ　対前年比の平均＝(1.1＋1.2＋1.3)÷3＝1.2。なので、年平均伸び率は20％、とはならないんだろうな……

東　予想どおり?!　不正解。年平均増加率は「幾何平均（Geometric Mean）」と呼ばれるもので、次の数式で求めるんだ。

$$M_g = \sqrt[n]{X_1 \times X_2 \times X_3 \times \cdots \times X_n}$$

（ただし、X_1、X_2、X_3、……、X_n はデータ、nはデータ数）

なお、$\sqrt[n]{X}$ を「Xのn乗根」と呼ぶ。nが2なら $\sqrt{X}$ で、Xの平方根、つまり2乗したらXになるような数字のことだね。

ミライ　nが3ならXの3乗根、つまり、3乗したらXになるような数字のことね。

東　Yes。で、さきほどの例に戻ると、対前年比の幾何平均

$\sqrt[3]{1.1\times1.2\times1.3}=1.19722$、よって、年平均増加率＝ 19.722% ということになる。この答えが正しいか、念のため確認してみよう。最初の物価水準を100とすると、1年後の物価水準は？

ミライ　対前年比が1.1だったのだから、110。

東　OK。2年後の物価水準は？

ミライ　対前年比が1.2だったのだから……2年後の物価水準＝ $110\times1.2=132$。

東　Good。では、3年後は？

ミライ　対前年比が1.3だったので……3年後の物価水準＝ $132\times1.3=171.6$。

東　そうだね。一方、年平均伸び率が 19.722% だとすると、1年後の物価水準は？

ミライ　$100\times(1+0.19722)=119.722$

東　2年後は？

ミライ　$119.722\times(1+0.19722)=143.33357$

東　OK。3年後は？

ミライ　3年後は……

$143.33357\times(1+0.19722)=171.60181$

東　丸めの関係でわずかに差があるけど、合ってるね。

ミライ　ところで、なんとかのn乗やn乗根はどう求めればいいの？

東　Excelなら、関数「POWER」を使う。たとえば、2^3 を計算したいのであれば、「＝POWER(2,3)」と打ち込めば、すぐに答え（8）を返してくれる。
同様に、$\sqrt[3]{2}$（2の3乗根）であれば、「＝POWER(2,1/3)」と打ち込めば、答え（1.25992）を返してくれる。$\sqrt[3]{2}=(2)^{\frac{1}{3}}$ だからね。また、平方根であれば、関数「SQRT」が使える。

ミライ　なるほど。でも、素朴な疑問なんだけど、そもそも幾何平均の

「幾何」はどこから来ているのかしら？　幾何って、図形を研究する学問のことでしょ？

東　たしかにイマイチ、ピンとこないね。でも、こんなふうに考えてみたらどうだろう。Aさんが1万円を銀行に預けたところ、1年後に10％の、2年後に20％の、そして3年後に30％の利子がついたとする。

預けた1万円が、1年後には11,000円に、2年後には13,200円に、3年後には17,160円になるわけだ。ちなみに、このように、元金についた利子を翌期の元金に組み入れる方式を複利法と言うんだ。

ここでふと、Aさんは考えた。この3年間の「平均」金利は何％だったのだろうか、と。3年間の平均金利を計算するということは、数学的には、縦・横・高さが各々1.1、1.2、1.3の直方体を、その体積（1.716）は変えずに、縦・横・高さが等しい立方体にカタチを変えた場合、その1辺の長さがいくらになるのかを求めることにほかならないんだ（**図表1-11**）。

図表1-11　幾何平均の考え方

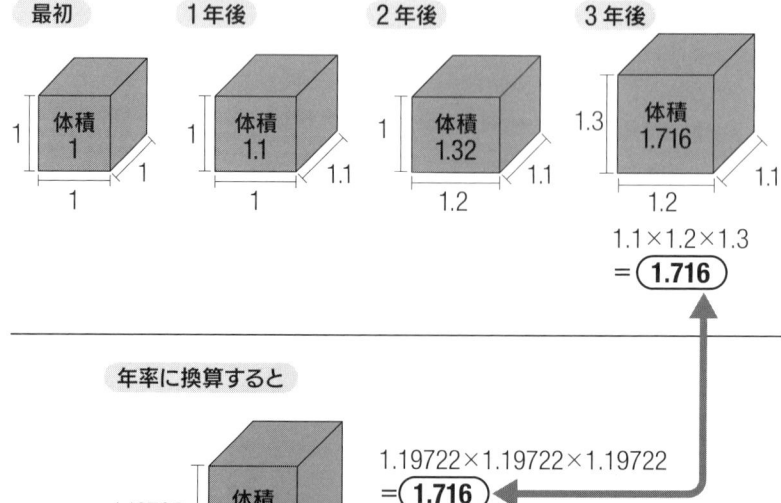

ミライ	立方体の体積＝縦×横×高さ。といっても縦・横・高さの長さは等しいから、体積1.716の3乗根1.19722が立方体の一辺の長さであり、そしてそれは平均金利にほかならない、と……	
東	そうだね。このように、このタイプの問題は、たとえば、直方体を立方体にというように、図形の問題として捉えることができる。	
ミライ	なるほど。それで「幾何」という言葉がついたのね。	
東	Yes。もっとも、現実的には、このように図に書いて考えることができるのは3次元までだけどね。では、復習しよう。 図表1-12は、アメリカの製薬会社ジョンソン・エンド・ジョンソン（Johnson & Johnson）の1998年から2007年までの売上高をまとめたものだ。この表から、同期間における、同社の売上高の年平均伸び率を計算してみよう。	
ミライ	まず、各年における対前年比を出せばいいのね。	
東	OK。では、対前年比の幾何平均を求めてみよう。	
ミライ	OK。	

図表1-12　ジョンソン・エンド・ジョンソンの売上高の推移と対前年比

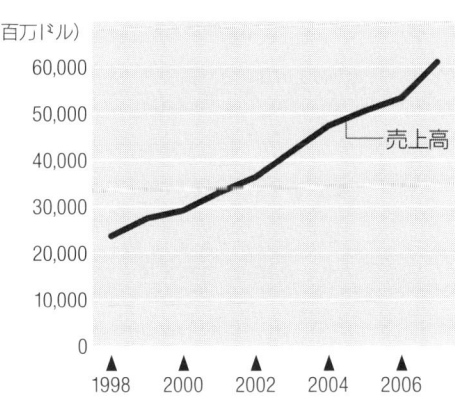

	売上高 （百万ドル）	対前年比
1998	23,657	
1999	27,471	1.16122
2000	29,139	1.06072
2001	33,004	1.13204
2002	36,298	1.09981
2003	41,862	1.15329
2004	47,348	1.13105
2005	50,514	1.06687
2006	53,324	1.05563
2007	61,035	1.14461

出所：Standard & Poor's, "*Standard & Poor's 500 Guide 2009 Edition*" The McGraw-Hill Companies, 2009 より抜粋

1999年は $\dfrac{27{,}471}{23{,}657} = 1.16122$　　2000年は $\dfrac{29{,}139}{27{,}471} = 1.06072$

$$\vdots$$

2006年は $\dfrac{53{,}324}{50{,}514} = 1.05563$　　2007年は $\dfrac{61{,}035}{53{,}324} = 1.14461$

よって、1998年から2007年にかけての年平均伸び率は、

$$\text{幾何平均} = \sqrt[9]{1.16122 \times 1.06072 \times 1.13264 \times 1.09981 \times 1.15329 \times 1.13105 \times 1.06687 \times 1.05563 \times 1.14461}$$

$$= \sqrt[9]{2.58000}$$

$$= 1.11105$$

だから、11.105％。

東　Good。あるいは、この問題は、売上高の成長率を g とすると、以下の方程式によっても解くことができるね。

$$23{,}657 \times (1+g)^9 = 61{,}035$$

$$(1+g)^9 = \dfrac{61{,}035}{23{,}657}$$

$$(1+g) = \sqrt[9]{\dfrac{61{,}035}{23{,}657}} = 1.11105$$

$$g = 0.11105$$

念のため、得られた成長率が妥当かどうかをチェックしておこう。**図表1-13**の「予測値」は、1998年の売上高23,657百万ドルを年率11.105％で増加させたものだ。それによると、2007年は61,035百万ドルと、実績と等しくなっているね。
最後に、ジョンソン・エンド・ジョンソンの売上高がいつ100,000百万ドルに到達するか、計算してみよう。

ミライ　1998年から n 年後の売上高は $23{,}657 \times (1+g)^n$ で表されるから、これが100,000百万ドルになるような n を求めればいいのね。

東　そういうことだね。成長率については、足元の趨勢が持続するものと仮定しよう。

ミライ　OK。では、$23{,}657 \times (1 + 0.11105)^n = 100{,}000$を解けばいいのだから、式を整理すると、

$$(1.11105)^n = \frac{100{,}000}{23{,}657}$$

でも、ここからどうすればいいのか、よくわからない。

図表1-13　ジョンソン・エンド・ジョンソンの売上高の実績と予測値

	売上高（百万ドル）	対前年比	予測値（百万ドル）
1998	23,657		
1999	27,471	1.16122	26,284
2000	29,139	1.06072	29,203
2001	33,004	1.13264	32,446
2002	36,298	1.09981	36,050
2003	41,862	1.15329	40,053
2004	47,348	1.13105	44,501
2005	50,514	1.06687	49,443
2006	53,324	1.05563	54,934
2007	61,035	1.14461	61,035

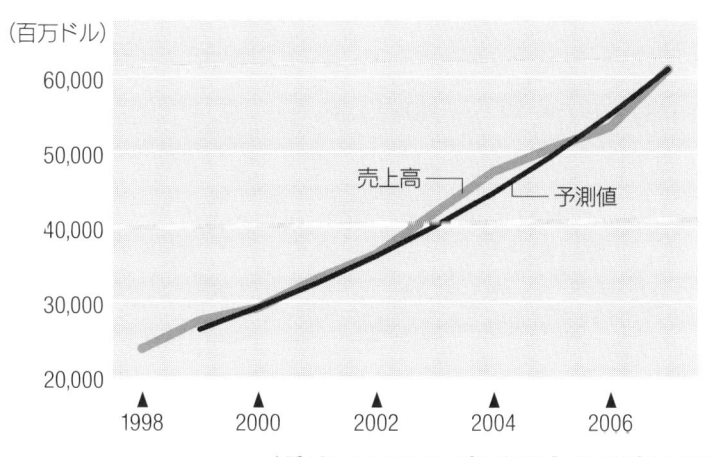

出所：Standard & Poor's, "*Standard & Poor's 500 Guide 2009 Edition*" The McGraw-Hill Companies, 2009より抜粋

東　　　対数を使おう。高校生の頃を思い出してね。$\log_2 8$ って、いくつだったっけ？

ミライ　2を何乗すれば8になるか、だから3……かな。

東　　　そうだね。$2 \times 2 \times 2$ はたしかに8だね。つまり、$2^3 = 8$ は、$\log_2 8 = 3$ というカタチに書き換えることができるということだ。ちなみに、$\log_2 8$ の2を対数の「底（てい）」、8を「真数」と呼ぶ。では、さきほどミライが作った式を、同じようにlogを使って表すと？

ミライ　$n = \log_{1.11105}\left(\dfrac{100{,}000}{23{,}657}\right)$ ……

東　　　そのとおり。あとは、Excelの関数「LOG」を使って計算する。Excelに、「＝LOG（100000/23657,1.11105）」と打ち込めば、答えを返してくれるよ。

ミライ　nは……13.68885。足元の成長率が維持されれば、1998年から14年後、つまり、2012年に売上高が100,000百万ドルを突破するということね。

東　　　Good。**図表1-14**は、2008年以降の売上高の予測値をプロットしたものだ。2012年、たしかに、売上高が100,000百万ドルを突破しているね。
では最後に加重平均について見てみよう。

❺ 重み付けされた平均——加重平均

東　　　ここに3本のビールがある（**図表1-15**）。容量はどれも350mlで、アルコール分は、ザ・プレステージが5.5％、ペガサスラガーが5.0％、スタイリッシュが4.0％だ。これら3本のアルコール分の平均は何％になるだろう？

ミライ　平均は……$\dfrac{5.5 + 5.0 + 4.0}{3} = 4.83\%$。

東　　　そうだね。では、**図表1-16**の場合は？　容量は、ストロングオ

図表 1-14　ジョンソン・エンド・ジョンソンの 2008 年以降の売上高の予測

	売上高（百万ドル）	対前年比	予測値（百万ドル）
1998	23,657		
1999	27,471	1.16122	26,284
2000	29,139	1.06072	29,203
2001	33,004	1.13264	32,446
2002	36,298	1.09981	36,050
2003	41,862	1.15329	40,053
2004	47,348	1.13105	44,501
2005	50,514	1.06687	49,443
2006	53,324	1.05563	54,934
2007	61,035	1.14461	61,035
2008			67,813
2009			75,344
2010			83,712
2011			93,008
2012			103,337
2013			114,813

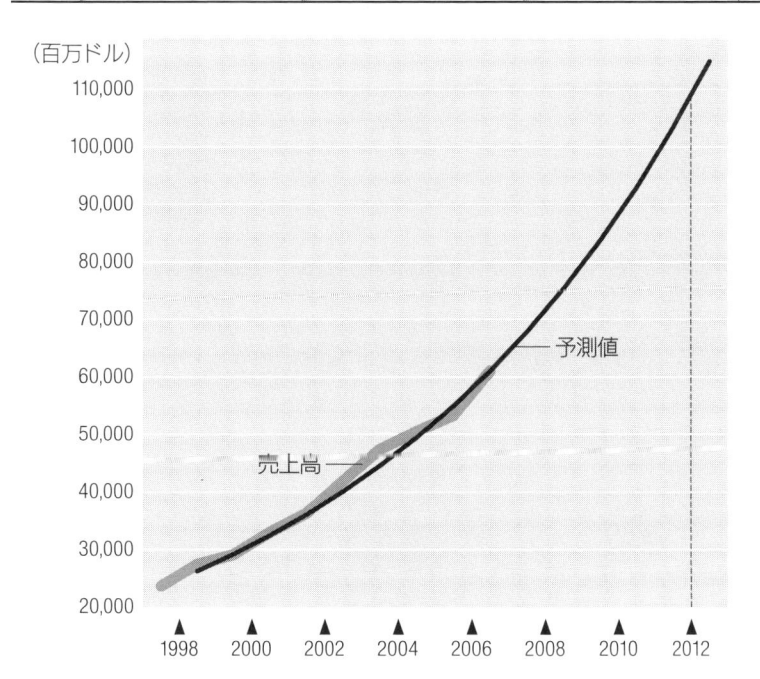

出所：Standard & Poor's, "*Standard & Poor's 500 Guide 2009 Edition*" The McGraw-Hill Companies, 2009 より抜粋

ンが350ml、ゴールドラベルが500ml、のみごたえ＜生＞が250ml、アルコール分は、ストロングオンが7.0%、ゴールドラベルが4.5%、のみごたえ＜生＞が5.0%だ。

ミライ　今回は、単純にアルコール分を足して3で割るのではダメそうね。アルコール分を、各々の容量で重み付けしなければならないということかしら？

東　そのとおり。では、やってみよう。

ミライ　平均は……

$$\frac{7.0 \times 350 + 4.5 \times 500 + 5.0 \times 250}{350 + 500 + 250} = 5.41\%$$

東　Good。一般的に、加重平均（Weighted Average）は以下の数式で求めることができる。

図表 1-15　アルコール濃度の異なる3つのビール

ザ・プレステージ　　ペガサスラガー　　スタイリッシュ
5.5%　350ml　　　5.0%　350ml　　4.0%　350ml

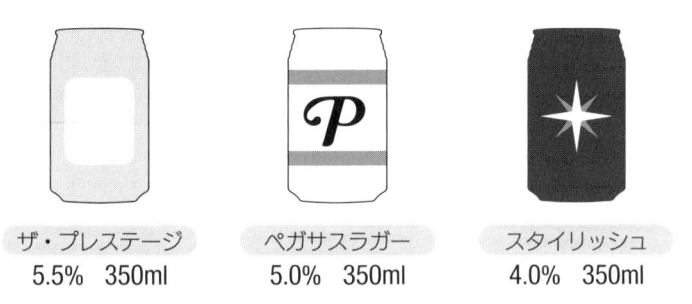

図表 1-16　アルコール濃度も容量も異なる3つのビール

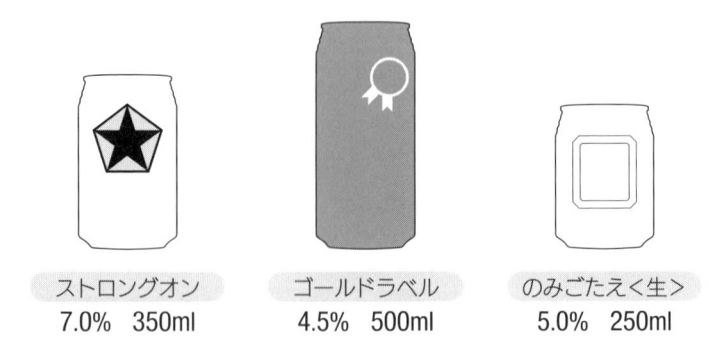

ストロングオン　　ゴールドラベル　　のみごたえ＜生＞
7.0%　350ml　　　4.5%　500ml　　5.0%　250ml

$$\overline{X}_W = \frac{w_1X_1 + w_2X_2 + w_3X_3 + \cdots + w_nX_n}{w_1 + w_2 + w_3 + \cdots + w_n} = \frac{\Sigma wX}{\Sigma w}$$

（wは、各Xを重み付けするさいの基準となる値）

　一見、複雑そうだけど、その意味するところは、さきほどミライが言ったとおり、各データを何らかの基準により重み付けしたうえで平均を計算する、だ。この加重平均も、ビジネス、特にコーポレート・ファイナンス等の分野において、非常によく使われる。たとえば、あるプロジェクトからもたらされるNPVが**図表1-17**のようだとしよう。つまり、NPVは景気の動向に左右されるということだ。今後、景気が良くなる場合、NPVは30億円、現状維持の場合は20億円、悪くなる場合は－10億円、という具合に。

ミライ　NPVって？

東　　NPVとはNet Present Valueの略で、その投資を行うことによって将来得られるであろうキャッシュフローを現在価値に割り引いたものから、その投資を行うのに必要なコストを差し引いたものだよ。日本語では「正味現在価値」と呼ぶが、今は「そのプロジェクトを実行することによって得られるキャッシュフロー」と理解しておけばいいよ。

　　　では、この表から、そのプロジェクトを行うことによって「平均的に」得られるであろうNPVを計算してみてみよう。

ミライ　……

東　　どう？

ミライ　……これらの情報だけでは計算できないわ。

東　　そのとおり。何の情報が抜けているんだろう？

図表 1-17　**景気動向別 NPV（その 1）**

景気動向	NPV
良くなる	30 億円
現状維持	20 億円
悪くなる	−10 億円

ミライ　将来、景気が良くなる、現状維持、あるいは悪くなる確率。

東　Very good。それらの情報があって初めて、「平均的に」得られると予想されるNPVを計算することができるね。ちなみに、この、平均的に得られると予想される値のことを、「期待値」と呼ぶ。
　　では仮に、将来、景気が良くなる確率が20％、今のような状態が続く確率が30％、悪化する確率が50％だとすると（**図表1-18ケース1**）、NPVの期待値はいくらになるだろうか？

ミライ　各景気動向のもとでのNPVを、景気がそうなる確率で加重平均してやればいいから……

　　NPVの期待値＝〔景気が良くなった場合のNPV〕
　　　　　　　　×〔景気が良くなる確率〕
　　　　　　　＋〔今のような状態が続いた場合のNPV〕
　　　　　　　　×〔今のような状態が続く確率〕
　　　　　　　＋〔景気が悪くなった場合のNPV〕
　　　　　　　　×〔景気が悪くなる確率〕
　　　　　　＝30×0.20＋20×0.30＋（－10）×0.50
　　　　　　＝7億円

東　Good。今後の景気の動向も考慮すると、このプロジェクトからは、「平均して」7億円のNPVが見込めるということだ。いうまでもなく、今後の景気の見通しが変われば、NPVの期待値も変わってくる。
　　もし、景気が良くなる確率が50％、現状維持の確率が30％、悪くなる確率が20％ならば（**図表1-18ケース2**）、NPVの期待値はどうなる？

図表1-18　**景気動向別NPV（その2）**

景気動向	NPV	景気がそうなる確率	
		ケース1	ケース2
良くなる	30億円	20％	50％
現状維持	20億円	30％	30％
悪くなる	－10億円	50％	20％

ミライ　さっきよりは楽観的な見通しね。

期待値＝30×0.5＋20×0.3＋（－10）×0.2
　　　＝19億円

東　　OK。ではもう1つ。これもコーポレート・ファイナンスにかかわることなんだけど、ちょっと練習してみよう。ミライはポートフォリオという言葉を知っているかい？

ミライ　うん、なんとなく。金融商品の組み合わせ、みたいな意味かしら？

東　　そうだね。「Portfolio」を辞書で調べると、「紙ばさみ」とか「書類入れ」という意味が出てくる。転じて、書類入れに入っている有価証券の束→金融商品の組み合わせ、という意味になったということだね。
　　　ただ、広義には、企業の「事業部門の組み合わせ」や「商品やサービスの組み合わせ」等もポートフォリオと呼んでいるんだ。
　　　今日は、A、B、C、Dという、4つの株式からなるポートフォリオの期待収益率を計算してみよう。

ミライ　期待収益率？

東　　将来、「平均的に」得られるであろうと予想される収益率のことだよ。その意味では、さきほどの「期待値」に近い概念だね。**図表1-19**は、4つの株式A、B、C、Dの、5つの景気動向に関するシナリオ（良い・やや良い・普通・やや悪い・悪い）のもとでの予想収益率、および各株式のポートフォリオへの組み入れ比率をまとめたものだ。この表から、このポートフォリオの期待収益率を計算してみよう。

ミライ　根気よく加重平均を計算し続ければいいのね。

東　　Yes。まずは、各株式の期待収益率を計算する。

ミライ　OK。

株式Aの期待収益率＝0.20×0.30＋0.17×0.30
　　　　　　　　　＋0.14×0.20＋0.11×0.10
　　　　　　　　　＋0.08×0.10
　　　　　　　　＝0.158

$$株式Bの期待収益率=0.25×0.30+0.23×0.30$$
$$+0.21×0.20+0.19×0.10$$
$$+0.17×0.10$$
$$=0.222$$

$$株式Cの期待収益率=0.15×0.30+0.10×0.30$$
$$+0.05×0.20+0.00×0.10$$
$$+(-0.05)×0.10$$
$$=0.080$$

$$株式Dの期待収益率=0.10×0.30+0.03×0.30$$
$$+(-0.04)×0.20+(-0.11)×0.10$$
$$+(-0.18)×0.10$$
$$=0.002$$

東 Good。では、ポートフォリオの期待収益率は?

ミライ 各株式の期待収益率を、各株式のポートフォリオへの組み入れ比率で加重平均してやればいいのね。つまり、

$$ポートフォリオの期待収益率$$
$$=0.158×0.40+0.222×0.30$$
$$+0.080×0.20+0.002×0.10$$
$$=0.146$$
$$=14.6\%$$

図表1-19　**ポートフォリオの期待収益率**

	景気動向がそうなる確率	A	B	C	D	
		\multicolumn{4}{c}{ポートフォリオへの組み入れ比率}	
		40%	30%	20%	10%	
良い	30%	20%	25%	15%	10%	19.50%
やや良い	30%	17%	23%	10%	3%	16.00%
普通	20%	14%	21%	5%	−4%	12.50%
やや悪い	10%	11%	19%	0%	−11%	9.00%
悪い	10%	8%	17%	−5%	−18%	5.50%
		15.80%	22.20%	8.00%	0.20%	14.60%

東　お疲れさま。このように、ポートフォリオの期待収益率は、各金融資産の期待収益率を、それらのポートフォリオへの組み入れ比率で加重平均することによって求めることができるんだ。
　　一方、ポートフォリオのリスク──ファイナンスで言うところのリスクとは、収益率のバラツキ度合い、具体的に言うと収益率の標準偏差を指すのだけれど、必ずしも各株式の収益率の標準偏差を投資額で加重平均したものにはならない。ようは、分散投資を行うことによって、リスクを抑えることができるということだ。このあたりは、ハリー・マルコヴィッツらによって開拓された現代ポートフォリオ理論の中核的な概念の1つだ。リスクとリターンの関係については、コーポレート・ファイナンスの専門書に譲るが、その土台の土台となるところで、今回説明した加重平均や、このあと説明する標準偏差なんかの考え方が活かされているんだよ。

ミライ　次は、バラツキを表す指標なのね。

東　Yes。このレクチャーで、真ん中を表す指標についてはおおよそ理解できたんじゃないかな。しかし、データの中心化傾向だけを見ていても十分とは言えない。
　　データから、より多くの有益な情報を引き出すには、中心化傾向とバラツキを同時に見ていく必要があるんだ。次は、特にこのあたりを念頭においてバラツキの概念を説明していくことにするね。
　　じゃ、少し休もう。

2時間目
バラツキを知る

分散と標準偏差

20分。
ミライがエスプレッソを持って戻ってきたのは、お代わりを買ってくると言って席を立ってから、ゆうに20分経ってからのことだった。

- ミライ　お待たせ。待っている人が少ないのに、すっごい時間がかかっちゃった。前の人は10人分も持ち帰りを頼んでいるし、スタッフはのろのろしているし。
- 東　No problem。少しご機嫌ななめのミライには悪いが、今、ミライの身に起こったことと、これから勉強する内容には、密接なかかわりがあるんだ（笑）
- ミライ　2時間目は……「バラツキを表す指標」よね。
- 東　Yes。いつもはこんなにかからないのに、今日はすごく待たされたよね。ミライは、まさに今、「バラツキ」を、身をもって体験した、ということさ。
- ミライ　バラツキ？

❶ そもそも、なぜ、「バラツキ」を理解する必要があるのか？

- 東　さっきは平均とか、メディアンとか、データの「中心」を表す指標について学んだよね。今度は、データの「バラツキ」を表す指標を理解しようということさ。
- ミライ　でも、そもそもなぜ「バラツキ」を理解する必要があるの？
- 東　多くの人は、「真ん中はどの辺りか」に目がいってしまって、どれくらいバラついているかについては、あまり気にしないことが多い。でも、こんな例はどう？

車のセールスマンをしているAさんが、念願かなってマイホームを手に入れたとする。Aさんの過去10年間の平均年収は500万円で、住宅ローンは500万円を前提に組まれている。もしAさんが「バラツキのない世界」の住人だったとすれば、図で言うとこんな感じ（**図表2-1**）になるかな……

彼の年収は毎年ちょうど500万円だ。そしてAさんは、毎年、過不足なく住宅ローンを払い続ける。でも、こんなケースはきわめてまれなことだ。なぜって、Aさんも、ミライも、僕も、「バラツキが支配する世界」に生きているんだからね。

「バラツキが支配する世界」では、Aさんの年収は、たとえば**図表2-2**みたいになるだろう。もちろん500万円前後になる可能性が最も高いが、上ブレして600万円になる時もあれば、逆に400万円にしかならない時もある。多くの場合、これが現実だ。

にもかかわらず、仮にAさんがこの事実に気づいてないとしたらどうだろう？　年収が上ブレした時は特に問題はないけれど、下ブレした場合、Aさんは苦しい生活を強いられるよね。だって、「バラツキのない世界」に住むAさんにとって、年収が上ブレしたり下ブレするのは想定外のことだから。

でも、もしAさんが、自分の年収が毎年変動するかもしれないということを認識していれば、年収が下ブレした時に受けるダメージを、もちろんゼロにはできないけれど、減らすことはできるかもしれない。

図表2-1　**バラツキのない世界**

年収がその額になる確率

500万円　　年収

図表2-2　**バラツキが支配する世界**

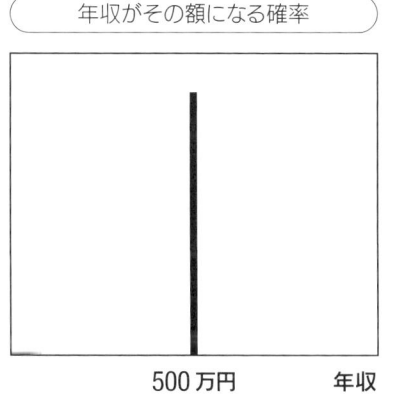

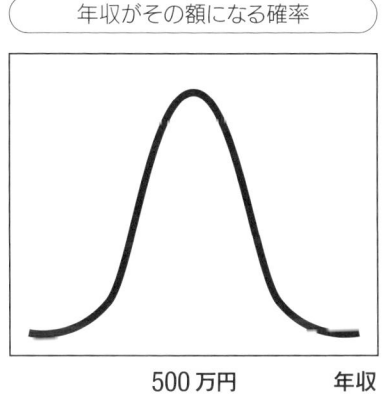

年収がその額になる確率

500万円　　年収

ミライ　年収が下ブレする可能性を踏まえて、日頃から貯蓄するとか、車のセールスのように景気に左右されない副業を持つってことね。

東　そのとおり。「バラツキ」を認識することによって、自分にとって不利な状況が発生した時の対応力を高めることができる。これこそが「バラツキ」を理解し、認識することの意味なんだ。

❷ 下ブレした時の不利益 vs. 上ブレした時の利益

ミライ　それは理解できる。でも、さっきから下ブレ、下ブレって、年収が下がった時のことばかり言ってるけど、「バラツキが支配する世界」では、逆に上ブレすることもあるわけだよね。
　　　　上ブレした時は、返済に余裕ができて、Aさんは「いい思い」をするわけだから、長期的に見れば、下ブレした時に被る不利益が、上ブレした時の利益に相殺されてチャラになる……つまり、少なくとも長期的に見れば「バラツキ」なんて、そんなに気にしなくてもいい。そんな考え方はできない？

東　なるほど。でも、本当に、「年収が下ブレしたことによってもたらされる不利益＝上ブレしたことによってもたらされる利益」という等式は成り立つのだろうか？　上ブレした時の利益って、たとえば、どんなものが考えられる？

ミライ　貯金したり……3Dテレビを買ったり……。ハワイ旅行に行けるかも。

東　じゃあ、下ブレした時の不利益は？

ミライ　レジャーや贅沢品を買うのを控えたり……

東　それくらいなら、まだ我慢できるかもしれないね。それでも厳しければ、食費を切り詰めたり、子供の習い事を止めさせたり、最悪、ローンを払えなければ、銀行のブラックリストに載るかもしれない。

ミライ　さすがにそれはマズい……

東　もう1つ、別の例で考えてみよう。Bさんは、新大阪の自宅から淀屋橋のオフィスまでバスで通勤している。ここ数カ月の通勤時

間の平均は45分だ。もしBさんが「バラツキのない世界」の住人であれば、通勤に要する時間は毎日判で押したように45分になる。

しかし、現実にはこんなことはあり得ない。たいていは45分前後で着くだろうが、道路の混み具合や天候によって、40分で着く時もあれば、逆に50分かかることもある。仮に40分で着いたとすると、Bさんにはどんなメリットがある？

ミライ　新聞にいつもよりゆっくり目を通すことができるとか……コーヒーを飲めるとか……

東　結果、余裕をもって仕事に取り掛かることができるだろうね。じゃ、もし通勤に50分かかり、しかもついてないことに、その日は始業直後に大切な会議が予定されていたとしたら？

ミライ　当然、会議には遅刻ね。周りに迷惑をかけて、信用を失うことになるわね。

東　1回や2回なら大目に見てくれるかもしれないが、何度も続けば、人事評価にもマイナスの影響が出るだろうね。

こう考えると、ある変数が——Aさんの場合は年収、Bさんの場合は通勤時間だけど、ブレることによってもたらされる不利益が、ブレることによって得られる利益を上回る、ということは、往々にして起こり得る、と考えられるのではないかな。

ミライ　つまり、〔変数がブレることによって被る不利益〕＞〔変数がブレることによって得られる利益〕、になることも意外にある、と。だから、長期的に見れば、不利益は利益にオフセットされてチャラにならない。なので、「バラツキ」なんてそんなに気にしなくても大丈夫、ということにはならないということね。

東　僕はそう思う。そして、さっきの例だと、Bさんは、「バラツキ」の存在を認識することによって、たとえばいつもより5分早く家を出るとか、始業直後には重要な会議をセットしないとか、通勤時間が上ブレした時に受けるダメージを減らすための手立てを講じることができるようになる、というわけだ。

これは何も日常生活に限ったことじゃない。ビジネスの現場においても、「バラツキ」はいくら強調しても強調し過ぎることがないいくらい重要な概念だと思うよ。

❸ ビジネスの現場にもバラツキはたくさんある

東　　たとえば、CDプレーヤーを作っている2つの工場、大阪工場と京都工場があるとしよう。**図表2-3**は、各々の工場でCDプレーヤーを1台作るのに必要な時間を時系列で並べたものだ。CDプレーヤーを1台作るのに要する時間は各々どれくらいになる？

ミライ　生産台数は毎月異なるだろうから、厳密には、各月の所要時間を各月の生産台数で加重平均すれば、年間通しての平均的な所要時間が求まると思うけど……

東　　Good。でも、とりあえず、大阪、京都とも、各月の生産台数は一定としよう。なので、単純に各月の所要時間を足し算して12で割ればいいよ。

ミライ　OK。では、まず大阪から。大阪工場の平均所要時間は、（500 ＋ 500 ＋ 505 ＋ 500 ＋ 495 ＋ 505 ＋ 500 ＋ 495 ＋ 505 ＋ 500 ＋ 495 ＋ 500）÷12は……500秒。京都工場は、（500 ＋ 490 ＋ 500 ＋ 510 ＋ 500 ＋ 490 ＋ 490 ＋ 510 ＋ 500 ＋ 510 ＋ 480 ＋ 520）÷12は500秒。同じね。

東　　「平均」だけ見ると、たしかにそうだね。では、両工場の所要時

図表2-3　　CDプレーヤー1台を生産するのに要する時間

	大阪工場（秒）	京都工場（秒）
1月	500	500
2月	500	490
3月	505	500
4月	500	510
5月	495	500
6月	505	490
7月	500	490
8月	495	510
9月	505	500
10月	500	510
11月	495	480
12月	500	520
平均	500	500

間をグラフにしてみよう。こんな感じかな（**図表2-4**）。

ミライ　データの並びを見ただけでも、なんとなく京都工場の方がバラツキは大きそう、という気はしてたんだけど、グラフにすると、両工場の差は歴然ね。

東　　　そうだね。大阪工場のグラフは、平均付近にキュッと寄ったカタチをしているね。ということは？

ミライ　相対的にバラツキが小さい。

東　　　じゃあ、京都工場は？

ミライ　京都は裾野が広い、というか、左右に大きく広がっている。ということは、相対的にバラツキが大きい。

東　　　OK。では、「バラツキが大きい」工場では、実際どういうことが起こっていると思う？

ミライ　所要時間のバラツキが大きいってことは、すごく短い時間で作れた時もあれば、逆にすごく長い時間かかった時もある、ってことかな。

東　　　そのとおり。平均だけ見れば、両工場のパフォーマンスは同じだ。でも、バラツキには大きな差がある。もしミライがオペレーションマネージャーだとしたら、オペレーション的にはどちらの工場が優れていると思う？

図表2-4　CDプレーヤーを生産するのに要する時間の分布

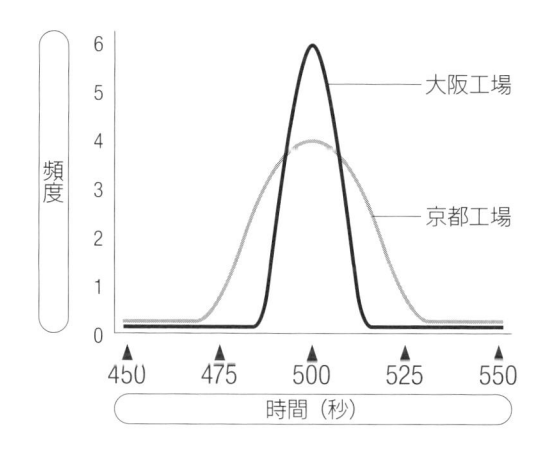

ミライ 大阪工場。

東 なぜ？

ミライ さっきも言ったけど、京都工場の場合は、すごく早くできる時もあるけど、逆にすごく待たされることもあるってことよね。もし私がCDプレーヤーを調達する立場なら、納期が大きくブレるリスクは見過ごせないもの。

東 なるほど。良いポイントだ。このように、「平均」だけ見ていると判断を誤るケース、世の中にたくさんあるんだ。

ミライ 「平均」と「バラツキ」を両方押さえて初めて正しい分析ができる、ということね。……でも、「バラツキ」はどう測るの？

❹ バラツキを定量化する──分散と標準偏差

東 「バラツキ」を測るのにとても便利な指標がある。「分散」と「標準偏差」だ。

ミライ 名前は聞いたことある。

東 OK。でも、厳密に言うと、分散と標準偏差にはいくつかの種類があって、呼び方も違うので、まずはそこから説明するね（**図表2-5**）。
たとえば、京阪神タイガースの選手の身長のバラツキが知りたいとしよう。ところで、京阪神球団には、監督やコーチ、二軍や育成選手も含め、全部で97人の選手がいる。つまり総勢97人からなる母集団ということだ。

ミライ 母集団？

東 調査対象「全体」のことを「母集団」と呼ぶんだ。そして、もし、この「97人全員の」身長の分散や標準偏差を求めたとしたら、それらを「母分散」「母標準偏差」と呼ぶ。記号で書くと、順に、σ^2、σだ。σはギリシャ文字で「シグマ」と読む。

ミライ 母集団の分散だから母分散、母集団の標準偏差だから母標準偏差、というわけね。

東　うん。一方、この97人の中から、たとえば20人をランダムに選んで、その20人のバラツキを分析することによって、「母集団全体の」分散や標準偏差を推計する場合、それらを「不偏分散」「標準偏差推定量」と呼ぶんだ。不偏分散はs^2、標準偏差推定量はsで表す。

ミライ　サンプルデータから理論的に計算された「母集団の」分散を不偏分散、標準偏差を標準偏差推定量と呼ぶってこと？

図表2-5　分散と標準偏差の分類

母集団の分散
→ **母分散（σ^2）**

母集団の標準偏差
→ **母標準偏差（σ）**

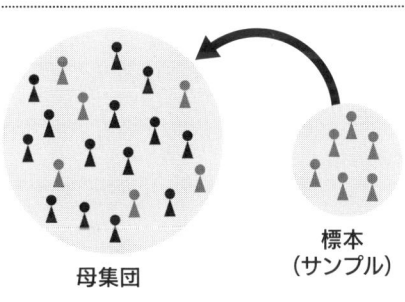

母集団

標本から推定される母集団の分散
→ **不偏分散（s^2）**

標本から推定される母集団の標準偏差
→ **標準偏差推定量（s）**

母集団　標本（サンプル）

❺ バラツキ—「各データの平均からの距離」の平均

東　そのとおり。では、実際に分散や標準偏差を計算する前に、その大まかな考え方を押さえておこう。**図表2-6**は、身長でも、体重でも、金利でも、株価でも、何でもいいけど——ケース1、ケース2とも、各々5つのデータをプロットしたものだ。ケース1とケース2では、どちらの方がバラツキが大きいと言えるかな？

ミライ　ケース2。だって、ケース1では、一番大きい値（A_5：10）と一番小さい値（A_1：2）の差は8（= 10 − 2）だけど、ケース2だと14（= 15[B_5] − 1[B_1]）もあるから。

東　そうだね。今ミライが言った、「一番大きい値と一番小さい値の差」を統計学用語では「範囲（Range）」と言うんだけど、これも立派なバラツキ指標だよね。
でも、今回は少し見方を変えてみよう。「各データの、平均からの距離」の平均をもってバラツキの指標としよう、というのが、分散や標準偏差の基本的な考え方なんだ。

ミライ　「各データの、平均からの距離」のそのまた平均？

東　うん。たとえばケース1の場合、平均はいくつになる？

ミライ　A_1〜A_5の平均は、

$\bar{A}$ =（2+6+8+9+10）÷ 5
　 =7

東　OK。では、A_1〜A_5の各データと平均$\bar{A}$の距離を求めてみよう。

ミライ　まず、A_1と$\bar{A}$の距離は、$|A_1 - \bar{A}| = |2-7| = 5$。同様に、$A_2$と$\bar{A}$の距離は1、$A_3$と$\bar{A}$の距離は1、$A_4$と$\bar{A}$の距離は2、最後に、$A_5$と$\bar{A}$の距離は3（**図表2-7**）。

東　Good。では、それらの距離の平均は？

ミライ　距離の平均 =（5+1+1+2+3）÷ 5
　　　　　　　 = 2.4

東　OK。ケース2についても同様の計算をしてみよう。

ミライ　まず、B_1〜B_5の平均 $\bar{B}$ =（1 + 5 + 6 + 8 + 15）÷ 5 = 7。B_1と$\bar{B}$、B_2と$\bar{B}$、B_3と$\bar{B}$、B_4と$\bar{B}$、B_5と$\bar{B}$の距離は、順に、6、2、1、1、8。なので、

距離の平均 =（6+2+1+1+8）÷ 5
　　　　　 = 3.6

東　Very good。このことからも、ケース2の方がバラツキが大きいということが言えるね。大まかに言うと、これが、分散や標準

偏差の基本的な考え方だ。

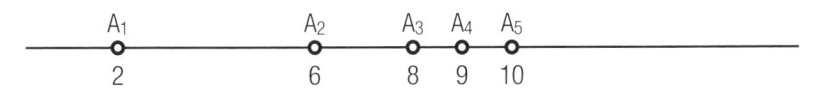

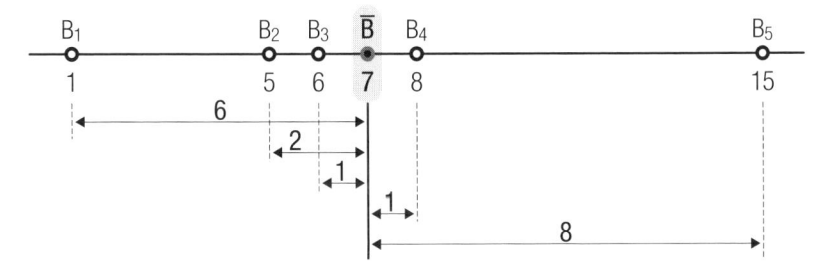

では、実際に手を動かして、分散や標準偏差を計算してみよう。

図表 2-6　バラツキの基本的な考え方 (その1)

ケース1

A_1		A_2	A_3	A_4	A_5
2		6	8	9	10

ケース2

B_1	B_2	B_3	B_4		B_5
1	5	6	8		15

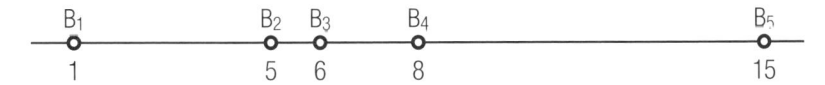

図表 2-7　バラツキの基本的な考え方 (その2)

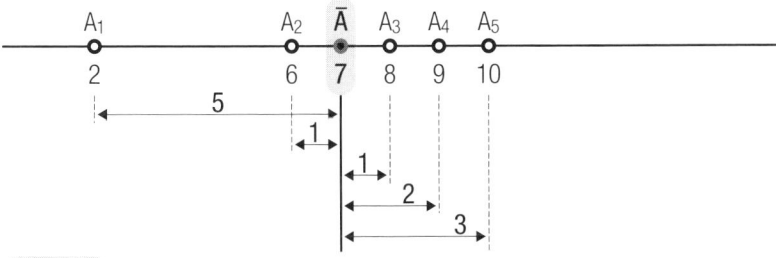

ケース1

A_1　　A_2　$\bar{A}$　A_3　A_4　A_5
2　　　　6　　7　　8　　9　　10

5, 1, 1, 2, 3

ケース2

B_1　　B_2　B_3　$\bar{B}$　B_4　　　　B_5
1　　　　5　　6　　7　　8　　　　　　15

6, 2, 1, 1, 8

❻ 母分散・母標準偏差を計算してみる

東 　図表2-8は、人気アイドルグループ「ストーム」のメンバーの身長をリストにしたものだ。この5人の身長の分散と標準偏差を計算してみよう。さっき、分散と標準偏差には2種類あると言ったけど、この場合はどちらになるだろう？

ミライ 　ストームは5人からなるグループ。その5人全員のデータから求められた分散や標準偏差は、ようは母集団のバラツキ。だから、母分散と母標準偏差……かな。

図表2-8　**母分散・母標準偏差を計算する**

偏差　$X - \bar{X}$

No.	名前	身長	偏差	偏差の2乗
1	O野　S	166	−4.60	21.16
2	S井　S	171	0.40	0.16
3	A葉　M紀	176	5.40	29.16
4	N宮　K也	167	−3.60	12.96
5	M本　J	173	2.40	5.76
		170.60		69.20
				13.84
				3.72

平均　$\bar{X}$

偏差平方和　$\sum(X - \bar{X})^2$

σ^2（母分散）
$$\sigma^2 = \frac{\sum(X - \bar{X})^2}{n}$$

σ（母標準偏差）
$$\sigma = \sqrt{\frac{\sum(X - \bar{X})^2}{n}}$$

Excel 2007 関数
- 母分散＝VARP（数値1, 数値2,…）
- 母標準偏差＝STDEVP（数値1, 数値2,…）

Excel 2010 関数
- 母分散＝VAR.P(数値1, 数値2,…)
- 母標準偏差＝STDEV.P(数値1, 数値2,…)

東　　Good。では、順を追ってやってみよう。まずは5人の平均を計算するところから始めよう。どうぞ。

ミライ　平均は、5人の身長を足して5で割ればいいから、

　　　　平均＝（166＋171＋176＋167＋173）÷5
　　　　　　＝170.60

　　　　……かな。

東　　OK。では次に、各メンバーの身長と平均の差を求めよう。

ミライ　各メンバーの身長と平均の差。平均は170.60だったから……

　　　　O野君の場合は　　166－170.60＝－4.60
　　　　S井君は　　　　　171－170.60＝0.40
　　　　A葉君は　　　　　176　170.60－5.40
　　　　N宮君は　　　　　167－170.60＝－3.60

　　　　最後に、

　　　　M本君は　　　　　173－170.60＝2.40

東　　Good。ちなみに、今ミライが計算した「各データと平均の差」のことを「偏差」と呼ぶんだ。覚えておいてね。

ミライ　偏差ね。OK。次は？

東　　さっき計算した偏差を2乗しよう。

ミライ　O野君の偏差は－4.60だから、これを2乗すると、$(-4.60)^2＝21.16$。S井君は$(0.40)^2＝0.16$、A葉君は$(5.40)^2＝29.16$、N宮君は$(-3.60)^2＝12.96$、M本君は$(2.40)^2＝5.76$……かな。

東　　OK。では、今求めた「偏差を2乗したもの」を足し算してみよう。

ミライ　偏差の2乗の和を求めるのね。足し算すると……

　　　　21.16＋0.16＋29.16＋12.96＋5.76＝69.20

東　　OK。あともう一息だ。ちなみに、この、「偏差を2乗したものを足し算したもの」のことを「偏差平方和」と呼ぶ。難しい名前だけど、この言葉も必ず覚えておいてね。

ミライ 偏差平方和、偏差平方和、偏差平方和……

東 最後に、偏差平方和をデータ数で割ってみて。

ミライ 偏差平方和は69.20。データ数は5だから……

69.20÷5=13.84

東 Very good。13.84。これが、ストームの身長の母分散σ^2だ。

ミライ でも待って。さっきの説明では、分散や標準偏差とは、大まかに言えば、各データと平均の距離の平均、つまり偏差の絶対値の平均ということだったと思うんだけど。なぜ、距離を2乗するの?

東 たしかに、わざわざ2乗しなくても、単純にそれらを足し算してデータ数で割ればバラツキを表すことができる。しかし、さっきミライが言ったとおり、AB間の距離とはAとBの差の「絶対値」なんだけど、数式にこの絶対値（| |）が含まれると、微分ができなくなる等、数学的に扱いづらくなるという欠点があるんだ。なので、あえて偏差を2乗するんだよ。でも、それはいわば技術的なことであって、基本的には、「バラツキ＝平均からの距離の平均」と理解しておけばいいよ。

ミライ わかった。ところで、分散の単位ってあるの?

東 実は、分散には単位がつかないんだ。厳密に言うと、単位は存在することは存在するんだけど、偏差を2乗した時点で、すでに意味をなさなくなっているんだ。たとえば、身長の分散の単位はcm^2（平方センチメートル）だけど、そもそも身長、つまり長さと面積を比較しても意味がないよね。

ミライ なるほど……。次は、母標準偏差ね。

東 母分散の平方根をとると、それが母標準偏差になる。

ミライ 母分散は13.84だったから……

母標準偏差$\sigma = \sqrt{13.84} = 3.72$

東 そのとおり。さっき、分散には単位がつかないと言ったよね。でも、標準偏差には元のデータと同じ単位がつく。

ミライ　この場合は「cm」ね。分散の平方根をとったので、元のデータと同じ土俵に戻ったということね。

東　Yes。この「元のデータと同じ単位がつく」という標準偏差の性質は、のちのち非常に重要になってくる。だから、必ず覚えておこう。
　　以上が、母分散と母標準偏差の求め方だ。次に、不偏分散と標準偏差推定量の計算にチャレンジしてみよう。

❼ 不偏分散・標準偏差推定量を計算してみる

東　不偏分散と標準偏差推定量がどんなものか、覚えてる？

ミライ　不偏分散は、サンプルデータから推定される「母集団の」分散、標準偏差推定量は、サンプルデータから推定される「母集団の」標準偏差。

東　そのとおり。**図表2-9**は、京阪神タイガースの全選手97人の中から無作為に抽出した15人の身長を取りまとめたものだ。

ミライ　この15人のデータを使って、球団全体、つまり97人からなる母集団のバラツキを推計してみようってことね。

東　そう。これから計算するのは、サンプリングされた15人のバラツキではなくて、あくまでも、それから推定される球団全体のバラツキだ。

ミライ　OK。

東　手順は、さっき母分散と母標準偏差を計算した時とほとんど変わらない。まずは15人の平均を計算しよう。

ミライ　はい。

$$
\begin{aligned}
\text{平均} &= (183+182+181+184+176+184+178+174 \\
&\quad +187+183+182+180+169+180+173) \div 15 \\
&= 179.73
\end{aligned}
$$

わー、やっぱり野球選手は背、高いね。

図表2-9　不偏分散・標準偏差推定量を計算する

偏差　$X - \overline{X}$

No.	名前	身長	偏差	偏差の2乗
1	S原　M司	183	3.27	10.67
2	N村　K	182	2.27	5.14
3	Y野　A弘	181	1.27	1.60
4	A部　K太	184	4.27	18.20
5	A井　R	176	−3.73	13.94
6	F川　K児	184	4.27	18.20
7	K保　Y生	178	−1.73	3.00
8	M田　T節	174	−5.73	32.87
9	Y岡　K志	187	7.27	52.80
10	W	183	3.27	10.67
11	Y木　H	182	2.27	5.14
12	K本　T憲	180	0.27	0.07
13	H野　K一	169	−10.73	115.20
14	O﨑　T一	180	0.27	0.07
15	U本　H紀	173	−6.73	45.34
		179.73		332.93
				23.78
				4.88

平均　$\overline{X}$

偏差平方和　$\Sigma(X - \overline{X})^2$

s（標準偏差推定量）

$$s = \sqrt{\frac{\Sigma(X - \overline{X})^2}{n-1}}$$

s^2（不偏分散）

$$s^2 = \frac{\Sigma(X - \overline{X})^2}{n-1}$$

Excel 2007 関数
- 不偏分散 =VAR(数値1, 数値2,…)
- 標準偏差推定量 STDEV(数値1, 数値2,…)

Excel 2010 関数
- 不偏分散 =VAR.S(数値1, 数値2,…)
- 標準偏差推定量 STDEV.S(数値1, 数値2,…)

東 　うん。特に投手はね。次もさっきと同じだ。偏差を計算して。

ミライ　S原選手　　183−179.73＝3.27
　　　　N村選手　　182−179.73＝2.27
　　　　　　　　　　　⋮
　　　　O﨑選手　　180−179.73＝0.27
　　　　U本選手　　173−179.73＝−6.73

東 　OK。次のステップも同じ。偏差を2乗してみて。

ミライ　OK。

　　　　S原選手　　$(3.27)^2=10.67$
　　　　N村選手　　$(2.27)^2=5.14$
　　　　　　　　　　⋮
　　　　O﨑選手　　$(0.27)^2=0.07$
　　　　U本選手　　$(-6.73)^2=45.34$

東 　OK。足し算しよう。

ミライ　偏差平方和を求めるのね。

　　　　偏差平方和＝10.67＋5.14＋1.60＋18.20＋13.94＋18.20
　　　　　　　　　＋3.00＋32.87＋52.80＋10.67＋5.14＋0.07
　　　　　　　　　＋115.20＋0.07＋45.34
　　　　　　　　＝332.93

東 　OK。お疲れさま。さっき、母分散を計算した時は、偏差平方和をどうしたんだっけ？

ミライ　偏差平方和をデータ数……ストームは5人グループだから5で割った。

東 　そうだったね。偏差平方和をデータ数で割ることにより母分散を求めたんだったね。でも、不偏分散を計算する時は、分母がほんの少しだけ違う。偏差平方和を、データ数ではなく〔データ数−1〕で割るんだ。

ミライ　なぜ、データ数ではなく〔データ数−1〕なの？

東 　そもそも不偏分散は、「サンプルデータのバラツキから判断すると、母集団のバラツキはこれくらいになるはず」というものだっ

たよね。実は、サンプルデータから母分散を推計するにあたっては、データ数で割るよりも〔データ数－1〕で割った方がより精度が高くなる、ということが数学的・統計学的に証明されているからなんだ。

ミライ　なるほど……。ということは、母分散と不偏分散の求め方の違いは、データ数で割るか、〔データ数－1〕で割るかの違いだけ、ということね。

東　そのとおり。慣れないと、少しややこしいところではあるね。不偏分散の計算に戻ろう。この例だと、偏差平方和を何で割ってやればいいだろう？

ミライ　データ数15から1を引くと14だから……さっき計算した偏差平方和332.93を14で割ると、不偏分散s^2は23.78。

東　Very good。最後に標準偏差推定量だ。不偏分散の平方根をとってやれば標準偏差推定量になる。

ミライ　OK。標準偏差推定量 $s=\sqrt{23.78}=4.88$

東　単位は？

ミライ　センチメートル！

東　そのとおり。分散には「意味のある」単位がないけど、「標準偏差には元のデータと同じ単位がつく」ということは、とっても大切なポイントだ。平均なんかの、他の統計量と同列に扱うことができるってことだからね。
　　　以上が、不偏分散と標準偏差推定量を求める手順だけど、分散と標準偏差の求め方については、だいたいマスターできたかな？
　　　実際には、さっきミライがやったような手順を踏まなくても、Excel 2010の関数、分散なら「VAR.P（母分散）」や「VAR.S（不偏分散）」、標準偏差なら「STDEV.P（母標準偏差）」や「STDEV.S（標準偏差推定量）」を使えば、答えは瞬時に出てくる。でも、アメリカのビジネススクールなんかでは、あえてExcelの関数を使わず、平均を計算して→偏差をとって→偏差を2乗して→偏差平方和を求めて→データ数もしくは〔データ数－1〕で割って分散を計算し→その平方根をとることにより標準偏差を得る、というプロセスを、手が覚えるまで何度も繰り返すんだ。

僕自身、そうすることにより、とっても大切なバラツキの概念が、より身近に感じられるようになったし、少なくともアレルギーを感じることはなくなった。ミライも、もちろん慣れれば統計ソフトで計算すればいいんだけど、それまでは、さっきやったような方法で、何度か練習してみることをおすすめするよ。

ミライ　それほど複雑な計算というわけでもないしね。わかった。やってみる。

❽ 大人と子供を分けるもの――シックスシグマの基本コンセプト

東　OK。最後に、現在、最も体系化されたビジネスエンジニアリング手法の1つであると言われる「シックスシグマ」の考え方を紹介しておこう。

ミライ　シックスシグマ……シグマ……どっかで聞いたことがあるような……たしか、母標準偏差のことをシグマって呼ぶんだったっけ？

東　うん。シックスシグマのシグマは、母標準偏差を表すギリシャ文字、σ（シグマ）から来ているんだ。

ミライ　じゃあ、シックスシグマのシックスは数字の6？

東　そう。シックスシグマを直訳すると、「第6標準偏差」となる。この、「第6」が何を意味しているかについては、のちほど「確率分布」について説明する時に話そう。

ミライ　OK。でも、そもそも、シックスシグマって何？

東　「ビジネスの現場においては、平均を改善するだけではダメ。同時にバラツキを減らしてこそ、真の顧客満足が生まれる」というのが、シックスシグマの基本的な考え方なんだ。
　こんな例で考えてみよう。**図表2-10**は、僕の姉（京子、アラフォー）、姉の長女（真理、小6）と次女（絵理、小2）に、各々10回ずつ70ピースのジグソーパズルにチャレンジしてもらった時にかかった時間をプロットしたものだ。でも、これだけだとわかりにくいので、折れ線グラフを作ってみよう（**図表2-11**）。これらのデータやグラフから何が読み取れる？

図表 2-10　ジグソーパズルを完成させるために要した時間

	絵理（秒）	真理（秒）	京子（秒）
1回目	1,835	1,194	816
2回目	3,427	901	652
3回目	1,622	783	583
4回目	2,209	835	607
5回目	1,215	657	663
6回目	999	767	558
7回目	1,067	712	557
8回目	869	605	477
9回目	893	592	406
10回目	1,127	568	415
平均	1,526	761	573
標準偏差	800	188	123
変動係数	0.52	0.25	0.22

※変動係数は、標準偏差を平均で割ることで求められる。
　変動係数を計算することで、異なる集団のバラツキを相対的に比較できるようになる。

図表 2-11　ジグソーパズルを完成させるために要した時間を折れ線グラフにしたもの

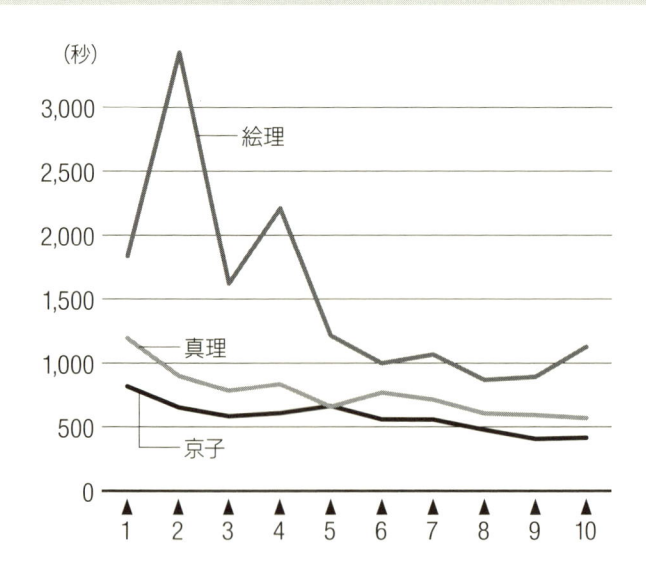

ミライ	まず、3人とも、試行を繰り返すうちに所要時間は減少している。学習効果というか……ようは「慣れ」ね。
東	そうだね。平均は？
ミライ	平均は……絵理ちゃん1,526秒、真理ちゃん761秒、京子さん573秒……年齢が高くなるにつれて短くなってるね。
東	当たり前といえば当たり前だね。じゃあ、バラツキは？
ミライ	バラツキ、つまり標準偏差は、絵理ちゃん800秒、真理ちゃん188秒、京子さん123秒……平均と同じく、やはり年齢が高くなるにつれてバラツキも小さくなってるわ。
東	そうだね。そこが大切なポイントだ。大人の平均所要時間が小学生のそれよりも短いのは、ある意味当たり前のことだ。より重要なことは、大人は、飛躍的に所要時間が改善することもなければ、逆に「大崩れ」することもないということなんだ。つまり、ジグソーパズルを組むというプロセスが、キチンとコントロールされている。あとで聞いたところ、10回とも、まず外枠を作り、それから中を埋めていったそうだ（**図表2-12**）。 一方、見てのとおり、絵理のバラツキはとても大きい。やり方を聞くと、ある時は左から右へ、ある時は下から上へ、またある時はメインキャラクターを別々に組み立てて、最後にドッキングさせるというように場当たり的で、プロセスが定まっていない（**図表2-13**）。また、傍から見ていても、ヤル気まんまんの時と、そうでない時の差が顕著だった。 ようは、この"Level of sophistication（洗練度）"の差こそが、大人と子供を分けるものとも言える。それは企業でも同じなんだ。

図表2-12　京子・真理のジグソーパズルの組み方

図表2-13　絵理のジグソーパズルの組み方

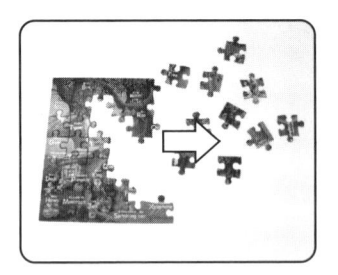

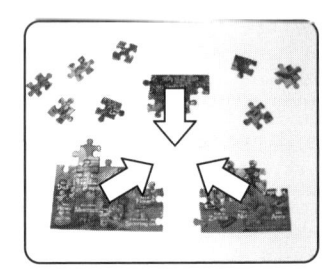

❾ シックスシグマを使いこなす

東　　では、さきほど話した「CDプレーヤー」の例に戻ろう。ミライは、京都工場のオペレーションマネージャーで、京都工場のパフォーマンスを、全国のどの工場にも負けないものにしたいと思っている、としよう。ミライなら、どこから手をつける？

ミライ　「平均」と「バラツキ」の両方を改善しなければならないのよね。でも、バラツキの改善は少し手強そうだから、まずは「平均」を改善することから始める……かな。

東　　OK。それが自然だね。では、「平均」を改善する、とは？

ミライ　CDプレーヤー1台を生産するための平均所要時間を短縮するってこと。

東　　そうだね。たとえば、どんな対策が考えられる？

ミライ　ベルトコンベアーのスピードを上げる……人を増やす……在庫切れをなくす……

東	なるほど。では、平均所要時間が短くなると、グラフはどうなる？
ミライ	バラツキは、とりあえずそのまま。でも、平均所要時間が短くなるから、曲線のカタチはそのままで、左にシフトする……かな？
東	そのとおり。でも、いろんな改善策をやった結果、平均所要時間が短くなりました……これで終わりにしていいんだっけ？
ミライ	ダメ。まだバラツキの改善が残ってる。
東	そうだ。では、「バラツキを改善する」を少し統計っぽく言い換えるとどうなる？
ミライ	さっき勉強したばっかりだね。この場合、「バラツキを改善する」イコール「CDプレーヤーを生産するために要する時間の分散・標準偏差を小さくする」……かな。
東	Very nice。では、具体的にどんなことをすれば、所要時間のバラツキを小さくすることができるだろう？
ミライ	そもそも、なぜ、作業時間にバラツキがあるのか……すぐに思いつくのは、「ベテランと新人で、作業時間に大きな差があるのでは？」ということ。
東	その可能性はあるよね。10年選手と先月入ったばかりの人とでは、熟練度に大きな開きがあるだろうからね。もし、それが原因だとすると、どんな手を打てばいいんだろう？
ミライ	新人、特に苦戦している人たちに対するフォローアップ教育なんかが有効かも。
東	そうだね。そうやって、作業時間が長い人たちのパフォーマンスが改善すれば、バラツキは減るよね。あるいは、ベテランと新人の作業時間には、実はそれほど差はなくって、でも、何らかの理由により、特定の曜日、特定の時間帯に、作業効率がダウンしているのかもしれないよね。
ミライ	その場合は、その原因を突き止めて、取り除いてやることができれば、バラツキは減るよね。あるいは、可能性は低いかもしれないけど、使っている機械や器具によってバラツキが発生しているのかもしれない。

東 　それもあり得るね。また、機械の故障等、突発的な事故もバラツキ要因となり得るので、日頃からFMEA等によって、事故を防止したり、不幸にも事故が起きてしまった場合の影響を最小にする手立てを講じておくことも大切だ。

ミライ 　FMEA？

東 　FMEAとは、Failure Mode Effect Analysisの略で、故障モード影響解析とも呼ばれているものだ。機械の故障等、ある事象が内包するリスクを、企業や顧客に及ぼす影響がどれくらい深刻か（厳しさ；Severity）、その事象がどれくらいの頻度で起こり得るか（頻度；Frequency）、そして、当該事象の発生を予見することができるか（検出可能性；Detectability）の3つの切り口で評価し、リスクの高いものから順に対策を講じていくというリスク管理手法のことだ。

ミライ 　高いものから順に、ということは、リスクが数値化されるということ？

東 　そのとおり。厳しさ、頻度、検出可能性を各々1から9──必ずしも1から9でなくてもいいけど、スケールで評価し、さらにその3つを掛けてRPN（Risk Priority Number；リスク優先度）と呼ばれる指標を算出する。

ミライ 　1から9……

東 　影響が深刻であればあるほど、発生頻度が高ければ高いほど、予見することが難しければ難しいほど高い点数がつけられ、結果、RPNも高くなる。

ミライ 　そしてRPNが高いものから順に潰していくというわけね。

東 　Yes。で、そういう努力をした結果、バラツキを改善できたとしよう。作業時間の分布を表すグラフのカタチはどのように変化すると思う？

ミライ 　作業時間の長い工員のパフォーマンスが改善することによって、あるいは、作業効率の悪い日もしくは時間帯のパフォーマンスが改善することによって、全体の作業効率が底上げされるから、平均作業時間が短くなる、そして、それは、作業時間の分布を表

図表 2-14　シックスシグマの基本コンセプト

現状

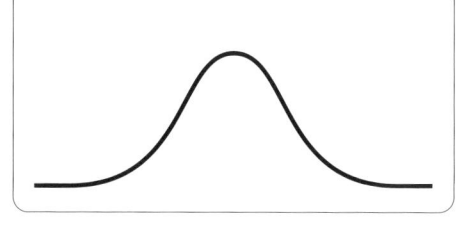

平均を改善

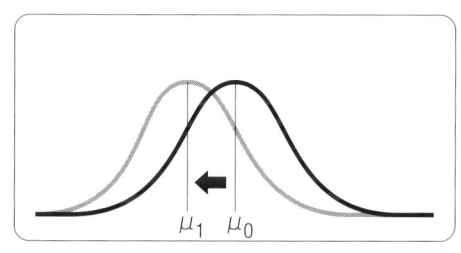

平均作業時間を μ_0 から μ_1 に短縮 ➡ **作業時間の分布を表すグラフは左にシフト**

バラツキを改善

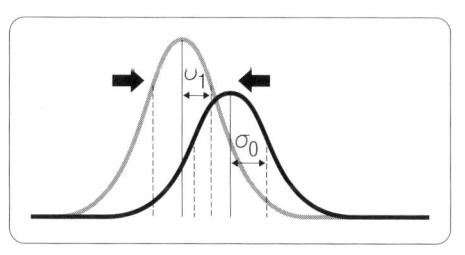

作業時間のバラツキ（標準偏差）を σ_0 から σ_1 に削減 ➡ **作業時間の分布を表すグラフは平均付近にキュッと寄ったカタチになる**

すカーブを左にシフトさせる。

でも、より重要なことは、バラツキが減ることにより、曲線が真ん中にキュッと寄ったカタチになる、ということね。

東　そのとおり。左にシフトさせると同時に、真ん中にキュッと寄せてスリムにする、これが、シックスシグマの基本コンセプトだ（**図表2-14**）。

多くの人は、「平均」の改善に目を奪われがちで、「バラツキ」の改善にはあまり注意を払わない傾向がある。でも、顧客が本当に気にしているのは、実は平均ではなくて、バラツキなんだ。たとえば、Xというバーガーショップは、平均2分でハンバーガーを作ってくれる。でも、1分でできることもあれば、逆に5分待たされることもある。一方、Yというファストフード店は、いつも必ず3分で作ってくれる。ミライならどちらを選ぶ？

3時間目
バラツキのカタチを知る

代表的な確率分布

ミライ　そういえば、ちょうど今日、ミーティングで統計の匂いのするグラフを見た！

東　統計の匂いのしないグラフなんてないよ（笑）。で、何のグラフ？

ミライ　今、全社レベルでね、窓口での航空券の予約受付にかかる時間のバラツキを減らそう、っていうプロジェクトが走ってて、月に一度、企画室にも進捗が上がってくるのよ。

東　ようは、受付に要する時間のグラフだね。どんなカタチをしてた？

ミライ　真ん中が高い、山のようなカタチをしてた。

東　左右対称だった？

ミライ　ええ。ほぼ。

東　どうやら、正規分布っぽいね。

ミライ　正規分布？

❶ 確率分布とはなんだろう？

東　うん。誰しも名前くらいは聞いたことがあると思うけど、いざ言葉で説明しようとすると、なかなか難しい概念だ。教科書には、「確率変数Xを横軸に、その出現確率Pr(X)を縦軸にとったものを確率分布と言う」なんて書いてある。

ミライ　また難しい言葉が出てきた。確率変数って？

東　これまた難解な概念だ。でも、平たく言うと、「ある値になるこ

とが確率的に決まってくるような変数」のことだ。
たとえば、5回サイコロを投げるとしよう。1の目が出る回数は1回かもしれないし、2回かもしれない。あるいは、可能性は低くなるけど、5回とも1が出るとか、逆に1回も1が出ないってことだって、あり得ないことではない。ようは、0回か、1回か、2回かは、確率的に決まってくる、ということだ。なので、たとえば、「サイコロを5回振って1の出る回数X」は確率変数と言える。

ミライ　うん。何となくわかる。

東　OK。じゃあ、確率分布の定義に戻ろう。「出現確率Pr(X)」はイメージできるかい？　Prは、Probability（確率）のPrだね。

ミライ　さっきのサイコロの例だと、5回振って、1回1が出る確率は30％とか、2回1が出る確率は20％とか、1回も1が出ない確率は10％とか、そんな感じかな。

東　そのとおり。出現確率とは、そういうことだね。そして、たとえばサイコロを5回振った時、1回1が出る回数は「Pr(X＝1)」のように記述される。これで、「確率分布」をイメージすることができるね。
サイコロの例だと、横軸に5回振って1が出る回数、つまり確率変数がくる。1回とか、2回とかね。一方、縦軸にはそうなる確率がくる。1回1が出る確率、2回1が出る確率、といった具合に。

ミライ　うん。なんとなくわかる。

東　OK。次に、確率分布は、大きく2つのカテゴリーに分けられるので、ここで整理しておこう。「連続型確率分布」と「離散型確率分布」だ。今日は、このうち、連続型確率分布について話そう。ところで、ミライは、「連続データ」とか、「離散データ」という言葉を聞いたことがあるかい？

ミライ　ううん。初めて。

❷「測る」データ（連続データ）と「数える」データ（離散データ）

東　　OK。データは、大きく連続データと離散データに分けられる。身長や体重のように、実数値、つまり、なめらかに途切れることなく続く変量のことを「連続データ」と呼ぶ。
　　　たとえば、身長だ。身長なんかは、一応、メートルとかセンチメートルとか、長さを表す単位はあるけど、いくらでもその「刻み」を小さくしていくことができるよね。たとえば、170cmの次は171cmかというと、もちろんそうではなくて、170.5cmとか、170.25cmとか、170.99999cmとか、少なくとも理論的には、いくらでも細かく刻んでいけるわけだ。実際にそんなモノサシがあるかどうかは別にしてね。

ミライ　なるほど。まさになめらかに連続してるってことね。ということは、時間なんかも連続データになるのかな。3.1867403769056329分……なんてね。

東　　そのとおり。「時間」は代表的な連続データの1つだ。教科書等ではよく、連続データは「測る」データだ、なんて説明されることが多い。

ミライ　なるほど。たしかに、身長も、体重も、時間も、測るものだものね。じゃあ、「離散データ」は？

東　　さっき言ったように、連続データは「なめらかに」つながっているデータだったね。これに対し、離散データは整数値、すなわち「とびとびの」値をとるデータだ。
　　　たとえば、10円玉を10回投げて表が出る回数なんかは、5回の次は必ず6回であって、5.73回なんてあり得ないよね。あと、今、ここにいるお客さんの数とかね。

ミライ　はは。23.57人なんていったら、その0.57人目の人は、オバケだよね。

東　　上半身だけ見えてる透明人間かも……なんてね。連続データが「測る」データだったのに対し、離散データは、「数える」データだと言われる。

ミライ　1回、2回、3回、とか、1人、2人、3人って数えるものね。

東　そうだ。じゃあ、復習。このコーヒーカップに入っているコーヒーの量は、連続データ？　それとも離散データ？

ミライ　連続データ。

東　なぜ？

ミライ　だって、やろうと思えばいくらでも細かく測れるから。53.78964ccとか……

東　OK。じゃあ、コーヒーカップは？

ミライ　離散データ。だって、1つ、2つって数えるから。

❸ 世の中で最も広く用いられている分布——正規分布

東　そのとおり。では、主な連続型確率分布を見ていくことにしよう。連続型確率分布の中で、というより、すべての確率分布の中で最も重要なのが「正規分布」だ。

ミライ　なぜ、そんなに大切なの？

東　自然現象、社会現象、経済現象には、正規分布にしたがうものが少なくないこと、それゆえ、自然科学はもちろん、経済学や経営学で使用される数学モデルも、正規分布をベースにしたものが多いからなんだ。

ミライ　なるほど。でも、「分布」というからにはカタチがあるんだよね。どんなカタチをしているの？

東　こんな感じだ（**図表3-1**）。教会とかで見かける「ベル」に似ているね。正規分布とは、平均を中心として、その左右に同じくらいずつデータが散らばっているような状態のことを言うんだ。図で見ると、平均のところが一番高くて、左右の端の方にいくにしたがって低くなっているね。左右対称だ。
　この図の横軸は、身長でも、体重でも、あるいは経済や経営に関するデータでもいいんだけど、ようは確率変数、厳密に言うと、とびとびじゃなくって連続的に変化する確率変数がくる。では、

縦軸は何を表しているんだったっけ？

ミライ ええと……たとえば、横軸が身長だとすると、確率変数がその身長であるような確率……だったかな。

東 うん。厳密には、確率変数がその身長であるような確率ではなく、確率変数がその身長「近傍」であるような確率、イメージ的には、身長が180cmである確率ではなく、身長が179.9999999cmから180.0000001cmの間にある確率だけどね。でも、ざっくりとは、ミライが言ったような理解でいいよ。

ところで**図表3-2**は、京阪神タイガースの全選手……監督やコーチ等の首脳陣や育成選手も全部含めてだけど、97人の身長をヒストグラムにしたものだ。ちなみにヒストグラムは、1時間目に勉強したとおり、身長が、たとえば、165cmから170cmの間にある人は何人、170cmから175cmの間にある人は何人、といったデータのとり方をするので、なめらかな曲線ではなく、棒状のグラフになる。でも、まさにデータの分布を表すものだよね。では、この図から何が読み取れる？

ミライ 身長が平均、つまり180cmくらいであるような人が一番多い。でも、出現頻度はずっと少なくなるけど、170cm前後の比較的小柄な人や、逆に190cmを超えるすごく大きな人も、いるにはいる。

東 そうだね。カタチはどう？

図表3-1　**正規分布の形状**

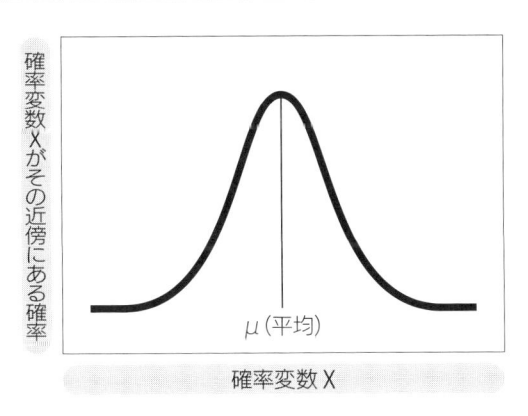

縦軸：確率変数Xがその近傍にある確率
横軸：確率変数X
中央：μ（平均）

図表 3-2　京阪神球団の選手の身長の分布

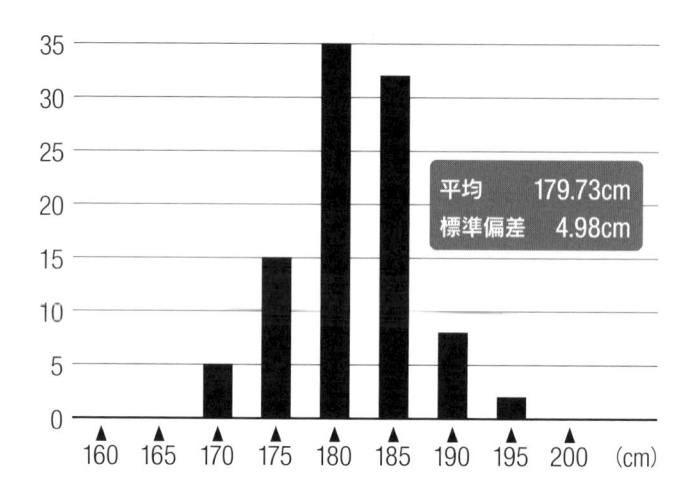

平均　179.73cm
標準偏差　4.98cm

図表 3-3　正規確率プロット

統計ソフト「R」で作成した QQ プロット
（データ：京阪神球団の選手 97 人の身長）

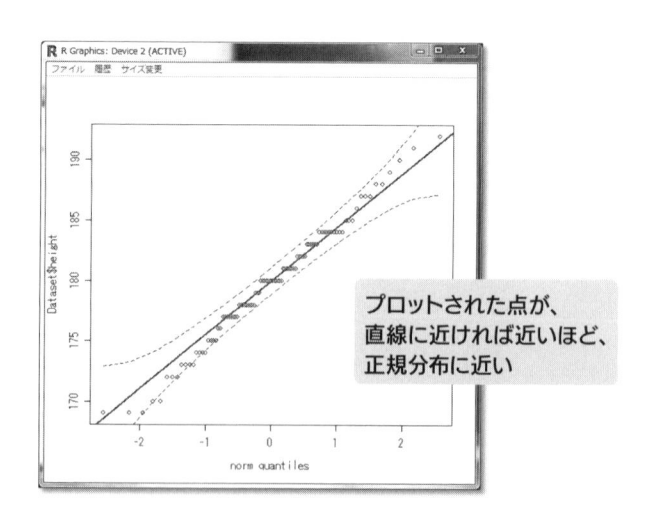

プロットされた点が、直線に近ければ近いほど、正規分布に近い

ミライ　平均、つまり180cmあたりをピークとして、ほぼ左右対称だと思うけど……

東　ということは？

ミライ　「正規分布」と言ってもよさそう。でも、ある分布が正規分布かどうかは、「見た目」で判断するの？

東　まあ、この例だと、パッと見でも、身長はおおむね正規分布していると言ってよさそうだね。でも、見た目だけでは判断しづらい場合は、その分布が正規分布かどうかを判断するための検定手法がある。代表的な手法は、アンダーソン・ダーリング検定（Anderson-Darling test）、コルモゴロフ・スミルノフ検定（Kolmogorov-Smirnov test）、シャピロ・ウィルク検定（Shapiro-Wilk test）等だ。ちなみに、「R」という統計ソフトで正規確率プロットと呼ばれるグラフを作ってみると、**図表3-3**みたいな感じになるよ。

ミライ　正規確率プロット？　どう見るの？

東　データが一直線に並んでいればいるほど、その分布は正規分布に近い、と判断する。この場合はどうだい？

ミライ　ほぼ一直線に並んでいる。ということは、この分布は正規分布と言ってよさそうね。

❹ 正規分布の数学的な性質

東　OK。ではここで、少しだけ、正規分布の数学的な性質を確認しておこう。もう一度、正規分布のグラフを見て。さっきも言ったとおり、横軸は確率変数Xがとり得る値、縦軸は、ざっくり言うと、確率変数がその値であるような確率を示すのだったね。その両者の関係を表すのがまさにこの曲線なんだけど、この曲線のことを、正規分布の「確率密度関数」と呼び、以下の式で表現する。

$$f(x) = \frac{1}{\sigma\sqrt{2\pi}} e^{-\frac{(x-\mu)^2}{2\sigma^2}}$$

(ただし、μは平均、σは標準偏差、eは自然対数の底（2.71828……）、πは円周率)

ミライ　うわっ……ややこしそう。

東　　　パッと見はね。でも、こんな難しい式、覚える必要はないよ。ようは、正規分布のカタチは、2つのパラメータ、つまり、平均μと標準偏差σによって決まってくる、ということさえ理解しておけば十分なんだ。

ミライ　標準偏差……データのバラツキを表す指標ね。

東　　　そのとおり。では、確率密度関数を紹介したついでに、もう少しだけ、正規分布の数学的な性質について説明しておこう。いくつかはさっき説明したこととかぶるけど、重要なところだからね。

ミライ　OK。

東　　　まず、さっきミライも指摘したとおり、正規分布の確率密度関数$f(x)$は、平均μのところでピークを迎える。数学的には、確率密度関数の第1次導関数$f'(x) = 0$とおくと、$x = \mu$となり、その時の$f(x)$は$\frac{1}{\sigma\sqrt{2\pi}}$になる、ということだ。

ミライ　第1次導関数……$y = f(x)$を1回微分したもの……たしか接線の傾きを表すのよね。

東　　　そのとおり。$f'(x)$は、最初大きくなって、次にだんだん小さくなり、ここ、すなわち$x = \mu$のところで0になって、μを過ぎると接線の傾きはマイナスになる。つまり、$f(x)$は$x = \mu$の時に最大になる、ということだね（**図表3-4**）。

ミライ　まさか、この年になって微分積分と再会することになるなんて思ってもみなかったわ。

東　　　はは。でも、微分積分の基礎知識は、ビジネスでも使い途が多いから、復習しておいて損はないよ。

ミライ　OK。で、カタチは左右対称ね。裾野の方へ行けば行くほど、そうなる確率はなだらかに減少していく。

図表 3-4　接線の傾き

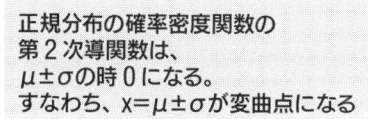

正規分布の確率密度関数の
第1次導関数、
すなわち接線の傾きは、
x=μの時、0になる

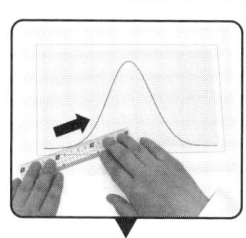

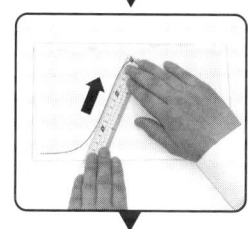

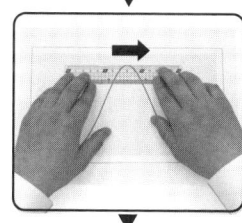

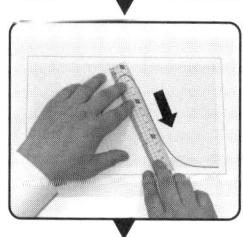

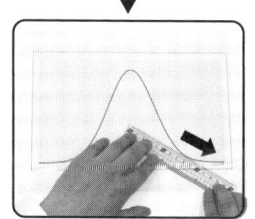

図表 3-5　接線の傾きの傾き

正規分布の確率密度関数の
第2次導関数は、
μ±σの時 0 になる。
すなわち、x=μ±σが変曲点になる

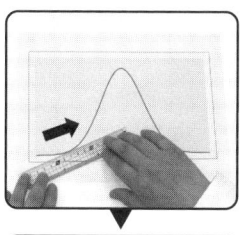

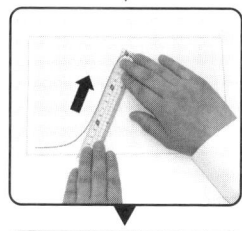

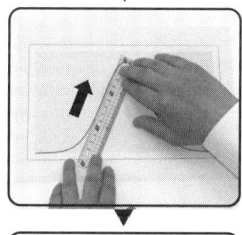

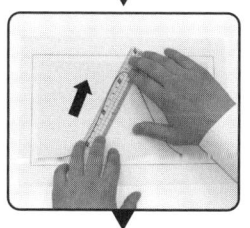

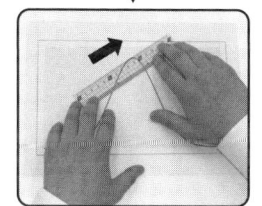

東　Yes。また、正規分布の確率密度関数の全積分

$$\int_{-\infty}^{\infty} \frac{1}{\sigma\sqrt{2\pi}} e^{-\frac{(x-\mu)^2}{2\sigma^2}} dx$$

すなわち、このベルのカタチをした曲線と横軸で囲まれる部分の面積は1になる。

ミライ　確率密度関数は、文字どおり「確率」を表すものだから、全部合わせると100%、つまり1になるってことね。

東　そのとおり。もう1つ、少し細かいけど、重要な点だ。正規分布の確率密度関数の第2次導関数、つまり確率密度関数を2回微分したものは、xが$\mu \pm \sigma$の時0になる。すなわち、平均からプラス方向、マイナス方向に各々標準偏差分だけいったところが変曲点になるんだ。

ミライ　変曲点って……忘れた……

東　教科書には、「曲がる方向が変わる点」とあるね。こんな感じだ。標準偏差までは、接線の傾きはどんどん大きくなっているね。でも、標準偏差を過ぎると……接線の傾きは、プラスはプラスだけど、徐々に小さくなっていく（**図表3-5**）。
　では、最後に、正規分布の、たぶん最も重要で、かつ、最もわれわれの役に立つ性質を紹介しよう。

ミライ　OK

東　その性質とは、

・平均±1標準偏差の間に、全体の約**68.3%**が含まれる

・平均±2標準偏差の間に、全体の約**95.4%**が含まれる

・平均±3標準偏差の間に、全体の約**99.7%**が含まれる

という点だ（**図表3-6**）。
　たとえば、ある株価の平均が1,000円、標準偏差が50円で、かつ、正規分布するとしよう。その場合、

図表 3-6　正規分布の性質

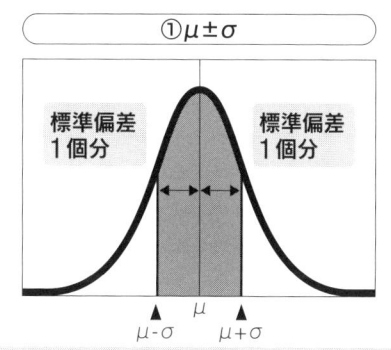

①μ±σ

標準偏差1個分　標準偏差1個分

μ-σ　μ　μ+σ

この範囲に、全体の約 68.3% が含まれる

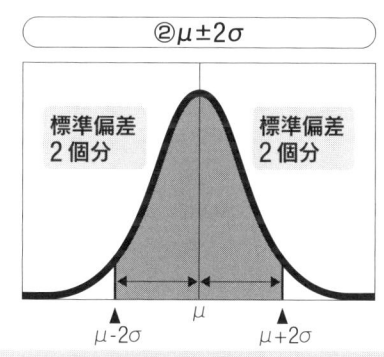

②μ±2σ

標準偏差2個分　標準偏差2個分

μ-2σ　μ　μ+2σ

この範囲に、全体の約 95.4% が含まれる

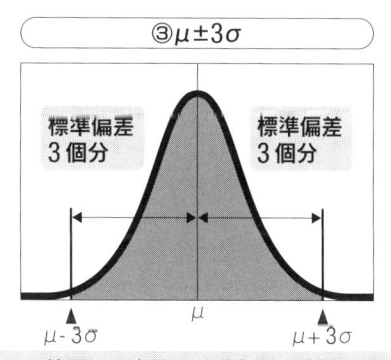

③μ±3σ

標準偏差3個分　標準偏差3個分

μ-3σ　μ　μ+3σ

この範囲に、全体の約 99.7% が含まれる

- 1,000円±1×50円＝1,000円±50円
  この株価は約68.3%の確率で、950円から1,050円の範囲内にある
- 1,000円±2×50円＝1,000円±100円
  この株価は約95.4%の確率で、900円から1,100円の範囲内にある
- 1,000円±3×50円＝1,000円±150円
  この株価は約99.7%の確率で、850円から1,150円の範囲内にある

ということが言える、ということだ。

ミライ なるほど……この性質は使えそうね。

東 あるいは、

- 平均±1.645標準偏差の間に、全体の約90%が含まれる
- 平均±1.96標準偏差の間に、全体の約95%が含まれる
- 平均±2.576標準偏差の間に、全体の約99%が含まれる

ということもできる。さっきの株価の例だと、

- 1,000円±1.645×50円＝1,000円±82円
  この株価は約90%の確率で、918円から1,082円の範囲内にある
- 1,000円±1.96×50円＝1,000円±98円
  この株価は約95%の確率で、902円から1,098円の範囲内にある
- 1,000円±2.576×50円＝1,000円±129円
  この株価は約99%の確率で、871円から1,129円の範囲内にある

ということになる。この、1.645とか、1.96といった数字は、区間推定とか、仮説検定とか、今後、いろんな場面で出てくるので、覚えておくといいよ。

では、最後に、「標準正規分布」について説明しよう。

❺ 共通の土俵で比べられるようにする──データの標準化

ミライ 標準正規分布……名前は聞いたことがある。ただの正規分布とはどう違うの？

東 身長、体重、株価、為替レート、何でもいいんだけど、正規分布するデータを「標準化」すると、その分布は、平均が0、標準偏差が1であるような正規分布になる。このような正規分布を、特に「標準正規分布」と呼ぶんだ。

ちなみに、標準化とは、個々のデータから平均を引き、標準偏差で割る、という処理のことで、標準化されたデータのことを「標準化変量」と呼ぶ。

まとめると、zを標準化変量、xを個々のデータ、μを平均、σを標準偏差とすると、以下のような式になる。

$$z = \frac{x - \mu}{\sigma}$$

このzが、平均0、標準偏差1の正規分布にしたがうような正規分布のことを、特に「標準正規分布」と呼ぶ、ということだ。ちなみに、標準正規分布の確率密度関数は、以下のようになる。

$$f(z) = \frac{1}{\sqrt{2\pi}} e^{-\frac{1}{2}z^2}$$

ミライ でもなぜ、こんなめんどくさいことをするの？　標準化なんかしなくても、普通の正規分布でいいじゃない。

東 たとえば、変数が1つだけなら、それでもいいだろう。でも、たくさん変数があって、かつ、単位がバラバラだったらどうかな？

ミライ 単位がバラバラだと……たしかに比較しにくいわね……

東 そうなんだよ。でも、標準化すれば、それらを共通の土俵に上げる、つまり、同じ尺度で比較することができるようになるんだ。たとえば、こんな例で考えてみよう。**図表3-7**は、47都道府県の下水道普及率と1従業者あたり小売業年間商品販売額のデータだ。一応、ヒストグラムで分布のカタチも確認しておこう（**図表3-8**）。どう？

ミライ　両方とも、おおむねベルのカタチをしてるから、正規分布していると言ってよさそう。

東　うん。一応、正規分布していると言ってよさそうだね。下水道普及率と小売業商品販売額、各々一番高いのはどの都道府県？

ミライ　下水道普及率は……98.8％で東京がトップ。商品販売額も……2,220万円で東京が最高。

東　両方とも、東京がトップだね。では、さっき紹介した公式を使って、各々の東京の標準化変量を計算してみよう。まずは下水道普及率から。

図表 3-7　47 都道府県別下水道普及率と1従業者あたり小売業年間商品販売額

都道府県名	A	B	都道府県名	A	B	都道府県名	A	B
北海道	88.4	1,822	石川	74.5	1,824	岡山	55.0	1,760
青森	51.0	1,630	福井	67.0	1,734	広島	66.2	1,758
岩手	49.7	1,598	山梨	57.5	1,695	山口	55.7	1,574
宮城	75.1	1,623	長野	76.0	1,756	徳島	12.1	1,569
秋田	54.7	1,582	岐阜	66.3	1,642	香川	38.6	1,753
山形	68.9	1,642	静岡	54.7	1,771	愛媛	44.7	1,583
福島	45.7	1,624	愛知	67.5	1,903	高知	30.1	1,474
茨城	53.1	1,761	三重	42.2	1,716	福岡	73.4	1,692
栃木	58.1	1,789	滋賀	83.5	1,601	佐賀	44.3	1,510
群馬	46.1	1,721	京都	88.8	1,705	長崎	54.1	1,558
埼玉	74.5	1,773	大阪	91.3	1,849	熊本	58.1	1,541
千葉	65.8	1,739	兵庫	90.2	1,679	大分	42.2	1,564
東京	98.8	2,220	奈良	71.6	1,610	宮崎	50.0	1,576
神奈川	95.3	1,832	和歌山	17.0	1,481	鹿児島	37.8	1,522
新潟	62.8	1,734	鳥取	59.8	1,725	沖縄	64.5	1,381
富山	75.6	1,697	島根	37.7	1,599			

A…下水道普及率（％、2008 年 3 月末現在）
平均　　　　　　　　60.3％　　標準偏差　　　　　　19.1％

B…1 従業者あたり小売業年間商品販売額（万円、2006 年度）
平均　　　　　　　　1,679 万円　標準偏差　　　　　　136 万円

出所：矢野恒太記念会『データでみる県勢 2009 年版』（矢野恒太記念会、2008 年）より抜粋

ミライ　下水道普及率の47都道府県の平均は60.3％、標準偏差は19.1％なので、

東京の標準化変量＝（98.8－60.3）÷19.1
　　　　　　　　＝2.02

東　　　Good。では商品販売額は？

ミライ　商品販売額の47都道府県の平均は1,679万円、標準偏差は136万円だから、

図表3-8　**下水道普及率および1従業者あたり小売業年間商品販売額の分布**

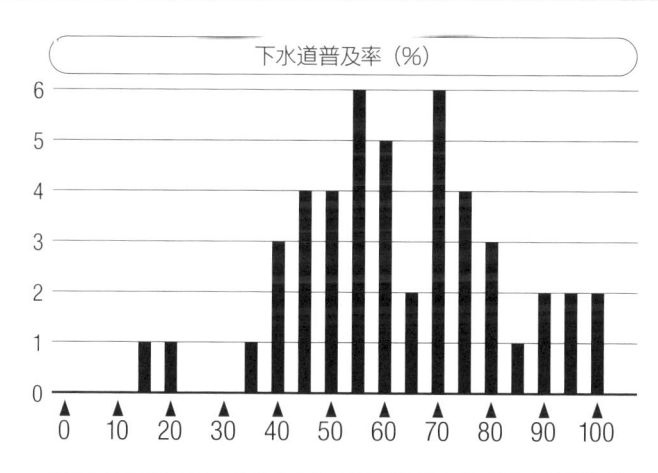

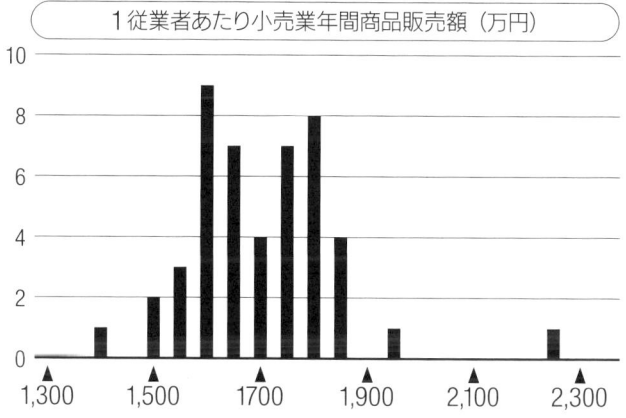

東京の標準化変量＝（2,220−1,679）÷136
　　　　　　　　＝3.98

東　　OK。では、確率密度関数上、東京は各々どのへんに位置している？　だいたいでいいよ。

ミライ　下水道普及率の標準化変量は2.02だから……だいたいこのへんかな（**図表3-9**）。

東　　商品販売額は？

ミライ　商品販売額の標準化変量は3.98。下水道普及率のそれと比較するとかなり大きい。ほぼ端っこ近くになるかな。

東　　だいたい、そんな感じだね。

ミライ　下水道普及率も商品販売額も東京がNo.1。でも、その「ぶっちぎり度」では、商品販売額の方がはるかに上ということね。

東　　そのとおり。下水道普及率の単位は％、商品販売額の単位は円。なので、このままでは、両指標における東京の相対的な位置がつかみにくい。でも、標準化することによって、共通の土俵で比較することが可能になったというわけだ。

ミライ　なるほど。

図表3-9　　東京の下水道普及率と1従業者あたり小売業年間商品販売額の標準化変量

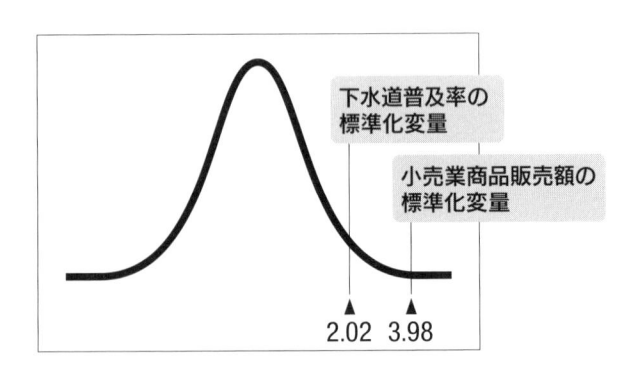

❻ 正規分布表を活用する

東　もう1つ、標準化にはメリットがある。データを標準化すると、「正規分布表」と呼ばれるテーブルを使えるようになるんだ。さっき、平均から標準偏差「1」個分行ったところとか、平均から左右に1.96標準偏差行けばその間に全体の「95％」が含まれる、とか、「キリのよい」数字については紹介したよね。

でも、いつも、そんなキリのよい数字ばかりとは限らない。当然、

図表 3-10　**正規分布表**

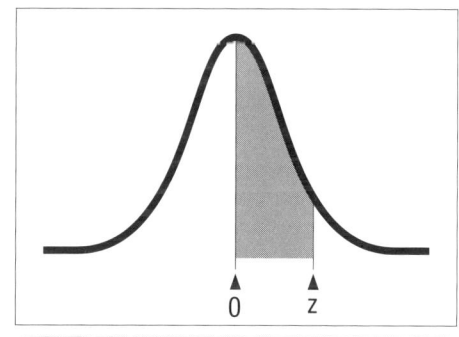

0とzの間の面積（＝確率）

z	.00	.01	.04	.05	.06	.07
0.0	0.0000	0.0040	0.0160	0.0199	0.0239	0.0279
0.1	0.0398	0.0438	0.0557	0.0596	0.0636	0.0675
0.2	0.0793	0.0832	0.0948	0.0987	0.1026	0.1064
1.0	0.3413	0.3438	0.3508	0.3531	0.3554	0.3577
1.1	0.3643	0.3665	0.3729	0.3749	0.3770	0.3790
1.2	0.3849	0.3869	0.3925	**0.3944**	0.3962	0.3980
1.3	0.4032	0.4049	0.4099	0.4115	0.4131	0.4147
1.4	0.4192	0.4207	0.4251	0.4265	0.4279	0.4292
1.5	0.4332	0.4345	0.4382	0.4394	0.4406	0.4418
1.6	0.4452	0.4463	0.4495	0.4505	0.4515	0.4525
1.7	0.4554	0.4564	0.4591	0.4599	0.4608	0.4616

標準偏差2.93個分とかなんてハンパな場合もある。そんな時は、さっき紹介した確率密度関数を積分することで確率を求めなければならないけど、それでは計算がとても大変だよね。
そんな時に正規分布表を見れば、平均──正規分布表は標準正規分布をベースに作られているので、平均は0になるんだけど、平均からその標準化変量までに含まれる面積、つまり確率が一目でわかるんだ。
これも標準化の大きなメリットだ。たとえば、さっきの小売業商品販売額のデータで考えてみよう。大阪の商品販売額の標準化変量は？

ミライ　大阪の商品販売額は1,849万円だから……

標準化変量＝(1,849－1,679)÷136
　　　　　＝1.25

東　OK。では、正規分布表によれば、0から1.25までの面積、つまり確率はいくらになる？　標準化変量zが1.25の場合は、縦軸1.2と横軸.05がクロスするところを見るんだ。

ミライ　縦軸1.2と横軸.05がクロスするところね。0と1.25の間の面積は……0.3944（**図表3-10**）。

東　Good。では、小売業商品販売額に関して、大阪は47都道府県中、だいたいどのあたりにいるだろう？

ミライ　標準正規分布を表す曲線とX軸で囲まれる面積は1よね。ということは、左半分の面積は0.5だから……大阪より下に位置する都道府県の割合は0.5＋0.3944＝0.8944。なので、大阪はだいたい上位10%前後にいるってことかしら？

東　Good。では、仮に大阪が上位5%に入りたいとすれば、どれくらいの商品販売額が必要になるだろうか？

ミライ　正規分布表で、0からzまでの面積が0.45（＝0.5－0.05）になるようなzを探せばいいのね。0と1.64の間の面積が0.4495、0と1.65の間の面積が0.4505なので……zは1.645ね。
(x－1,679)÷136＝1.645を解くと、x＝1,903となるから……もし大阪の商品販売額が1,903万円を超えれば、全国で上

図表 3-11　0 と z の間の面積

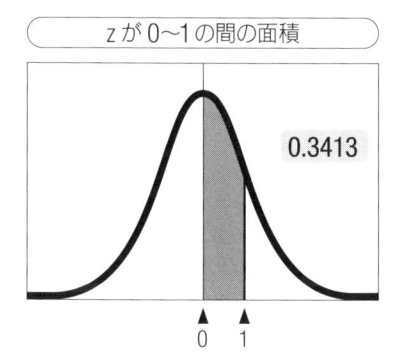

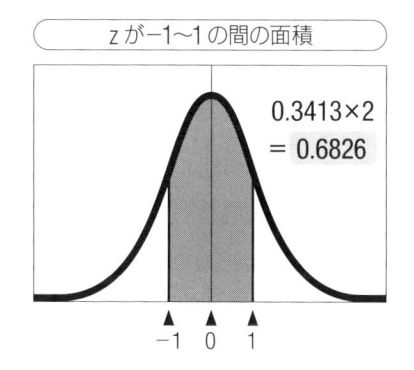

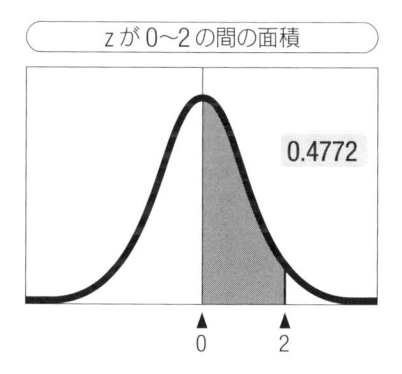

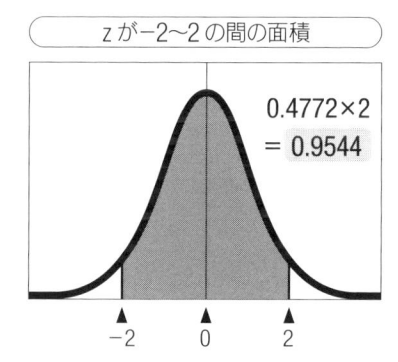

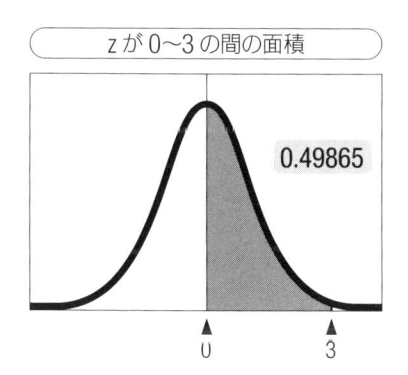

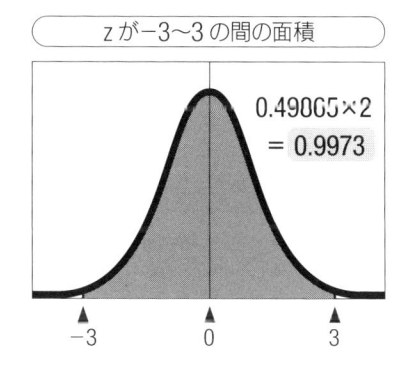

z が 0〜1 の間の面積

0.3413

0 1

z が −1〜1 の間の面積

0.3413×2
= 0.6826

−1　0　1

z が 0〜2 の間の面積

0.4772

0　2

z が −2〜2 の間の面積

0.4772×2
= 0.9544

−2　0　2

z が 0〜3 の間の面積

0.49865

0　3

z が −3〜3 の間の面積

0.49865×2
= 0.9973

−3　0　3

DAY 1　データの顔を知る

位5％に入れるってことかしら？

東　Very good。プラス、さっき「平均±○標準偏差の間にデータ全体の○％が含まれる」という正規分布の重要な性質を紹介したけど、本当にそうなってるか、あとで正規分布表で確認してみるといいよ（**図表3-11**）。

ミライ　OK。もし「バラツキ」の授業で出てきたシックスシグマ＝第6標準偏差ともなれば、まさに分布の端の端ということね。

東　そのとおり。確率的には、100万分のわずか3.4だ。

ミライ　100万分の3.4？

東　そう。実際到達できるかどうかは別にして、少なくともそのレベルの欠陥率を目指してみようじゃないか、というのがシックスシグマのスピリッツなんだ。

❼ 正規分布至上主義（？）への反論

東　ところで、ミライは、ナシーム・ニコラス・タレブという人が書いた『ブラック・スワン』（ダイヤモンド社）という本を読んだこと、あるかい？

ミライ　『ブラック・スワン』……黒い白鳥。名前は聞いたことがある。

東　さっき、なぜ正規分布がこれほどまでに重要なのかを説明する時に、経済現象も含め、世の中には正規分布にしたがう現象が多いから、と言ったね。

ミライ　うん。それとその本と、どう関係があるの？

東　特にリーマンショック以降なんだけど、いわゆる経済物理学者の間では、正規分布にしたがわない経済現象は少なくない、という主張が活発になされるようになってきたんだ。

ミライ　たとえば、どんな経済現象？

東　よく言われるのは、所得の分布や株価等、資産価格の変化だね。あとは、為替レート、企業の売上げや従業員数、銀行間を流れ

る資金の量、破綻した企業の負債額、等々。

ミライ なんとなくわかる気がする。じゃあ、正規分布しないとすると、どんな分布にしたがうの？

東 それらは、「ベキ分布」と呼ばれる分布にしたがうとされている。

ミライ ベキ分布？

東 ベキ分布では、ある変数が「極端な」値をとることが、正規分布で想定されているよりも高い確率で起きてしまう。つまり、右側の裾野が、正規分布よりも、よりなだらかに、より長く伸びている、ということだ。

ミライ 正規分布の世界ではめったに起きないだろうと思われることも、ベキ分布の世界では必ずしも「極端に」珍しい出来事とは言えなくなる、ということね。たしかに、最近の資産価格の急激な変動を見ると、そう言えなくもないわね。

東 そうだね。ブラック・スワンも、正規分布至上主義（？）に対するアンチテーゼの1つだ。でも、実際、正規分布にしたがう経済現象が少なくないことも事実だし、これまでに構築されてきた経済モデルや金融モデルの多くが正規分布をベースにしているというのも厳然たる事実だ。
なので、経済や金融について論じる時には、やはり正規分布を前提にする、というのが自然だろう。

ミライ でも、いつも必ず正規分布か、というと決してそうではない、一部の経済現象、たとえば株価や為替レート等の変動については、上昇にせよ、下落にせよ、「極端な動き」が、正規分布で想定されているよりも、より高率で発生する可能性がある、というリスクのあることを、心の片隅にとめておくべき、なのね。

DAY 1 データの顔を知る

DAY 2

確率論的にデータを捉える

区間推定と仮説検定

4時間目
データは99％の確率で この範囲内にある

区間推定

ミライ 昨日ちらっと話した、うちの予約受付時間のバラツキを減らそうプロジェクトの話なんだけど、今日、佐藤先輩がデータを見ながら、「このデータのバラツキ具合からすると、おおむね90％のお客さまには、2分半から3分半で発券できていることになるね」と言ってたの。昨日、正規分布の性質について教えてもらったけど、なんか、似てるな、って思ったんだけど……

東 そのとおり。少しずつ、統計的なセンスが身についてきているね。

ミライ へへへ。そう言われると、うれしいかも。

東 おそらく、その先輩は、これから勉強する「区間推定」と呼ばれるものをやったのだろう。ミライが感じたとおり、区間推定は、昨日勉強した正規分布の性質をベースにしたものだ。区間推定にもいくつかバリエーションがあるんだが、今日は、最も基本的な「母平均の区間推定（Interval Estimation）」にチャレンジしてみよう。

❶ すべてのデータを入手することは難しい

ミライ 文字どおり、母平均、つまり母集団の平均を統計的に推計するのね。

東 そうだ。仮に、ミライがミライの家族の平均身長を知りたいと思ったらどうする？

ミライ うちは4人家族だから、家族全員に聞いて、平均を出す。

東	では、AJAの経営企画室のスタッフの平均身長を知りたい時は？
ミライ	うーん。うちの部署は30人いるからな……でも、30人くらいなら、みんなに聞いて回れないこともない。
東	そうだね。30人くらいなら、がんばれば全員に聞くこともできるね。でも、ミライの会社のすべての社員の平均身長となると……
ミライ	全部で2万人以上いるよ。無理。
東	そうだね。不可能ではないかもしれないけど、きわめて難しいだろうね。じゃあ、ミライならどうする？
ミライ	同期や飲み友だちを合わせれば50人くらいにはなるだろうから、がんばって彼らに身長を教えてもらって、平均を出す。
東	友達50人の平均身長が160cmなので、全社員の平均身長も「たぶん」それくらい……そんな感じかな。まあ、現実的なやり方だね。でも、そうするのであれば、1つ気をつけなければならないことがある。わかるかな？
ミライ	50人を選ぶ時、できるだけ、特定のグループに偏らないようにする、かな。
東	そのとおり。キャビンアテンダントばかりに聞いても、パイロットばかりに聞いてもダメだよね。いろんなグループの人に、できるだけ万遍なく聞くべきだよね。でないと、データが偏ってしまうからね。

❷ サンプルデータから全体を推計する

ミライ	じゃあ、母平均の区間推定って？
東	母平均の推定は、今、ミライが言ったやり方を、少しアカデミックにしたものだ。具体的には、統計学のチカラを借りて、より確率論的に母平均を推定しようとするものだ。さっきのAJAの例のように、母平均を知りたい、でも、全数調査するわけにはいかない、というケースは山ほどある。そんな時、母平均の区間推定はとても強力な武器になる。

ミライ　確率論的に、って？

東　さっき、「会社の友達50人の平均身長は160cm。なので、全社員の平均身長も、たぶんそのくらい」って言ったよね。
母平均の区間推定では、たとえば「会社の友達50人の平均身長は160cm、標準偏差は3cm。なので、全社員の平均身長は、95％の確率で158cmから162cmの間にある」といった言い方をする。

ミライ　たしかに、「95％の確率で」とか、「158cmから162cmの間にある」ってとこが、確率ナッシね。

東　この「158cmから162cmの間」のことを統計学用語で、「信頼区間（Confidence Interval）」と呼ぶ。また、信頼区間の両端、この場合は158cmと162cmなんだけど、このうち小さい方を「下側信頼限界（Lower Confidence Limit）」、大きい方を「上側信頼限界（Upper Confidence Limit）」と呼ぶ。

ミライ　この場合は、158cmが下側信頼限界、162cmが上側信頼限界ということね。

東　そのとおり。一方、「95％の確率で」の「95％」のことを「信頼度（Degree of Confidence）」と呼ぶ。ようは、サンプリング、つまり無作為抽出を繰り返して区間推定を100回やったとしたら、95回は「真の」母平均が信頼区間内に収まるが、5回は信頼区間をはみ出してしまう可能性がある、ということだ。
一般に、信頼度としては、95％の他にも、「90％」や「99％」等が用いられている。

ミライ　じゃあ、信頼区間はどうやって計算するの？

東　95％とか、99％とか、さまざまな信頼度のもとでの信頼区間を計算するための公式があるんだ。だから、それを使えばいい。これだ。

公式Ⅰ　母集団：正規分布、サンプル数≧30の場合

μを母平均、標本平均を$\overline{X}$、sを標準偏差推定量、nをサンプル数とする。

公式Ⅰ-1：信頼度90%の信頼区間

$$\overline{X} - 1.645 \cdot \frac{s}{\sqrt{n}} \leq \mu \leq \overline{X} + 1.645 \cdot \frac{s}{\sqrt{n}}$$

公式Ⅰ-2：信頼度95%の信頼区間

$$\overline{X} - 1.96 \cdot \frac{s}{\sqrt{n}} \leq \mu \leq \overline{X} + 1.96 \cdot \frac{s}{\sqrt{n}}$$

公式Ⅰ-3：信頼度99%の信頼区間

$$X - 2.576 \cdot \frac{s}{\sqrt{n}} \leq \mu \leq \overline{X} + 2.576 \cdot \frac{s}{\sqrt{n}}$$

公式Ⅱ　母集団：正規分布、サンプル数＜30の場合

μを母平均、標本平均を$\overline{X}$、sを標準偏差推定量、nをサンプル数、tをt値とする。

公式Ⅱ-1：信頼度90%の信頼区間

$$\overline{X} - t_{0.050} \cdot \frac{s}{\sqrt{n}} \leq \mu \leq \overline{X} + t_{0.050} \cdot \frac{s}{\sqrt{n}}$$

公式Ⅱ-2：信頼度95%の信頼区間

$$\overline{X} - t_{0.025} \cdot \frac{s}{\sqrt{n}} \leq \mu \leq \overline{X} + t_{0.025} \cdot \frac{s}{\sqrt{n}}$$

公式Ⅱ-3：信頼度99%の信頼区間

$$\overline{X} - t_{0.005} \cdot \frac{s}{\sqrt{n}} \leq \mu \leq \overline{X} + t_{0.005} \cdot \frac{s}{\sqrt{n}}$$

ミライ　母集団が正規分布してるっていう前提を置いてる点では、公式Ⅰ もⅡも同じなのね。でも、サンプル数が多いか少ないかで、使う公式が変わってくるのは、ちょっとわかりにくい……。ちなみに、母集団が正規分布していない時はどうなるの？

東　母集団の分布が非正規の場合、特にサンプル数が少ない場合は、区間推定は難しい、というか、できない。サンプル数が多い場合は、公式Ⅰで近似できる。

ミライ　わかった。

❸ 母平均の信頼区間を計算してみる

東　では、実際のデータを用いて、母平均の区間推定を練習してみよう。**図表4-1**は、京阪神タイガースの選手の中から、30人を無作為に抽出したものだ。その30人の身長の平均と標準偏差を計算すると、平均が180.07cm、標準偏差推定量が4.21cmになる。今、僕たちの手元にあるのは、このデータだけだとしよう。

ミライ　このデータ、つまり、30人からなるサンプルの平均と標準偏差だけを手掛かりに、京阪神球団全体……たぶん、監督やコーチなんかも合わせると100人近くになると思うけど、球団全体の平均身長を推定してみよう、ってわけね。

東　そのとおり。30人の平均は180.07cmでした、なので、球団全体の平均もたぶんそれくらいでしょう、じゃなくって、球団全体の平均身長は、たとえば「95%の確率で、179cmから181cmの間にあります」、そんな答を導き出してみよう。
　さっき、母集団の分布のカタチやサンプル数等によって、使う公式が違ってくるって説明したけど、この場合は、どちらの公式を使えばいいかな？

ミライ　まず、京阪神の選手の身長が正規分布するかどうかだけど……

東　厳密には、ちゃんと調べる必要があるけど、「身長」だからね。まぁ、今回は、とりあえず正規分布するものと仮定しよう。

ミライ　OK。じゃあ、次はサンプル数ね。サンプル数は30だから……

公式Ⅰを使えばいいのね。

東　　　そうだね。信頼度は、まずは90％としようか。じゃあ、信頼区間を計算してみて。

ミライ　OK。信頼度＝90％なので……公式Ⅰ-1に、標本平均＝180.07cmと標準偏差推定量＝4.21cmを代入すればいいのね。

図表4-1　京阪神の全選手97名の中から無作為に抽出した30人の身長データ

		名前		身長（cm）		
59	捕手	O﨑	T一	180	右	右
93	投手（育成選手）	K興	T哉	177	左	右
35	投手	A		188	右	右
34	投手	E草	H貴	178	左	左
95	内野手（育成選手）	M田	I成	185	右	左
38	投手	K保田	T之	181	右	右
97	外野手（育成選手）	N原	Y也	177	右	左
15	コーチ（二軍）	H野	N之	183	左	左
69	内野手	S	K彦	180	右	右
4	コーチ（一軍）	K保	Y生	178	右	右
85	外野手	M		183	右	右
87	外野手	S井	K大	180	右	右
80	外野手	H野	K一	169	右	右
61	捕手	K野	K輔	181	右	右
13	監督（二軍）	H田	K男	177	右	右
76	内野手	O城	Y二	172	右	右
51	投手	K村	D裕	184	右	右
62	内野手	S		179	左	左
58	捕手	S水	T	177	右	右
14	コーチ（二軍）	N西	K起	180	右	右
78	外野手	S田	T弘	184	左	左
43	投手	N村	K	182	右	右
11	コーチ（一軍）	I藤	A規	177	右	右
8	コーチ（一軍）	Y脇	M治	172	右	右
31	投手	T井	K也	184	左	右
54	投手	Y山	R之介	182	右	右
28	投手	A藤	Y也	184	右	右
27	投手	F田	T陽	185	右	右
56	捕手	H本	R平	182	右	右
90	投手（育成選手）	T本	K人	181	右	右

平均　180.07cm　　標準偏差　4.21cm

そうすると……

$$180.07 - 1.645 \cdot \frac{4.21}{\sqrt{30}} \leq \mu \leq 180.07 + 1.645 \cdot \frac{4.21}{\sqrt{30}}$$

なので、

$178.81 \leq \mu \leq 181.33$

つまり、京阪神のすべての選手の平均身長は、90％の確率で、178.81cmから181.33cmの範囲内にあるってことね。

東　Very good。じゃあ、信頼度を95％に上げてみよう。どうなる？

ミライ　今度は、公式Ⅰ－2を使えばいいのね。平均と標準偏差を代入すると……

$$180.07 - 1.96 \cdot \frac{4.21}{\sqrt{30}} \leq \mu \leq 180.07 + 1.96 \cdot \frac{4.21}{\sqrt{30}}$$

だから、

$178.56 \leq \mu \leq 181.58$

母平均は、95％の確率で、178.56cmから181.58cmの間にある。

東　OK。では、最後に信頼度99％の信頼区間は？

ミライ　公式Ⅰ－3ね。さっきと同様に、

$$180.07 - 2.576 \cdot \frac{4.21}{\sqrt{30}} \leq \mu \leq 180.07 + 2.576 \cdot \frac{4.21}{\sqrt{30}}$$

よって、

$178.09 \leq \mu \leq 182.05$

母平均は、99％の確率で、178.09cmから182.05cmの範囲内にある。

東　Thanks。今、信頼度が90％、95％、99％の信頼区間を各々計算してもらったけど、何か気がついたことはある？

ミライ　信頼度が90％→95％→99％へと上がるにつれて、信頼区間は少しずつ広がっているみたい（**図表4-2**）。

東　そうだね。当たり前といえば当たり前だけど、理にかなっているね。これは、ボールを的に当てるゲームを思い浮かべると、わかりやすいんだけど、70％の確率で的に当てるのと、90％の確率で的に当てるのとでは、後者の方が的は大きくなければならない、ということなんだ。
　　もう1つ質問。公式Iに含まれている、1.645とか、1.96とか、2.576なんかの数字、見覚えはないかい？

ミライ　そうそう。私も言おうと思ってた。どっかで聞いたことがある、と思って。でも、うーん……思い出せない。

東　じゃあ、ヒント。正規分布について話した時に出てきたと思うよ。

ミライ　ハイ。平均±1.96標準偏差の間に、データ全体の95％が含まれるって話ね。思い出した！

東　そう。さっき、平均±1標準偏差の間に全体の68.3％が、平均±1.645標準偏差の間に90％が、平均±1.96標準偏差の間に95％が、平均±2標準偏差の間に95.4％が、平均±2.576標準偏差の間に99％が、そして、平均±3標準偏差の間に99.7％が含まれるっていう話をしたよね。

図表4-2　**信頼度と信頼区間**

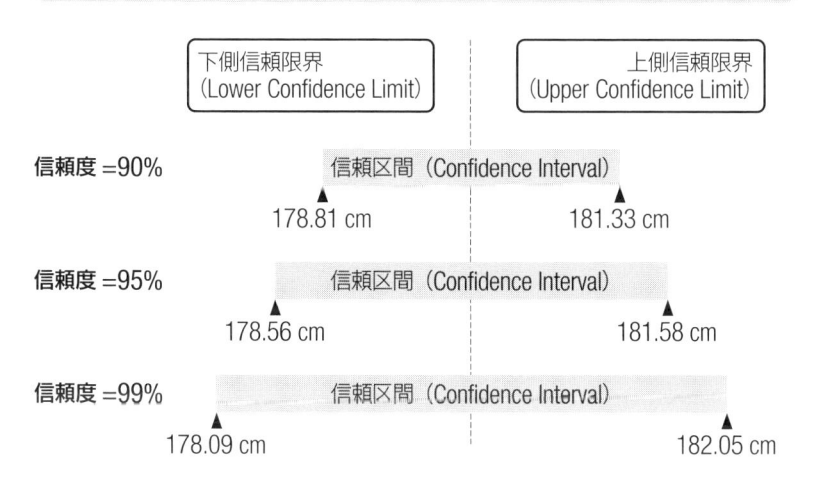

下側信頼限界（Lower Confidence Limit）
上側信頼限界（Upper Confidence Limit）

信頼度＝90％　信頼区間（Confidence Interval）
178.81 cm　　181.33 cm

信頼度＝95％　信頼区間（Confidence Interval）
178.56 cm　　181.58 cm

信頼度＝99％　信頼区間（Confidence Interval）
178.09 cm　　182.05 cm

		実は、1.645とか、1.96とか、2.576の数字はここから来ているんだ。
ミライ		正規分布の性質が、区間推定のロジックを支えているということね。
東		そのとおり。では、もう少し練習しよう。**図表4-3**は、京阪神タイガースのすべての選手の中から、20人をランダムに抽出したものだ。そして、この20人の平均と標準偏差推定量は、順に180.65cm、5.08cmだ。
ミライ		さっきは、30人だったよね。
東		うん。今回は、サンプルが少し減って20人しかいない。このような場合、どちらの公式を使えばいい？ さっきと同様、母集団の正規性は確認されているものとしよう。

図表4-3　京阪神の全選手97名の中から無作為に抽出した20人の身長データ

		名前		身長（cm）		
88	外野手	A星	N広	170	右	左
96	内野手（育成選手）	F井	H政	183	右	右
71	内野手	N原	M志	184	右	右
76	内野手	O城	Y二	172	右	左
67	内野手	F本	A士	174	右	左
25	投手	K村	S	187	右	右
91	投手（育成選手）	Y岡	K志	187	右	右
59	捕手	O崎	T一	180	右	右
51	投手	K村	D裕	184	右	右
52	投手	T置	T	181	右	右
35	投手	A		188	右	右
40	投手	S原	M司	183	右	右
42	投手	S柳	T	184	左	左
86	外野手	K城	I郎	180	左	左
69	内野手	A	K彦	180	右	左
75	内野手	M田	T節	174	右	右
72	内野手	F原	T	181	右	右
47	投手	W竹	R士	178	右	右
21	コーチ（二軍）	T木	T之	178	右	右
66	内野手	I岡	M	185	右	右

平均　180.65cm　　　標準偏差　5.08cm

ミライ　サンプル数が30より少ないから……今回は公式IIね。でも、この$t_{0.050}$とか、$t_{0.025}$とか、$t_{0.005}$って、何？

東　その前に、そもそも、公式IとIIの違いを説明するね。公式が2つに分かれているのは、区間推定を行うにあたってのベースとなる分布のタイプが異なるからなんだ。

ミライ　分布のタイプが違う？　公式Iのベースとなっているのはモチロン正規分布だよね。

東　うん。厳密に言うと、「標準」正規分布だけどね。では、ついでに、公式Iがどのように導き出されたのか、簡単に見ておこう。そのためには、まず、「中心極限定理」という、統計理論上、とても重要な定理を理解しなければならない。
中心極限定理とは、母集団が正規分布する・しないにかかわらず、母集団からn個のサンプルをランダムに抽出して、それらの平均を計算する、という作業を、何度も何度も何度も繰り返すと、標本平均$\bar{X}$の分布は、平均が母集団の平均μ、標準偏差が$\frac{\sigma}{\sqrt{n}}$、つまり母標準偏差をサンプル数の平方根で割ったもの、であるような正規分布になる、というものだ。
なので、$\bar{X}$の標準化変量 $z = \frac{\bar{X}-\mu}{\frac{\sigma}{\sqrt{n}}}$ の分布も、nが十分大きくなれば、標準正規分布になる。

ミライ　でも、母標準偏差はわからないんだよね？

東　そう。母平均すらわからないのに、母標準偏差が既知であるようなケースは考えにくいよね。だから、ピンチヒッターとして標準偏差推定量sを使うんだよ。

ミライ　なるほど。現実問題として、母標準偏差σはわからないことが多いので、サンプルから計算された標準偏差推定量sで近似するということね。

東　そのとおり。なので、標準化変量zは、以下のように書き換えられる。
$$\text{標準化変量 } z = \frac{\bar{X}-\mu}{\frac{s}{\sqrt{n}}}$$

ミライ　この標準化変量zが、標準正規分布にしたがうってことね。ここで、さっき復習した、平均±1標準偏差の間に全体の68.3％が含まれるとか、平均±1.96標準偏差の間に全体の95％が含まれるといった、標準正規分布の性質を利用するわけね。

東　Very good。そして、これは、言い方を変えると、たとえば、標準化変量zは、90％の確率で−1.645から1.645の間にある、ということだよね。式で書くと、

$$1.645 \leq \frac{\overline{X}-\mu}{\frac{s}{\sqrt{n}}} \leq 1.645$$

これをμについて整理すると、公式Ⅰ−1になるというわけだ。

ミライ　なるほど……じゃあ、公式Ⅱは？

東　公式Ⅱのベースとなっているのは、正規分布は正規分布でも、標準正規分布ではなく、「t分布」と呼ばれる分布だ。t分布は、サンプル数が10とか、20とか、比較的小さい時に威力を発揮する分布なんだ。

ミライ　さっきの$t_{0.050}$や$t_{0.025}$のtは、t分布のtね。ところで、t分布はどんなカタチをしているの？

東　カタチは標準正規分布に似ている。つまり、平均が0で、左右対称な分布だ。でも、サンプル数が少なくなればなるほど、カタチはずいぶん変わってきて——山がなだらかになってくるんだ。

ミライ　サンプル数が少なくなればなるほど、山がなだらかになってくる……つまり、頂上が低くなって、裾野が左右に長く伸びるということ？

東　そう。こんな感じだ（**図表4-4**）。上が標準正規分布、中央が自由度9のt分布、下が自由度3のt分布だ。どの図も、Excelのランダム関数を使って、乱数を発生させて作ったものだ。

ミライ　自由度？　初めて聞く言葉だけど……自由度の自由って、ひょっとしてフリーダムの自由のこと？

東　うん。自由度は、英語でDegree of Freedomって言うんだ。自由度の概念は、実は非常に難しい。統計用語辞典なんかを見

図表 4-4　標準正規分布とt分布の形状の違い

※Excel の RAND 関数を用いて乱数を 500 回発生させて作成。

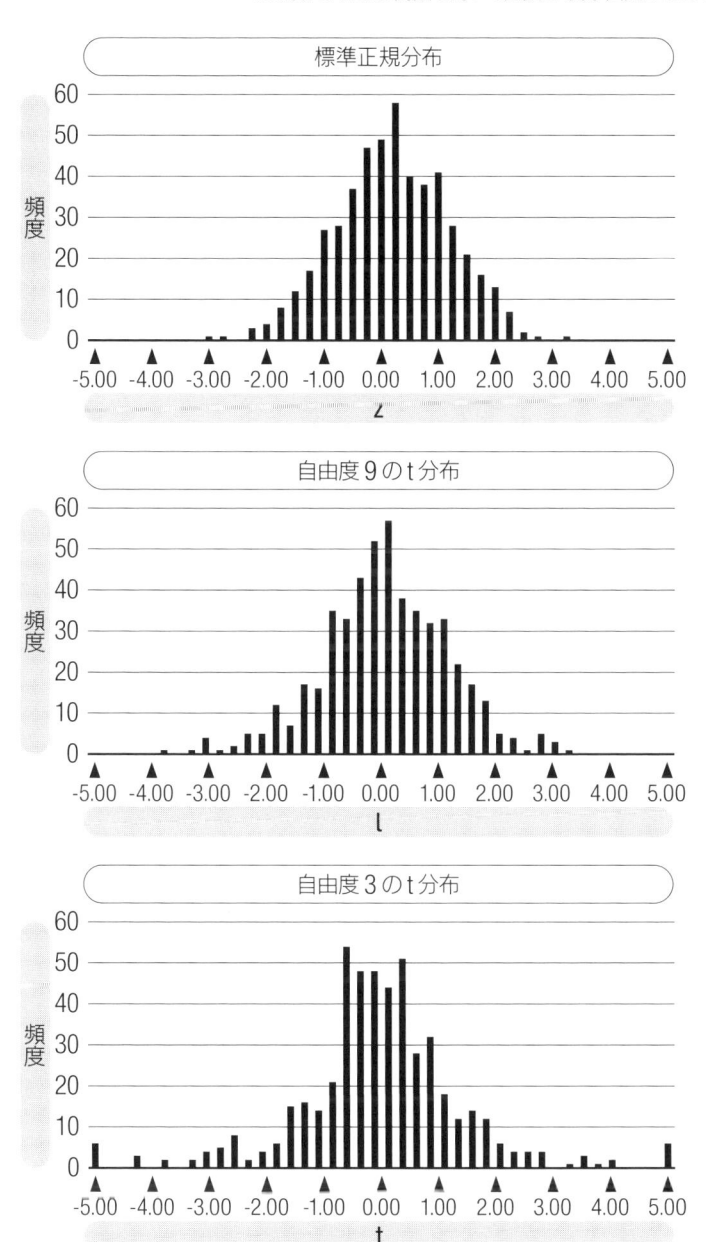

標準正規分布

自由度9のt分布

自由度3のt分布

ると、「自由度とは、変量のうち、自由に動ける値の個数のことである」なんて書いてある。

ミライ　はは、そのままだね。

東　平均の自由度はn－1、すなわち〔データ数〕－1になる。たとえば、ここに5つの数字があるとしよう。そして、それら5つの数字の平均が7であるとする。このような状況のもとでは、それら5つの数字のうち4つは自由に動くことができる。

つまり、どんな値をとっても構わない、ということだ。〔5・6・7・8〕でも、〔3・6・9・12〕でも、〔1・3・5・7〕でも、どんな組み合わせでもOK。ただし、5つのうち少なくとも1つは固定しなければ、平均を7にすることはできない。5つの数字のうち4つが〔5・6・7・8〕であれば、最後の1つは必ず9でなければならないし、4つが〔3・6・9・12〕であれば、最後の1つは5、4つが〔1・3・5・7〕であれば、最後の1つは必ず19でなければならない。

裏を返せば、平均が決まっている場合、1つの数字さえ固定することができれば、残り4つは自由に動き回れる、ということなんだ。

ミライ　なるほど。

東　とりあえず、今は、「自由度＝〔データ数〕－1」と覚えておけばいいよ。では、さっきの図に戻ろう。標準正規分布と自由度9のt分布、カタチを見比べてみて、どうだい？

ミライ　うーん……ほんの少し、t分布の方が扁平なのかな……でも、ほとんど同じに見える。

東　そうだね。ほんの少しだけ、t分布の方が、山が低くて、裾野が長い、と言えるかな。でも、ほとんど変わらないよね。じゃあ、自由度3のt分布と比べるとどうだろう？

ミライ　自由度が3、ということは、サンプル数が4ってことよね。うん、これだけサンプル数が少なくなると、見た目もかなり変わってくるね。標準正規分布や自由度9のt分布と比べると、明らかに、低く、左右に長くなってる。

東　OK。サンプル数が少ない場合は、標準正規分布ではなくt分布を使うということ、そして、t分布の形状は、サンプル数、難し

い言葉で言うと自由度によって変わってくる、ということを押さえたうえで、例題に戻ろう。

ミライ 公式IIの$t_{0.050}$や$t_{0.025}$は、ようは、標準正規分布で言うところの、1.645とか、1.96なんかに対応するもの、と理解すればいいの?

東 うん。たとえば、$t_{0.050}$は、ちょっとややこしいけど、「それより右側にある面積が0.05になるようなt値」を意味する。t分布も左右対称だから、山の左端にも、その面積が0.05であるような領域がある。なので、左右両端の面積を足すと、0.05 + 0.05 = 0.1、つまり、t分布の真ん中――真ん中は0だが――から左右にtだけいったところまでに 1 − 0.1 = 0.9、つまり全体の90%が含まれる、そんな読み方をするんだ。
そして、それらの値は「t分布表」と呼ばれるテーブルを見ればわかるようになっている。たとえば、この例の場合、サンプル数は20なので、自由度は 20 − 1 = 19 だよね。自由度が19の時、t値は、信頼度が90%の場合1.729、信頼度が95%の場合2.093、信頼度が99%の場合2.861、という具合にだ。

ミライ 自由度と信頼度をクロスさせてみれば、公式IIで使うt値がわかるってことね。

東 そのとおり。では、さきほど言ったt値を使って、信頼区間を計算してみよう。まずは信頼度90%から。

ミライ OK。$T_{0.050}$は、さっき東さんがt分布表で調べてくれたんだよね。

東 そう、1.729。

ミライ 平均は180.65cm、標準偏差は5.08cm、サンプル数は20だから……これらを公式II−1に代入すると……

$$180.65 - 1.729 \cdot \frac{5.08}{\sqrt{20}} \leq \mu \leq 180.65 + 1.729 \cdot \frac{5.08}{\sqrt{20}}$$

なので、

$178.69 \leq \mu \leq 182.61$

よって、球団の平均身長は、90%の確率で、178.69cmから182.61cmの間にある。

東　OK。じゃあ、信頼度が95％の場合は？　$t_{0.025}$ は、t分布表より2.093だ。

ミライ　信頼度が95％の場合は……公式Ⅱ－2ね。

$$180.65 - 2.093 \cdot \frac{5.08}{\sqrt{20}} \leq \mu \leq 180.65 + 2.093 \cdot \frac{5.08}{\sqrt{20}}$$

計算すると、

$$178.27 \leq \mu \leq 183.03$$

なので、球団全体の平均身長は、95％の確率で、178.27cmから183.03cmの間にある。

東　そうなるね。では、最後に信頼度99％のケース。$t_{0.005}$ は2.861だ。

ミライ　公式Ⅱ－3ね。したがって、

$$180.65 - 2.861 \cdot \frac{5.08}{\sqrt{20}} \leq \mu \leq 180.65 + 2.861 \cdot \frac{5.08}{\sqrt{20}}$$

$$177.40 \leq \mu \leq 183.90$$

よって、京阪神タイガース全体の平均身長は、99％の確率で、177.40cmから183.90cmの間にある。うーん、さすがに信頼度99％ともなると、推定区間もかなり広くなるね。

東　そうだね。それくらいストライクゾーンが広くないと、とてもじゃないが99％もの精度は保証できませんよ、ってことだね。

ミライ　さっき、公式Ⅰの導き方を説明してくれたよね。公式Ⅱも、基本的な考え方は同じなの？

東　うん。さっきも言ったとおり、ベースとなる分布は異なるが、ロジックは、基本的に同じだ。
ついでに見ておこうか。正規であれ非正規であれ、母集団からn個のサンプルを無作為に抽出して、その平均を計算する、という作業を何度も繰り返すと、標本平均 $\bar{X}$ の分布は、平均が母集団の平均 μ、標準偏差が $\frac{s}{\sqrt{n}}$、つまり標準偏差推定量をサンプル数の平方根で割ったもの、であるような正規分布になる。

ミライ　公式Iの時と同じように、母標準偏差はわからないから、標準偏差推定量で近似するのね。

東　そうだ。なので、$\bar{X}$の標準化変量 $t = \dfrac{\bar{X} - \mu}{\frac{s}{\sqrt{n}}}$ は、正規分布になる。

しかし、この場合は、つまり、サンプル数が少ない場合は、標準正規分布ではなく、自由度 $n-1$ の t 分布にしたがう。よって、たとえば、信頼度が90％の信頼区間は、

$$-t_{0.050} \leq \dfrac{\bar{X} - \mu}{\frac{s}{\sqrt{n}}} \leq t_{0.050}$$

と表現できる。

ミライ　これを整理すれば、公式IIを得ることができるのね。

東　そのとおり。今日は「身長」を例に、区間推定のやり方を説明したけど、ミライなら、どんなところで、どんなふうに、このテクニックを使えると思う？

❹ ビジネスのさまざまな現場に適用してみよう

ミライ　たとえば、モノづくりの現場なら……半導体でも、缶コーヒーでも、ポテトチップスでも、なんでもいいんだけど、必ず製品の抜き取り検査をやっているはず。
もちろん、その日に製造されたものをすべて検査するわけにはいかないから、サンプリングして調査することになると思うんだけど、その結果から、たとえば、95％の確率で、今日袋詰めされたポテトチップスの重量は、76.95グラムから77.05グラムの間にある、っていう使い方ができるんじゃないかしら。

東　良いポイントだね。重量に限らず、サイズ、性能、耐久時間等、その日、その月に生産された製品のさまざまなスペックの平均を推計することができるだろうね。
でも、区間推定を使えるのは、何も製造現場だけじゃない。たとえば、顧客の生の声を知りたくて、アンケート調査をすること

があるだろう。お客さんは日本全国に何百万人もいるから、全員に聞くなんてことはもちろんできない。なので、たとえば1,000人をランダムに選んで調査をする、ということになる。その1,000人に、缶コーヒーを月に何本飲むか聞いたところ、平均が30本だったとしよう。あとは標準偏差に関する情報さえあれば、日本人の月間の缶コーヒー消費量は、90％の確率で27本から33本の範囲内にある、といった結論を導けるよね。

このような、確率論的な、というとかっこつけ過ぎかもしれないけど、確率論的なアプローチはきわめて重要で、かつ有用だ。もし、「バラツキ」こそがリスクであると定義するのであれば、今日僕たちがやったのは、まさにその「リスク」のアセスメントだったんだからね。

近年、原油を始めとする原材料価格の値動きが激しいけれど、もし区間推定の手法を知っていれば、たとえば、原油価格は今は100ドル／バレルだが、将来、10％の確率で130ドルを、5％の確率で150ドルを突破する可能性がある、といった思考が可能になる。

原油価格は、結果的にはそういった高い水準にはいたらないかもしれない。むしろ、そうなる可能性は低いと言えるだろう。しかし、低いとはいえ、そうなる可能性があるということを認識することが大切なんだ。そうすれば、コンティンジェンシー・プラン（不測の事態に対応するためのプラン）を準備しようということになる。日頃からコンティンジェンシー・プランを準備しているのといないのとでは、危機管理という観点からは大きな差が出てくるからね。

5時間目
偶然か必然かをジャッジする

仮説検定

ミライ　2日目最後の授業。さあ、がんばるぞ〜

東　　　ところで、例のプロジェクトだけど、発券に要する時間のやつ。支店別のデータはあるの？

ミライ　うん。全国の支店のデータがあるわよ。今のところ、神戸支店ががんばっているみたい。逆に、横浜は苦戦しているみたい。

東　　　発券に要する時間＠神戸支店＜発券に要する時間＠横浜支店、ということだね。でも、まだ、神戸支店の方が優れていると結論づけるのは、早計だと思うよ。

ミライ　どうして？　数字にもはっきり表れているのよ。

東　　　どうしてでしょう（笑）。それは、これからわかる。ところで、ミライは、「仮説検定」という言葉を聞いたことがあるかい？

❶ たまたまか、必然か

ミライ　あるような、ないような……「仮説」も「検定」も一般的な用語だから……

東　　　そうだね。少しイメージが湧きにくいね。それじゃ、こんな例で考えてみよう。A銀行は、東京と大阪にコールセンターを持っている。

ミライ　コールセンターって……あのコールセンター？

東　　　うん。銀行に限らず、企業には、全国各地の顧客から、さまざまな電話がかかってくるよね。大企業なら、1日に何千本、何万本もかかってくるかもしれない。それらの電話を受けて、顧客か

らの問い合わせに答えたり、注文を受けたり、苦情があればそれに対応する……それがコールセンターの役割だ。
銀行であれば、「今、残高はいくらありますか？」とか、「口座を作りたいんですけど」とか、「お金を貸してほしいんですけど」といった内容の電話が多いだろうね。

ミライ　広々としたフロアに、ヘッドセットを付けたオペレーターがズラリと並んでいるような風景を想像すればいいのね？

東　うん。で、ある日の、東京、大阪のコールセンターの平均サイクルタイムが、順に300秒、310秒だったとしよう。

ミライ　サイクルタイム？

東　サイクルタイムとは、この場合だと、〔オペレーターが受話器を取って〕→〔お客さんからの問い合わせに答えて〕→〔電話を切る〕までに要する時間のことだ。

ミライ　なるほど。

東　東京が300秒、大阪が310秒。この数字から、何かわかる？

ミライ　かかってきた電話をすばやく処理することが必ずしもいいとは限らないけど……だって、「ていねいに」答えたら、当然、サイクルタイムは長くなるよね……でも、「電話をスピーディーに捌くこと」が求められているのであれば、東京の方が優れている、と言えるわね。

東　なるほど。でも、問題は、このデータだけを見て、はたして、「東京の方が優れている」と言い切っていいんですか？　ということなんだ。

ミライ　でも、少なくとも、数字上は、東京の方が良く見えるじゃない。

東　うん。では、言い方を変えよう。この日の数字だけを見ると、たしかに東京の方がちょっぴり良さそうです。でもそれって、「たまたま」じゃないの？　というふうに。

ミライ　その可能性は……あるね。

東　ひょっとしたら、東京の方が、優秀なマネージャーが揃っていて、オペレーターの教育も行き届き、設備も最新で、「構造的に」優

れているのかもしれない。

でも、もしかしたら、東京と大阪のパフォーマンスには、実は差はなくって、「たまたま」その日は大阪の方が悪く見えただけかもしれない。この難しい問いに答えを出してくれるのが、これから勉強する「仮説検定」なんだ。

ミライ　難しそうだけど……おもしろそう！

東　うん。ところどころ、少し難しい、というか、しっかり腰を据えて考える必要のある概念も登場するけど、ゆっくり、順を追って考えれば大丈夫だよ。そして、一度、このテクニックをマスターすれば、ビジネスを含め、「ありとあらゆるところで使える」ことを保証するよ。

ミライ　楽しみ。

東　仮説検定には、実はさまざまなバリエーションがある。さっきの例のように、2つの異なる集団、たとえば、東京と大阪の「平均」に差があるかどうかを検定する手法（2サンプルt検定；2-Sample t-test）の他にも、「比率」を検定したり（χ^2（カイ2乗）検定；Chi-square test）、「バラツキ」を検定する手法（F検定；F-test、バートレット検定；Bartlett's test、レヴィン検定；Levene's test）等がある。あるいは、何らかの「基準値」のようなものがあって、得られた値が、その基準値と比較して差があるかどうかを検定するという手法（1サンプルt検定；1-Sample t-test）もある。今日の締めくくりは、この基準値と比較して差があるかどうかを検定する手法を中心に見ていこう。

ミライ　OK。

東　では、センター試験を例に、仮説検定の大まかな概念について考えてみよう。

201X年度の数学の試験については、全国平均が200点満点中120点、標準偏差が30点であることがわかっているものとする。もちろん架空の数字だ。ここで、法学部を目指す受験生を全国からランダムに36人選んで、自己採点の結果を聞いたところ、125点だった。この点数だけ見ると、全国平均より少し良さそうだけど、これだけを根拠に、「法学部を目指している受験生の数学の平均点は全国平均よりも高い」と結論づけていいと思う？

DAY 2　確率論的にデータを捉える

ミライ　うーん。120点 vs. 125点……微妙……法学部を狙っている受験生は全国に何万人もいるはずよね。今回選んだ36人の成績が「たまたま」良かった、という可能性も捨て切れないと思うけど。

東　良いポイントだ。多少荒っぽいけど、仮説検定の核心をついている。では、同じく、ランダムに選んだ理学部志望者36人の平均点が135点だったとしたら？

ミライ　全国平均を15点も上回っている。この場合は、チョイスした36人が「たまたま」優秀だった、というよりも、「理学部を目指している学生の数学の平均点は、全国平均よりも高い」と結論づけて大丈夫そう。

東　おそらく。厳密に計算したわけではないけど、たぶん、ミライの勘は正しいと思う。まだボンヤリとしているかもしれないけど、これこそが仮説検定の考え方なんだ。

❷ 帰無仮説と対立仮説

東　それでは、仮説検定のやり方を、順を追って説明するね。まずは、「仮説」を立てることから出発する。仮説には、2つの種類がある。「帰無仮説」と「対立仮説」だ。

ミライ　キム仮説？

東　何々が無に帰する、という表現があるね。その「帰無」だ。文字どおり、水に流したい、捨て去りたい仮説のことだ。さきほどの数学の試験の例だと、「理学部受験生の平均は全国平均と変わらない」が帰無仮説になる。一方、この例では、「理学部受験生の平均は全国平均と異なる」、もしくは「理学部受験生の平均は全国平均よりも高い」が対立仮説になる。

　ミライも僕も、心の中では、「理学部を目指している学生は、そうでない学生よりも数学が得意だ」と思っているよね。仮説検定では、「理学部受験生の平均は全国平均と異なる」、あるいは「理学部受験生の平均は全国平均を上回っている」ということを直接証明するのではなく、「理学部受験生の平均は全国平均とぜんぜん変わらない」という前提、つまり帰無仮説を捨て去ることによ

り、理学部受験生の平均が全国平均と異なる、もしくは全国平均よりも高いことを「間接的に」証明しようとするものなんだ。

ミライ　なんで、そんな回りくどいことをするの？　直接、「理学部受験生の平均≠全国平均」や「理学部受験生の平均＞全国平均」を証明すればいいと思うけど？

東　たしかにまどろっこしい。でも、たとえば、ミライは「ヨドヤバシカメラは安い」ということを証明できるかい？

ミライ　そんなの簡単だよ。ヨドヤバシで売ってるパソコンか携帯の値段を調べて、ビッグビッグの値段と比べればいいじゃない。もしヨドヤバシの方が安ければ、証明終わり！

東　そうかな？　仮にヨドヤバシのパソコンの値段がビッグビッグより安くくも、その事実だけをもって「ヨドヤバシカメラは安い」と言い切れるかな。だって、じゃあ、液晶テレビは？　洗濯機は？　冷蔵庫は？　仮にすべての商品についてビッグビッグと比較して、ヨドヤバシの方が安いことを確認したとしても、まだ十分じゃない。もうわかるよね？

ミライ　ヤマダヤ電器やグリーン電化とも比べなければならない。ジャパンネット高田とも。

東　そのとおり。このように、「ヨドヤバシは安い」が正しいことを直接証明するには、実は凄まじいエネルギーを要するんだ。でもその逆、つまり「ヨドヤバシは高い」が正しくないことを証明するのはそれほど大変じゃない。なぜだかわかる？

ミライ　プラズマテレビだろうが、プリンタだろうが、もし1つでもビッグビッグより安い商品があれば、「ヨドヤバシは高い」とは言えなくなるから。

東　Very good。だからこそ、仮説検定では、多少まどろっこしいけれども、「ヨドヤバシは安い」を直接証明するのではなく、「ヨドヤバシは高い、もしくは他と変わらない」を否定することによって、「ヨドヤバシは安い」を間接的に証明しようとするんだ。

ミライ　この場合、「ヨドヤバシは安い」が対立仮説、「ヨドヤバシは高い、もしくは他と変わらない」が帰無仮説というわけね？

東 そうだ。ちなみに、通常、帰無仮説のことを H_0（エイチ・ゼロ）とか、Null Hypothesis（ナル・ハイポセシス）と言ったりする。Null は英語でゼロという意味だ。このことからも、帰無仮説が、無に帰したい、捨て去りたい仮説だというニュアンスが伝わってくるね。
一方、対立仮説は H_1（エイチ・ワン）とか、Alternative Hypothesis（オールターナティヴ・ハイポセシス）と呼ばれる。たいてい、H_0 を捨てて H_1 をとりたいわけだ。
おさらいしよう。数学の試験の例だと、H_0（帰無仮説）は「理学部志望者の平均は全国平均とぜんぜん変わらない」、H_1（対立仮説）は「理学部志望者の平均は全国平均と異なる」、もしくは「全国平均よりも高い」となる。

ミライ これで仮説ができたね。次は？

東 ここから少しだけ、ややこしくなるよ。次のステップは、仮に帰無仮説が正しいとしたら、標本平均、つまり、母集団から抽出したサンプルの平均の分布はこうなるだろう、という確率分布を想定する、だ。

ミライ じゃあ、この場合は、仮に理学部受験生の平均が全国平均とぜんぜん変わらないとした場合の、標本平均の確率分布を想定するのね。でも、どうすればいいの？

東 中心極限定理を使う。

ミライ 中心極限定理……区間推定で出てきた概念ね。

東 Yes。名前はいかめしいが、怖がることはない。とっても明快で、パワフルな理論だ。数学の試験の例でおさらいするね。全国平均は何点だったっけ？

ミライ ええと。120点。

東 じゃあ、標準偏差は？

ミライ 30点。

東 OK。センター試験の受験生は全国に何十万人もいるよね。もちろん、数学もね。ここで、全国の受験生の中から……10人でも、100人でも、1,000人でも、何人でもいいんだけど、たと

えば36人を無作為にピックアップし点数を聞く、という作業を何回も、何回も、何回も繰り返すと、36人の平均、標本平均のことだけど、平均が120点、標準偏差が30点を$\sqrt{36}$で割ったものであるような分布になる、というのが、中心極限定理の言わんとするところなんだ（**図表5-1**）。

ミライ 全国から36人をランダムに選び点数を聞く……この作業を何回も繰り返すと……標本平均の平均は120点、標本平均の標準偏差は$\frac{30}{\sqrt{36}}$点になる。ようは、標本平均の平均は母平均と同じになり、標本平均の標準偏差は母標準偏差よりも小さくなるってこと？

東 そのとおり。

ミライ 標本平均の標準偏差$\frac{30}{\sqrt{36}}$点の36は、サンプル数ね。

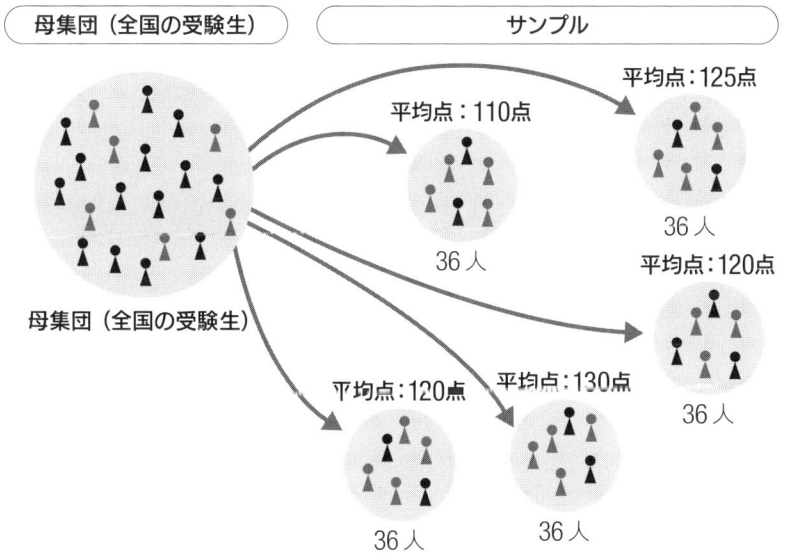

図表5-1 **中心極限定理の考え方**

母集団から36人を無作為に抽出し、その平均を計算する作業を何度も繰り返すと……

東 　Yes。仮に帰無仮説が正しいとしたら、つまり、理学部志望者の平均が、全国平均と何ら変わらないとしたら、標本平均は、平均が120点、標準偏差が$\frac{30}{\sqrt{36}}$点であるような分布になる、ということだ。図で描くと、こんな感じ（**図表5-2**）。横軸は試験の点数、縦軸は試験の結果がその点数近傍である確率。もちろん、点数が、平均前後、つまり120点前後である確率が一番高くなっている。一方、50点とか、190点とか、すごく悪い点数や、逆にすごくいい点数をとる人も、もちろんいることにはいるんだけど、その確率はかなり低くなっているね。

図表5-2　**母集団の分布と標本平均の分布**

母集団の得点分布

母標準偏差 30点　母標準偏差 30点

平均点：120点

標本平均の得点分布

標準偏差 $\frac{30}{\sqrt{36}}=5$点　標準偏差 $\frac{30}{\sqrt{36}}=5$点

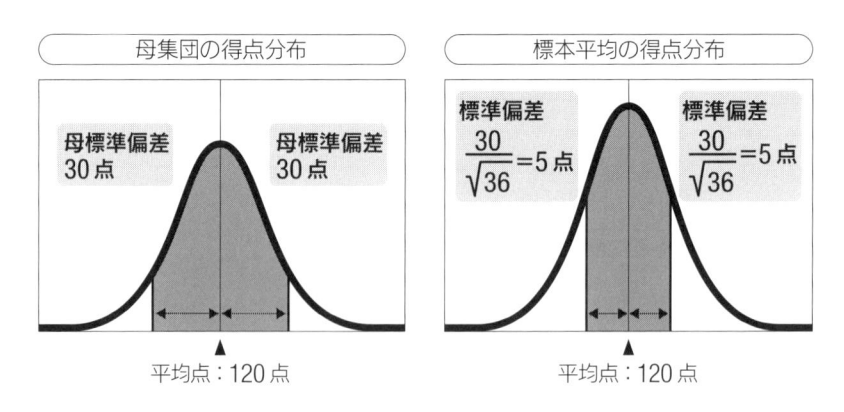

平均点：120点

図表5-3　**理学部受験生の得点**

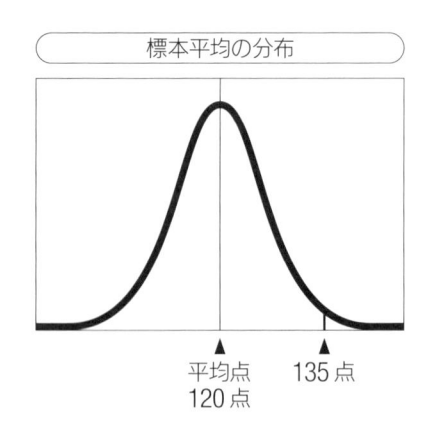

標本平均の分布

平均点 120点　135点

で、実際の理学部受験者への聞き取り調査の結果は、何点だったんだっけ？

ミライ　135点。

東　　　この図だと、どのへんかな？

ミライ　真ん中が平均、120点だよね。135点は、ええっと……この辺かな？　平均からずーーーっと右に行ったところ（**図表**5-3）。

東　　　OK。無作為に選んだ理学部受験生36人の得点が「平均からずーーーっと右に行ったところ」に位置しているね。これって、しょっちゅう起こり得ることだと思う？　それともめったに起こらないと思う？

ミライ　めったに起こらない。だって、この図の縦軸は、得点がその点数近傍である「確率」を示しているんだよね？

東　　　そのとおり。でも、仮説検定では、確率的にかなり低いことが起こった、と考えるのではなく、そもそもの前提、つまり、「理学部志望者の平均は全国平均と何ら変わらない」がまちがっているのだ、と考える。

ミライ　帰無仮説がまちがっている、と考えるのね。

東　　　そうだ。帰無仮説がまちがっている、と判断することによって、間接的に、対立仮説、つまり「理学部受験生の平均は全国平均と異なる」、あるいは「全国平均を上回っている」が正しいと結論づけるわけだ。これこそが、仮説検定のエッセンスなんだよ。

❸ 平均から標準偏差何個分離れているか──検定統計量

ミライ　なるほど。なんとなくイメージ湧いてきた。でも、「平均からずーーーっと右に行ったところ」とか、「確率的にかなり低いこと」とか、ちょっと曖昧だよね。

東　　　ちゃんと客観的な基準があるから大丈夫。得られたデータが「平均からどれくらい離れているか」は、「検定統計量」と呼ばれる指標で表すことになってるんだ。

検定統計量とは、サンプルから得られた値が、平均からどれくらい離れているか、具体的には、標準偏差何個分離れているか、を示す指標のことなんだけど、この例なら、検定統計量はいくらになるか、計算できるかい？

ミライ　まず、平均の差は135点－120点＝15点。この15点が、標準偏差何個分に相当するかを計算すればいいんだよね？

東　そのとおり。では標準偏差は？

ミライ　さっき聞いた中心なんとか定理の出番だね。全国の受験生の標準偏差が30点だから、36人からなるサンプルの平均の標準偏差は $\frac{30}{\sqrt{36}}=5$ 点かな。

東　OK。では検定統計量は？

ミライ　$\frac{135-120}{5}=3$

東　そうだね。では、この「3」の意味するところは？

ミライ　今回抽出した理学部受験生36名の平均、つまり135点は、全国平均である120点から標準偏差3個分離れている（**図表5-4**）

図表5-4　検定統計量の計算方法

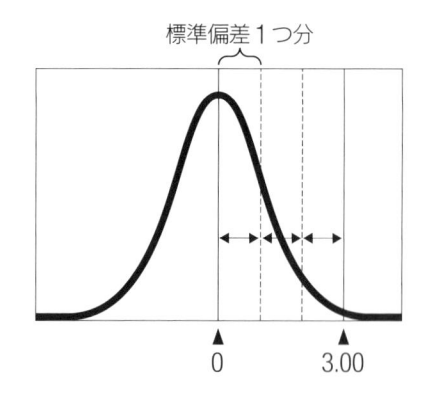

標準偏差1つ分

検定統計量

$$Z_0 = \frac{\overline{X}-\mu_0}{\frac{\sigma}{\sqrt{n}}} = \frac{135-120}{\frac{30}{\sqrt{36}}} = 3.00$$

Z_0：検定統計量
$\overline{X}$：サンプルの平均
μ_0：母集団の平均
σ：母集団の標準偏差
n：サンプル数

0　　3.00

理学部受験生36人の平均点135点を検定統計量に変換すると3.00になる

▼

理学部受験生の平均は、全国平均から標準偏差3個分離れている

……かな？

東　OK。上出来だ。ちなみに、この「標準偏差何個分」という考え方は、昨日も標準化のところで出てきたが、統計の世界ではちょくちょく出てくるので覚えておくといいよ。

ミライ　検定統計量はこれでOK……と。それで、確率的にかなり低いことが起こったかどうかはどう判断するの？

東　たとえば、100回やって50回起こるようなことって、めったに起こらないことだと言えると思う？

ミライ　2回に1回の確率でしょ？　そんなの、レア・ケースとは言えない。

東　じゃあ、100回やって10回しか起こらないとしたら？

ミライ　超レアとは言えないけど……まあ、レアかな。

東　そうだね。100回中10回……たしかに微妙だね。でも、もし、確率的に100回中5回しか起こらないことが起こったとしたら？

ミライ　5％の確率ね。この場合は、めったにないことが起こったと言ってもいいんじゃないかしら。

東　そうだね。じゃあ、確率的には100回中1回しか起こらないことが起こったとしたら？

ミライ　超レアな出来事と言ってよさそう。

東　OK。統計の世界では、確率的には100回中5回しか起こらないことが起きたり、100回中1回しか起きないことが起きた場合、「めったにないこと」が起きたと考えることが多いんだ。僕らの感覚とも合ってるよね。そして、この5％とか1％を統計用語で「有意水準」と呼ぶ（**図表5-5**）。

ミライ　わかった！　さっき計算した検定統計量を、5％とか、1％とか、有意水準と比べるのね？　でも、このままじゃ比べられないよ。

東　うん。この、5％とか1％を、「臨界値」と呼ばれる数値に変換する必要がある。臨界値も、検定統計量同様、平均から標準偏差何個分離れているかを表す指標だから、同じ土俵で比較することができるんだ。判定は、検定統計量と臨界値を比較して行うんだ。

検定統計量＞臨界値

帰無仮説が正しいとすると、通常めったに起こらないことが起こったことになる。でも、仮説検定では、通常めったに起こらないことが起こったと考えるのではなく、そもそも帰無仮説がまちがっていたのだと考える。よって、帰無仮説を捨てて、対立仮説をとる。

検定統計量＜臨界値

「よくあること」が起こったにすぎないから、帰無仮説を捨てる必要はない。よって、対立仮説を捨てて、帰無仮説をとる。

ミライ じゃあ、臨界値はどうやって計算するの？

東 たいていの統計学の教科書には、さっき話した有意水準ごとに、臨界値はいくらいくらですよっていう便利な表が付いてる。だから、それを見るとすぐにわかるよ。
表には、t分布表とかz分布表とか、いくつかバリエーションがあるんだけど、この例ではz分布表と呼ばれるものを使おう。実は、z分布表は確率分布の授業で使った正規分布表と同じものなんだよ。有意水準は……とりあえず、5％にしようか。

図表5-5　**有意水準の考え方**

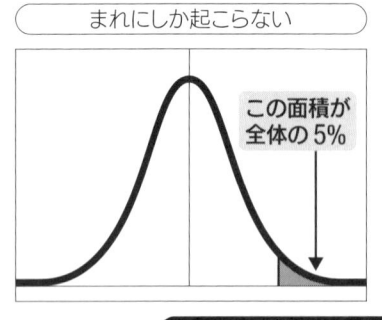

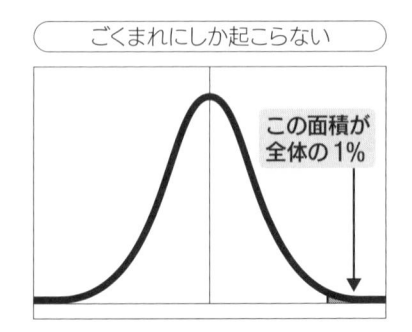

まれにしか起こらない	ごくまれにしか起こらない
この面積が全体の5％	この面積が全体の1％

この "5％" や "1％" を有意水準と呼ぶ

ミライ　確率的には100回中5回しか起こらないことが起こったとしたら、それは、「めったにないこと」が起こったと考える、ということね。

東　そのとおり。z分布表によると……臨界値は1.645になるね。でも、ここで、もう1つ、理解しておかなければならないことがある。実は仮説検定には、「片側検定」と「両側検定」の2つのタイプがあるんだ。

❹ 片側検定と両側検定

ミライ　「片側」と「両側」？

東　うん。さっき、対立仮説は、「理学部受験生の平均は全国平均と異なる」と、「理学部受験生の平均は全国平均よりも高い」の2つが考えられる、と言ったのを覚えているかい？
前者を対立仮説とする検定を「両側検定」、後者を対立仮説とする検定を「片側検定」と言うんだ。さっきミライが調べた臨界値1.645は、片側検定を行う場合に使う臨界値だ。グラフで言うと、臨界値1.645より右にある部分の面積がちょうど5%になっている、ということだ（**図表5-6**）。

図表5-6　**片側検定・有意水準5%の場合**

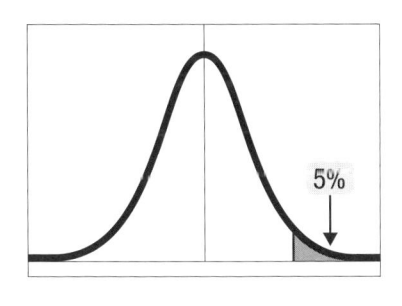

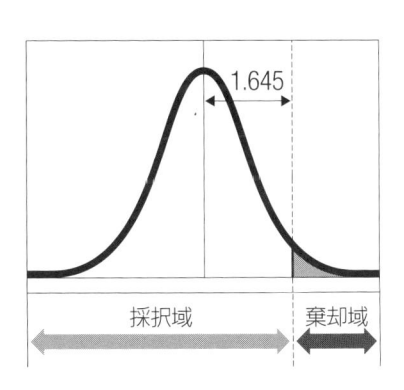

有意水準5%を
臨界値に変換すると……

▶

臨界値は平均から
標準偏差1.645個分離れている

採択域　　棄却域

図中の「棄却域」とは、検定統計量がこの範囲に入っていればH_0（帰無仮説）を棄却、すなわち捨てるということを意味する。

ミライ　H_0を捨てるということは、H_1（対立仮説）をとるということね。逆に、「採択域」とは、検定統計量がこの範囲に入っていれば、H_0をとってH_1を捨てる、という意味ね。

東　そのとおり。

ミライ　じゃあ、両側検定の場合は？

東　両側検定の場合の対立仮説は、理学部受験生の平均は全国平均と「異なる」だったね。この場合、「理学部志望者の平均は、全国平均よりも高いかもしれないし、逆に低いかもしれない。両方あり得る」と考えるんだ。
　　まあ、この例の場合は、全国平均を「上回っているかどうか」にフォーカスすべきで、下回っている可能性についてはとりあえず考えなくてもよさそうだけどね。

ミライ　135点と120点という得点差を考えた場合、「異なっている」、しかも「上回っている」と考えるのが自然、なので「上回っているかどうか」にフォーカスした片側検定をやればいいってことね。でも、仮に、全国平均と差がありそうだけど、上回っているのか、下回っているのか、どっちか確証が持てなくて、両側検定をやりたい場合、臨界値はどうなるの？

東　片側検定の場合、臨界値1.645よりも右にある領域の面積が5%になるんだったね。両側検定の場合は、「上回っている可能性とともに下回っている可能性もある」と見るということなので、グラフの右端の領域の面積が2.5%、左端の領域の面積が2.5%、両方合わせて5%になるように臨界値を設定する。

ミライ　なるほど。じゃあ、両側検定の場合の臨界値は、z分布表によると……1.96ね（**図表5-7**）。

東　そのとおり。これで、検定統計量と臨界値が揃ったね。検定の結果はどうなるかな？

ミライ　まず、片側検定から（**図表5-8**）。検定統計量「3」の方が臨界値「1.645」よりも大きいから、もし帰無仮説が正しいとすると

「めったに起こらないことが起こった」ことになる。でも、そうじゃなくて、そもそもの前提＝帰無仮説がまちがっていたと考えるのね？

東 　　そのとおり。よって結論は？

ミライ　対立仮説をとる。つまり、理学部受験生の平均は全国平均よりも高いと言える！

東 　　OK。じゃあ、両側検定の場合は？

図表 5-7 　　両側検定・有意水準 5% の場合

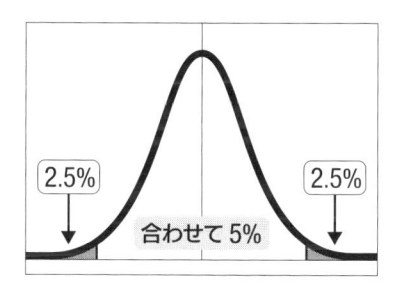

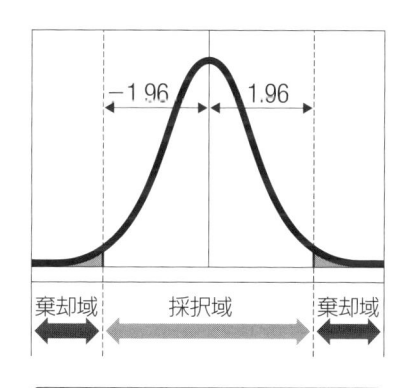

2.5%　　合わせて 5%　　2.5%

−1.96　　1.96

棄却域　　採択域　　棄却域

有意水準 5% を
臨界値に変換すると……

▶ 臨界値は、平均からプラス方向、マイナス方向に各々
標準偏差 1.96 個分離れている

図表 5-8 　　理学部受験生の数学の平均を片側検定（有意水準 5%）した結果

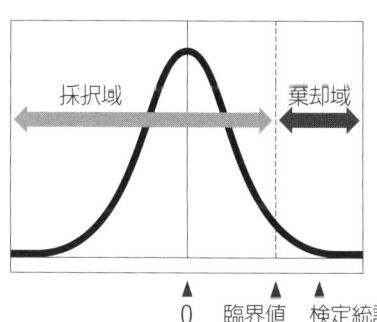

採択域　　棄却域

検定統計量が臨界値よりも右にある
（＝棄却域に入っている）

▼

帰無仮説を捨てて対立仮説をとる

▼

結論：理学部受験生の平均は
全国平均よりも高い

0　　臨界値　検定統計量
　　　1.645　　3.00

ミライ　やっぱり、検定統計量「3」の方が臨界値「1.96」よりも大きい（**図表5-9**）。なので、帰無仮説を捨てて対立仮説をとる。つまり、理学部受験生の平均は全国平均と異なる！

東　　Very good!　このように、仮説検定は、2つの数字に差がある場合、その差が「構造的な」ものなのか、あるいは「たまたま」なのかを統計的に判定してくれるという、便利なツールなんだ。

ミライ　「本当に違う」と、「たまたま数字のイタズラでそう見えているだけ」では、大違いだものね。

東　　そう。それによって、対応の仕方もぜんぜん変わってくるだろうしね。冒頭のコールセンターの例でも、ひょっとしたら、その日はたまたま大阪の調子が良くなかっただけなのかもしれない。にもかかわらず、マネージャーやオペレーターを替えたり、プロセスをいじったりしたら、かえって大阪のパフォーマンスを歪めかねない。

ミライ　こういうことってよくありそう。「たまたま」の数字に踊らされて、真にやるべきことをやらず、あるいは逆に、やらなくてもいいことをやってしまって、かえってプロセスを壊してしまう。実は結構いろんなところで起こっているような気がする……

東　　そうだね。ある銀行のA支店とB支店で事故債権の回収率に差があるのか、顧客からの苦情を減らすプロジェクトの前とあとでクレーム率に変化はあったのか、製品Aと製品Bの耐久時間に差はあるのか等、2つの数字……3つ以上でも大丈夫だけど、数

図表 5-9　理学部受験生の数学の平均を両側検定（有意水準5%）した結果

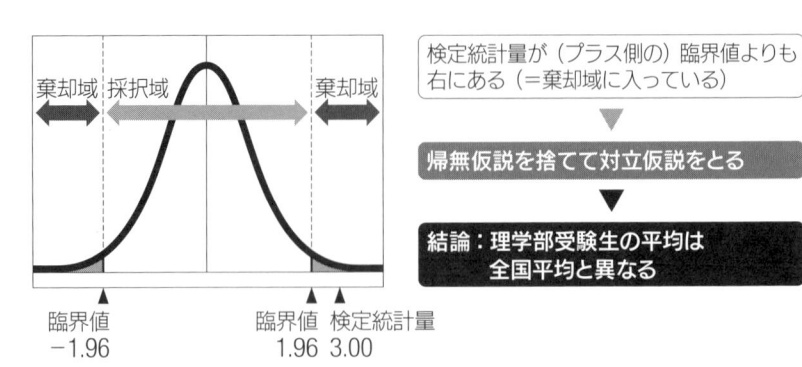

棄却域　採択域　棄却域

検定統計量が（プラス側の）臨界値よりも右にある（＝棄却域に入っている）

▼

帰無仮説を捨てて対立仮説をとる

▼

結論：理学部受験生の平均は全国平均と異なる

臨界値　　臨界値　検定統計量
－1.96　　 1.96　　3.00

字を比較する必要がある時、それは仮説検定の出番だ。

特に、その数字が重要であればあるほど、積極的に仮説検定を使って、両者に差があるのかどうかを統計的に見極め、そのうえで、とるべきアクションを決めていく、という姿勢が大切だと思うよ。

---

memo

仮説検定にはいくつかのバリエーションがあり、対応関係の有無やサンプル数等によって、使うべき手法が決まっている。シチュエーションごとに、どの手法を使うかについては、**図表5-10**を参照のこと。

図表5-10　**仮説検定の種類**

■手法の適用条件

母集団		理論		実用	
数	対応	条件	手法	条件	手法
1つ	−	サンプル数 n>30、かつ母集団の分散 σ^2 がわかっている	1Sample Z	サンプル数 n>30	1Sample Z 1Sample t
		正規分布	1Sample t	サンプル数 n≦30	1Sample t
2つ	あり	サンプル数 n>30、かつ差の母分散がわかっている	Paired Z	Paired t	
		差が正規分布	Paired t		
	なし	母集団1のサンプル数 n_1>30、かつ母集団2のサンプル数 n_2>30、かつ母集団1の分散 σ_1^2、母集団2の分散 σ_2^2 がわかっている	2Sample Z	Welch の t 検定	
		母集団1の分散 σ_1^2 ＝母集団2の分散 σ_2^2 かつ、ともに正規分布	2Sample t (Student の t の検定)		
		ともに正規分布	2Sample t (Welch の t 検定)		
3つ以上	あり	正規分布、等分散	Random Block Design（2way ANOVA）		
	なし	正規分布、等分散	1way ANOVA		

DAY 3

データ間の関係の強さと因果関係を知る

相関分析と回帰分析

6時間目
データとデータの関係の強さを知る

相関分析

ミライ　東さんは夏休み、どっか行くの？

東　　　信州か北陸にでも遊びに行きたいけど……。今年も無理だろうな。ミライは？

ミライ　へへ。私は友だちとアメリカに行くの（笑）

東　　　アメリカ？　東海岸？

ミライ　うん。1週間かけて、ボストン、ニューヨーク、ワシントンDCなんかを回る予定なの。

東　　　うらやましいな。ニューヨークの自然史博物館はマストだよ。特に恐竜コーナーは圧巻だ。ぜひ、行くべきだよ。でも、アメリカは遠いよね。

ミライ　そう。12～13時間もじっとしてなきゃならないものね。

東　　　一時、いわゆるエコノミー症候群が問題になったけど、今はどうなんだい？

ミライ　今も、航空会社にとっては深刻な問題よ。

東　　　ところで、飛行時間とエコノミー症候群の発生率の間には、ホントに関係があるの？

ミライ　そりゃあ、飛行時間が長ければ長いほど、発生率は高くなると思うけど……

東　　　あれ、少し自信なさそうだね。でも、今日やる相関分析と回帰分析をしっかり理解すれば、自信をもって答えることができるようになる。では、まず、相関分析、言い換えると、2つの変数間

の関係の強弱をどうやって測るかについて考えてみよう。

❶ XとYの結び付きの強さを表す指標——相関係数

ミライ　相関分析の「相関」は、なんとかとなんとかには相関がある、と言う時の「相関」のことね。

東　うん。その、なんとかとなんとか、だけど……何か思いつく？

ミライ　身長と体重、気温とビールの売上げ、原油価格とガソリン価格……

東　なるほど。当然、原油価格と航空運賃にも相関があるだろうね。いずれにせよ、相関分析とは、2つの変数XとYの間に、どのような関係があるのかを明らかにする分析手法だ。
しかし、ここで1つ注意しておかなければならない点がある。それは、仮に、ある変数とある変数の相関が高いからといっても、必ずしも両者に因果関係があるわけではない、ということだ。

ミライ　必ずしも因果関係があるわけではない……？

東　うん。たとえば、アイスクリームの売上げと水死者数の間には相関が見られるのだそうだ。つまり、アイスクリームの売上げが大きい年は、水死者も多い。逆もしかり。でも、アイスクリームが水死の直接的な原因だとは考えにくいよね。

ミライ　やっぱり、アイスクリームがよく売れるということは、〔暑い〕→〔より多くの人がプールや海に行く〕→〔より多くの人が溺れる〕と考えるのが自然ね。

東　たぶん、そんなところだろうね。相関が見られるからといって、アイスクリームの売上げが伸びることと、水死者が増えることの間に因果関係があるわけではない。あるいは、HRT（ホルモン補充療法）を受けている人は、CHD（冠状動脈性心疾患）になる可能性が低い、というデータがあるそうだ。

ミライ　HRT？　CHD？

東　HRTとは、Hormone Replacement Therapyの略で、エス

トロゲンという女性ホルモンを投与することにより、更年期障害の症状を緩和する療法なのだそうだ。一方、CHDはCoronary Heart Diseaseの略で、心臓に血液を供給する冠動脈で血液の流れが悪くなり、心臓に障害が起こる病気の総称のことだ。

ミライ　単にその女性ホルモンが、心臓病の予防に有効だというだけの話ではないの？

東　どうも、そうではないらしい。〔HRTは高額〕→〔HRTを受ける人にはお金持ちが多い〕→〔お金持ちはダイエットや健康に関心が高く、よく運動する〕→〔高脂血症・高血圧症・糖尿病・肥満になりにくい〕→〔心臓病になりにくい〕というメカニズムになるらしい。
　　　この場合も、HRTを受けることと心臓病にならないことの間に相関があるとしても、両者の間に因果関係があるわけではない。

ミライ　なるほど。

東　この点を踏まえたうえで、相関分析の話に戻ろう。ある変数とある変数の間の関係の強さは、「相関係数 r（Correlation Coefficient）」と呼ばれる指標によって表される。

ミライ　相関係数……聞いたことある。

東　うん。相関係数は、日常生活においても、ビジネスにおいても、かなりなじみの深い言葉ではないかな。数学的には、相関係数は以下のように定義される。

$$r = \frac{\Sigma(X-\bar{X})(Y-\bar{Y})}{\sqrt{\Sigma(X-\bar{X})^2 \Sigma(Y-\bar{Y})^2}}$$

ここで、rは相関係数、XとYは2つの変数のことだ。たとえば、Xは身長、Yは体重を表すといったようにね。

ミライ　$\bar{X}$はXの平均、$\bar{Y}$はYの平均ね。

東　Good。相関係数は、−1から1の間の値をとり、相関係数の水準ごとの、XとYの分布のカタチは**図表6-1**のようになる。たとえば、相関係数が1の場合は、Xが増加するとともに、Yも直線

的に増加しているね。このような場合、XとYの間には、「完全なる」正の相関がある、と言う。次に、相関係数が0と1の間にある時は……

ミライ やはりXが増加するとともにYも増加してるけど……相関係数が1の時と比べると、両変数間の「直線的な」関係はかなり崩れてきている。

東 そうだね。0＜r＜1の場合も、右上がりであることには違いないけど、r＝1の時と比べると、データがかなりバラけているね。

ミライ つまり、XとYの結び付きが少し弱くなったということね。

東 Yes。このように、相関係数が0から1の間にある時、XとYの

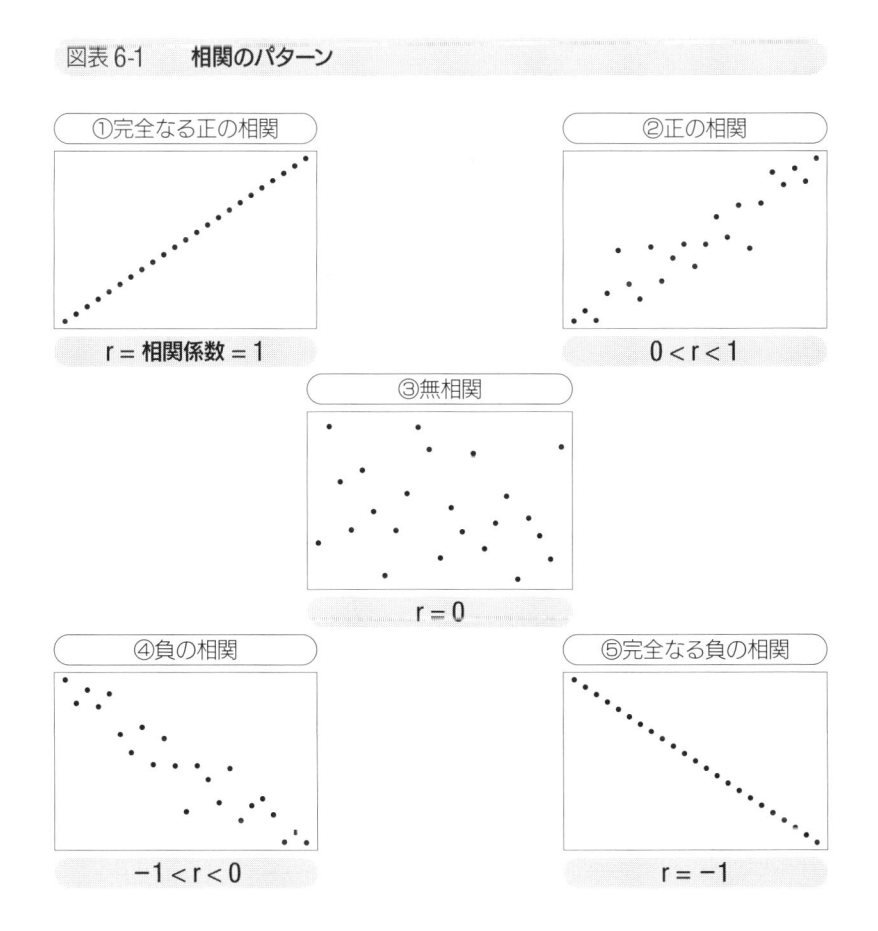

図表6-1 　相関のパターン

①完全なる正の相関
r＝相関係数＝1

②正の相関
0＜r＜1

③無相関
r＝0

④負の相関
－1＜r＜0

⑤完全なる負の相関
r＝－1

間には、「正の相関がある」と言う。

ミライ　もはや「完全なる」とは言えないのね。でも、「$0 < r < 1$」を一括りにして「正の相関」と呼ぶのは、少し大雑把な気もするけど。

東　そうだね。同じ「正の相関」と言っても、相関係数が0.1の時と0.9の時とでは、散布図——このように2つの変数の関係を表すグラフのことを「散布図（Scatter Diagram）」と呼ぶんだけど、散布図の見た目もかなり変わってくるはずだよね。
　たとえば、**図表6-2**を見てみて。この散布図はアパッチ社（Apache Corp）の売上高と株価の関係を表したものだけど、売上高と株価の相関係数は約0.996で、きわめて高くなっている。ちなみに、アパッチ社は、天然ガスや原油の探査・生産・販売を手掛けるアメリカのエネルギー企業だ。

ミライ　$r = 1$の時ほどではないけど、両者にはきわめて強い直線的な関係が認められるわね。

東　アパッチのように、相関係数がおおむね0.7より大きい場合、XとYの間には「強い」正の相関がある、と言う。ただし、この「0.7」はあくまでも目安だ。エンジニアは相関係数が0.9でも低

図表6-2　**アパッチの売上高と株価の相関**

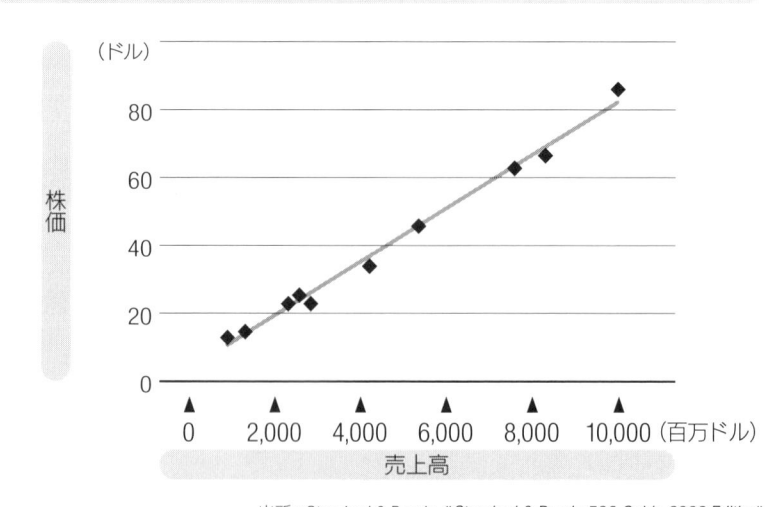

出所：Standard & Poor's, "*Standard & Poor's 500 Guide 2009 Edition*" The McGraw-Hill Companies, 2009 より抜粋

いと言うかもしれないし、事務屋は0.5でも十分だと言うかもしれない。

一方、こっちの散布図は、血友病や免疫疾患の薬を製造・販売しているバクスター社（Baxter International Inc）のキャッシュフローと株価の関係を示したものだ。右上がりの傾向は何となく見てとれるけれども、キャッシュフローと株価の相関係数は0.617とそれほど高くなく、両者の間の直線的な関係は大きく崩れている（**図表6-3**）。このように相関係数が0.7を下回る場合、XとYの間には……

ミライ 「弱い」正の相関がある、と言う。

東 Good。では、「r＝0の場合」は飛ばして、「rが−1から0の間にある場合」を見てみよう。

ミライ 相関係数がプラスの時は右上がりだったのに対し、マイナスの時は右下がりなのね。ようは、Xが増えるにしたがって、Yは減少する……そんな関係ね。

東 そうだね。さっきと同じように、相関係数が−1より大きくて（おおむね）−0.7より小さい場合は「強い」負の相関、0より小さ

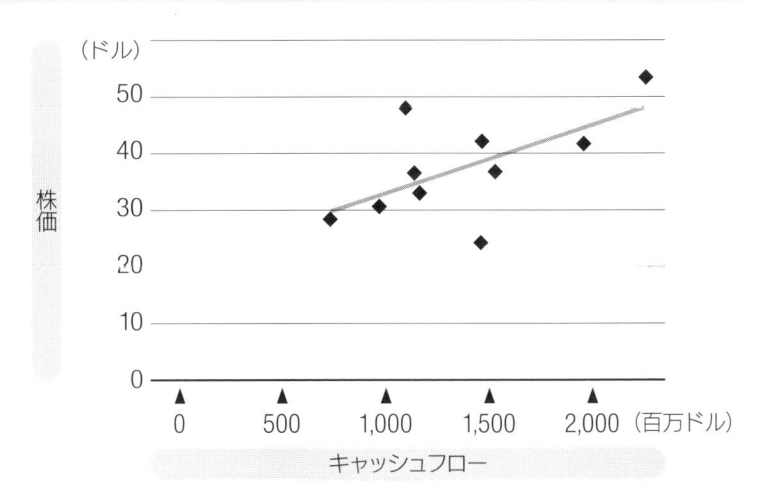

図表6-3　バクスターのキャッシュフローと株価の相関

出所：Standard & Poor's, "Standard & Poor's 500 Guide 2009 Edition" The McGraw-Hill Companies, 2009 より抜粋

くて−0.7より大きい場合は「弱い」負の相関がある、と言ったりする。

ちなみに、世界第3位の化学会社、デュポン社（E. I. du Pont de Nemours and Co)——ナイロン製ストッキングを世界で初めて発売した会社だけど、この会社のフリーキャッシュフローと株価の関係はこんな感じになる（**図表6-4**）。

ミライ　右下がり、つまり、負の相関ね。でも、比較的バラけていて、直線的な関係とは言えないから、「弱い」負の相関というところかしら。

東　うん。感覚的には、フリーキャッシュフローが大きければ大きいほど株価も高くなると思うし、実際、そうであることが少なくないんだけど、デュポンの場合は逆だ。

ミライ　ところで、フリーキャッシュフローって？　キャッシュフローとはまた別なの？

東　フリーキャッシュフローは、その名のとおり、企業が自由に使えるお金のことだ。ざっくり言うと、いわゆるキャッシュフローから設備投資額を引いたものだと思っておけばいいよ。

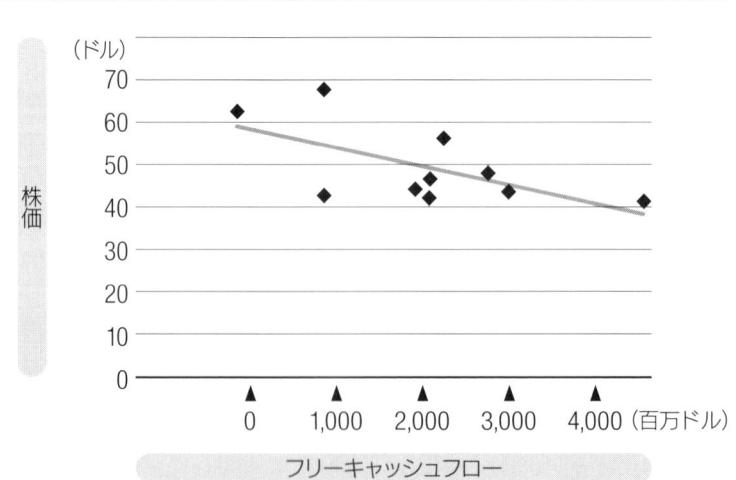

図表6-4　**デュポンのフリーキャッシュフローと株価の相関**

出所：Standard & Poor's, "*Standard & Poor's 500 Guide 2009 Edition*" The McGraw-Hill Companies, 2009 より抜粋

※フリーキャッシュフローは、キャッシュフローから設備投資額を差し引くことにより計算している。

ミライ　OK。

東　　　では、一般的に、マイナスの相関があると思われるような事例は何か思いつく？

ミライ　ハンバーガーの値段と売れ行きの関係とか。

東　　　つまり？

ミライ　値段が安くなればなるほど、より多くの人が買う。逆に、値段が高くなるにつれて、買う人は少なくなっていく。

東　　　そうだね。経済学は、大きく、マクロ経済学とミクロ経済学に分けられるんだけど、このように、財やサービスの価格とそれらに対する需要の関係を明らかにするのがミクロ経済学の重要な役割の1つなんだ。
　　　　ミクロ経済学の用語に、需要の価格弾力性と呼ばれるものがある。これは、さっきミライが言った、「価格が下がると需要は増え、価格が上がると需要は減る」という現象を定量化したもので、ようは、価格が1％変化した時に需要が何％変化するかを表す指標のことだ。これを押さえておけば、たとえば価格を5％下げた時、売上げにどれくらいのインパクトがあるか、といったことをざっくり見積もることができる。

ミライ　価格を5％下げたとしても、需要が10％増えるのであれば、むしろ売上げは増える、とか？

東　　　そのとおり。逆に、価格を5％下げても、需要が3％しか増えないのであれば、経済的にはペイしない、ということだ。いずれにせよ、この需要の価格弾力性については、常に意識しておくといい。少し脱線してしまったね。
　　　　次に、r＝−1の場合（**図表6-1**）。相関係数が−1の場合、XとYの関係は1本の右下がりの直線で表される。r＝1であるような状態を完全なる正の相関と呼ぶのに対し、r＝−1であるような状態を……

ミライ　「完全なる」負の相関と呼ぶのね。

東　　　Good。では、最後に、r＝0の場合だ（**図表6-1**）。

ミライ　文字どおり、相関がない。XもYもてんでバラバラで、右上が

りの関係も、右下がりの関係もない。

東　そうだね。**図表6-5**は、ゼネラル・エレクトリック社（General Electric Co）の税引後当期純利益と株価の相関を示したものだけど……

図表6-5　GEの税引後当期純利益と株価の相関

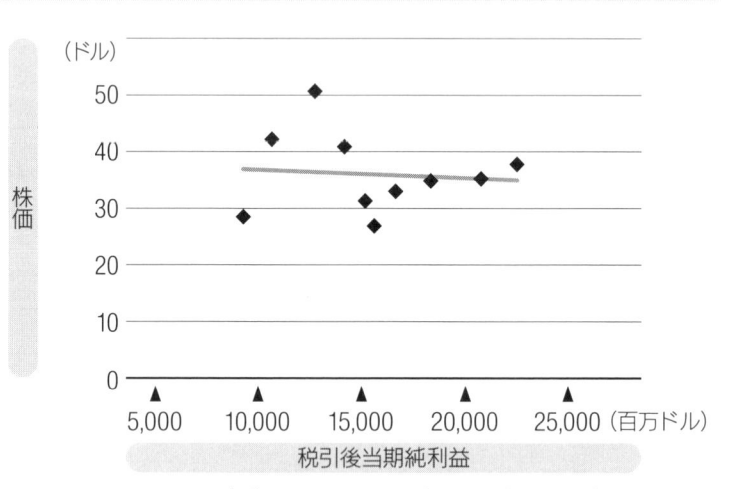

出所：Standard & Poor's, "*Standard & Poor's 500 Guide 2009 Edition*" The McGraw-Hill Companies, 2009 より抜粋

図表6-6　気温と電気使用量の関係

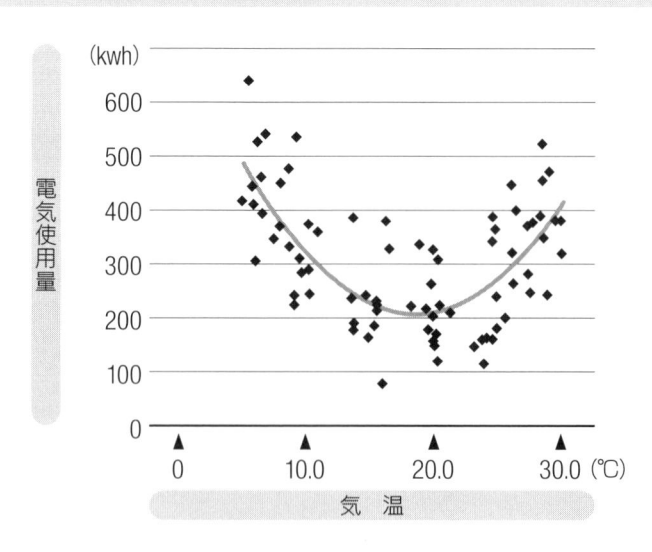

ミライ　両者に直線的な関係はまったく見られないわね。少なくともGEの場合は、利益と株価の間には何の相関もない（＝無相関）と言えそう。

東　　Yes。最後に、1つだけ注意。これは、気温とわが家の電気の使用量の関係をプロットしたものだ（**図表6-6**）。

ミライ　U字型してる。寒いと暖房を入れるので電気の使用量が増える。暑い時も冷房を入れるので使用量が増える。でも、春や秋は、暖房も冷房も使わないので使用量は少ない。

東　　そうだね。このように、XとYが曲線的な関係にある時は、相関係数は使えないんだ。これだけは注意してね。

❷ 相関係数を「手で」計算してみる

東　　ということで、相関係数を実際に「手で」計算してみようか。

ミライ　さっき、紙に書いてくれた計算式を使うんでしょ？　かなりややこしそうだけど……

東　　一見、難しそうだけど、電卓さえあれば誰でも自分で計算できるレベルのものだよ。相関係数は、ビジネスにおいても、日常生活においても、これなしでは何も始まらない、と言ってもいいくらい大切な数字だ。
　　　そんな大切な数字と仲良くなるには、何はともあれ、一度、自分で計算してみるのが一番手っとり早いよ。

ミライ　標準偏差、しかり……ね。

東　　そのとおり。一度やってみて、ああ、こんなものか、ということが実感できれば、2回目からはもちろんExcelの関数（CORREL）を使えばいいわけだ。では、順を追ってやってみよう。

ミライ　OK。じゃあ、XとYは？

東　　ゼネラル・ダイナミックス社（General Dynamics Corp）の財務データを使おう。

ミライ　ゼネラル・ダイナミックス？

東　原子力潜水艦やビジネス用小型ジェット機を造っているアメリカのコングロマリット（複合企業）だ。ここでは、ゼネラル・ダイナミックスの税引後当期純利益と株価を2つの変数とする（**図表6-7**）。利益と株価。この場合、どちらがXで、どちらがYになると思う？

ミライ　うーん……株価がXで……利益がY……かな。

東　残念。それでは、株価が上がると利益が増える、もしくは、株価が下がると利益が減る、というおかしな関係になってしまうよ。

ミライ　そうか！　そうではなくて、利益が増えているからこそ、マーケットがそれを評価して株価が上がる、あるいは、利益が出ていないからこそ、投資家がダメだ、と判断して、結果、株価が下がる、そういう関係だものね。なので、利益がXで、株価がYね。

東　Good。それだとしっくりくるね。相関分析や回帰分析を行う際には、このように、何がXで、何がYなのか、散布図で言うと、何が横軸にきて、何が縦軸にくるか、をしっかり見極める必要があるんだ。

ミライ　矢印で書くと、Y→XではなくてX→Yね。つまり、YがXを決めるのではなく、あくまでもXがYを決めるのだ、と。

東　そのとおり。ようは、Xが原因（cause）で、Yが結果（result）。

図表6-7　ゼネラル・ダイナミックスの税引後当期純利益と株価

	税引後当期純利益（百万ドル）	株価（ドル）
1998	364	25.57
1999	880	30.41
2000	901	28.82
2001	943	39.13
2002	1,051	46.11
2003	997	35.20
2004	1,203	48.74
2005	1,468	54.97
2006	1,710	67.33
2007	2,080	82.58

出所：Standard & Poor's, "*Standard & Poor's 500 Guide 2009 Edition*" The McGraw-Hill Companies, 2009 より抜粋

なので、Xのことを「説明変数（Explanatory Variable）」、Yのことを「被説明変数（Explained Variable）」と呼ぶ。

ミライ Xの動きが、Yの動きを「説明する」という意味ね。

東 Yes。XとYの呼び方は他にもあって、Xのことを「独立変数（Independent Variable）」、Yのことを「従属変数（Dependent Variable）」と呼ぶこともある。

ミライ Xは独立して動く、Yはそれに引きずられて動く、そんなイメージかしら？

東 そんな感じだね。あるいは、Xを「予測変数（Predictor）」、Yを「応答変数（Response）」とも言うね。いずれの表現もよく用いられるので覚えておいてね。では、いくつか練習。
身長と体重、どっちがXで、どっちがY？

ミライ もちろん、身長が高くても体重が軽い人や、逆に、身長が低くても体重が重い人もいるけど……普通は、身長がその人の体重を決める。

東 つまり？

ミライ 身長がXで、体重がY。

東 うん。そう考えるのが自然だね。じゃあ、広告宣伝費と売上高の関係は？

ミライ 売上げが増えたから、より多くのお金を広告宣伝費に回せるというループもあるとは思うけど、広告宣伝費を増やすから売上げが増える、と考える方が自然だから……広告宣伝費がXで、売上高がY。

東 Good。今の2つの例なんかは、XとYの因果関係を比較的イメージしやすかったのではないかな。でも、X→Yの関係がそれほど単純ではない場合も少なくない。たとえば、原油価格とガソリン価格の関係。

ミライ 原油価格が上がるから、ガソリン価格が上がるんじゃないの？

東 僕も、最初はなんとなくそう思っていた。でも、実はそうではないんだ。ガソリンの需要が増えるから、その原料である原油の

ミライ　なるほど。原油価格がガソリン価格を決めるのではなく、ガソリンへの需要が原油価格を決めるのだ、と。

東　うん。この場合、ガソリンへの需要がX、原油価格がYになるよね。でも、ややこしいのは、逆、つまり、最初僕たちが想像していたように、原油価格がX、ガソリン価格がYになる場合もあり得る、ということなんだ。

ミライ　？？？

東　原油は、電力会社が発電用燃料としてそのまま使うこともあるにはあるけど、基本的には、製油所で精製され、ガソリン、灯油、重油、軽油等に姿を変えて、われわれのもとに届けられる。でも、それらの石油製品の需要が、必ずしも同時に増えたり減ったりするとは限らない。たとえば、ドライブシーズンになるとガソリンの需要は増えるけど、その他の石油製品の需要はそのまま、とかね。

ミライ　あるいは、すごく寒い時、暖房用燃料である灯油の需要だけが増えて、ガソリンや軽油の需要はそのまま、とか。

東　そのとおり。たとえば、今ミライが言ったように、灯油の需要が急増した場合、それによって原油価格が上昇し、結果としてガソリン価格が上昇することもあり得る。ガソリンの需要そのものにはまったく変化がないにもかかわらず、だ。

このように、因果関係が複雑なケース、つまり、一見、$X \to Y$であるように見えて、実は$Y \to X$であるようなケースや、XとYが相互に影響を及ぼし合っている場合があるので、何がXで、何がYかは慎重に見極めないとね。

では、ゼネラル・ダイナミックスのデータに戻ろう。まずは、X、つまり、税引後当期純利益の平均を計算する（**図表6-8〜6-9**）。そうそう。このあともそうだけど、まるめの関係で、計算結果に少し差が出ることもあるけど、それは気にしなくていいからね。

ミライ　OK。利益の平均は……1998年から2007年までの利益を足して10で割ればいいから……

$\bar{X} =$（364＋880＋901＋943＋1,051＋997＋1,203

>   +1,468+1,710+2,080)÷10
>   =1,159.70百万ドル

東 　 Good。続いて、Y、株価の平均。

ミライ　Xと同様、10年間の株価を足して10で割ると……

> $\bar{Y}$ = (25.57+30.41+28.82+39.13+46.11+35.20+48.74
>   +54.97+67.33+82.58)÷10
>   =45.89ドル

東 　 OK。次に、Xの偏差を求めよう。

ミライ　偏差……標準偏差を計算する時にも出てきた。たしか、各データと平均の差のことだったから、1998年は364−1,159.70＝−795.70百万ドル、1999年は880−1,159.70＝−279.70百万ドル、……、2006年は1,710−1,159.70＝550.30百万ドル、2007年は2,080−1,159.70＝920.30百万ドル。

東 　 Good。Yについても偏差を計算しよう。

ミライ　Yの平均は45.89ドルなので、1998年は25.57−45.89＝−20.32ドル、1999年は30.41−45.89＝−15.48ドル、……、2006年は67.33−45.89＝21.44ドル、2007年は82.58−45.89＝36.69ドル。

東 　 OK。では、さっき計算したXの偏差を2乗する。

ミライ　OK。1998年は（−795.70)² ＝ 633,138.49、1999年は（−279.70)² ＝ 78,232.09、……、2006年は（550.30)² ＝ 302,830.09、2007年は（920.30)² ＝ 846,952.09。

東 　 Good。では、今、ミライが計算した、「偏差を2乗したもの」を足し算しよう。

ミライ　偏差を2乗したものを足し算したもの……？　つまり、偏差平方和を計算するのね。

> Xの偏差平方和
> ＝633,138.49+78,232.09+……
>   +302,830.09+846,952.09
> ＝2,110,248.10

図表6-8　相関係数の求め方

Step 1 : X（税引後当期純利益）の平均（$\bar{X}$）を求める。

Step 2 : Y（株価）の平均（$\bar{Y}$）を求める。

Step 3 : Xの偏差（$X-\bar{X}$）を求める。

Step 4 : Yの偏差（$Y-\bar{Y}$）を求める。

Step 5 : Xの偏差（$X-\bar{X}$）を2乗する（$X-\bar{X}$)^2。

Step 6 : Xの偏差（$X-\bar{X}$）を2乗したもの（$X-\bar{X}$)^{2}の総和 $\Sigma(X-\bar{X})^2$（偏差平方和）を求める。

Step 7 : Yの偏差（$Y-\bar{Y}$）を2乗する（$Y-\bar{Y}$)^2。

Step 8 : Yの偏差（$Y-\bar{Y}$）を2乗したもの（$Y-\bar{Y}$)^{2}の総和 $\Sigma(Y-\bar{Y})^2$（偏差平方和）を求める。

Step 9 : Xの偏差（$X-\bar{X}$）とYの偏差（$Y-\bar{Y}$）の積（$X-\bar{X}$)（$Y-\bar{Y}$）を求める。

Step 10 : Xの偏差（$X-\bar{X}$）とYの偏差（$Y-\bar{Y}$）の積（$X-\bar{X}$)（$Y-\bar{Y}$）の総和 $\Sigma(X-\bar{X})(Y-\bar{Y})$ を求める。

Step 11 : 上記計算結果を相関係数を求める計算式に代入し、相関係数を求める。

$$\text{相関係数 } r = \frac{\Sigma(X-\bar{X})(Y-\bar{Y})}{\sqrt{\Sigma(X-\bar{X})^2 \Sigma(Y-\bar{Y})^2}} = \frac{76{,}581.64}{\sqrt{2{,}110{,}248.10 \times 3{,}000.34}}$$

$$= 0.9624$$

使用する Excel 関数

● 相関係数 r ＝CORREL（配列1, 配列2）

図表6-9　ゼネラル・ダイナミックスの相関係数を求める計算式

年	税引後当期純利益(百万ドル)(X)	株価(ドル)(Y)	Xの偏差 $(X-\bar{X})$	Yの偏差 $(Y-\bar{Y})$	Xの偏差の2乗 $(X-\bar{X})^2$	Yの偏差の2乗 $(Y-\bar{Y})^2$	Xの偏差とYの偏差の積 $(X-\bar{X})(Y-\bar{Y})$
1998	364	25.57	−795.70	−20.32	633,138.49	412.74	16,165.44
1999	880	30.41	−279.70	−15.48	78,232.09	239.51	4,328.64
2000	901	28.82	−258.70	−17.07	66,925.69	291.25	4,414.97
2001	943	39.13	−216.70	−6.76	46,958.89	45.64	1,464.03
2002	1,051	46.11	−108.70	0.22	11,815.69	0.05	−24.35
2003	997	35.20	−162.70	−10.69	26,471.29	114.19	1,738.61
2004	1,203	48.74	43.30	2.85	1,874.89	8.15	123.58
2005	1,468	54.97	308.30	9.08	95,048.89	82.52	2,800.60
2006	1,710	67.33	550.30	21.44	302,830.09	459.85	11,800.63
2007	2,080	82.58	920.30	36.69	846,952.09	1,346.45	33,769.49
	1,159.70	45.89			2,110,248.10	3,000.34	76,581.64

Xの平均 $\bar{X}$ 　Yの平均 $\bar{Y}$ 　Xの偏差平方和 $\Sigma(X-\bar{X})^2$ 　Yの偏差平方和 $\Sigma(Y-\bar{Y})^2$ 　XとYの偏差積和 $\Sigma(X-\bar{X})(Y-\bar{Y})$

出所：Standard & Poor's, "*Standard & Poor's 500 Guide 2009 Edition*" The McGraw-Hill Companies, 2009 より抜粋

東　OK。では、Yについても同様の計算をする。まず、Yの偏差を2乗しよう。

ミライ　はい。1998年は $(-20.32)^2 = 412.74$、1999年は $(-15.48)^2 = 239.51$、……、2006年は $(21.44)^2 = 459.85$、2007年は $(36.69)^2 = 1,346.45$。

東　次は……

ミライ　Yの偏差平方和を計算するのね。

Yの偏差平方和 $= 412.74 + 239.51 + \cdots + 459.85 + 1,346.45$
$= 3,000.34$

東　Good。あと一息だ。次は、各年について、XとYとの偏差を掛け算しよう。

ミライ　Xの偏差掛けるYの偏差ね。OK。1998年は $(-795.70) \times (-20.32) = 16,165.44$、1999年は $(-279.70) \times (-15.48) = 4,328.64$、……、2006年は $550.30 \times 21.44 = 11,800.63$、2007年は $920.30 \times 36.69 = 33,769.49$。

東　今、計算してくれた数字を足し算して。ちなみに、この、Xの偏差とYの偏差を掛け算したものの総和のことを、「XとYの偏差積和」と言うんだ。

ミライ　偏差の「積」の「和」ね。

偏差積和 $= 16,165.44 + 4,328.64 + \cdots$
$\quad\quad\quad + 11,800.63 + 33,769.49$
$= 76,581.64$

東　Very good。お疲れさま。これで準備完了だ。今、計算したXの偏差平方和 $2,110,248.10$、Yの偏差平方和 $3,000.34$、および、XとYの偏差積和 $76,581.64$ を、さっき僕が紙に書いた相関係数の定義式にインプットすると、相関係数 r を求めることができる。

ミライ　いよいよね。

$$r = \frac{\Sigma(X-\overline{X})(Y-\overline{Y})}{\sqrt{\Sigma(X-\overline{X})^2 \Sigma(Y-\overline{Y})^2}} = \frac{76,581.64}{\sqrt{2,110,248.10 \times 3,000.34}}$$
$$= 0.9624$$

相関係数は0.9624、あるいは96.24％！

東 Well done！　ゼネラル・ダイナミックスの税引後当期純利益と株価の間には「強い」正の相関があるということだね。このことを、ヴィジュアル、つまり散布図でも確認しておこう。散布図は……こんな感じになる（**図表6-10**）。

ミライ ほぼ一直線ね。このことからも、両者の間にきわめて強い相関があることがわかるわね。

東 相関係数の計算式は、次のように表現されることもある。

$$r = \frac{n\Sigma XY - (\Sigma X)(\Sigma Y)}{\sqrt{\{n\Sigma X^2 - (\Sigma X)^2\}\{n\Sigma Y^2 - (\Sigma Y)^2\}}} \quad \text{(nはデータ数)}$$

どちらを使ってもOKだよ。

図表6-10　**ゼネラル・ダイナミックスの税引後当期純利益と株価の相関**

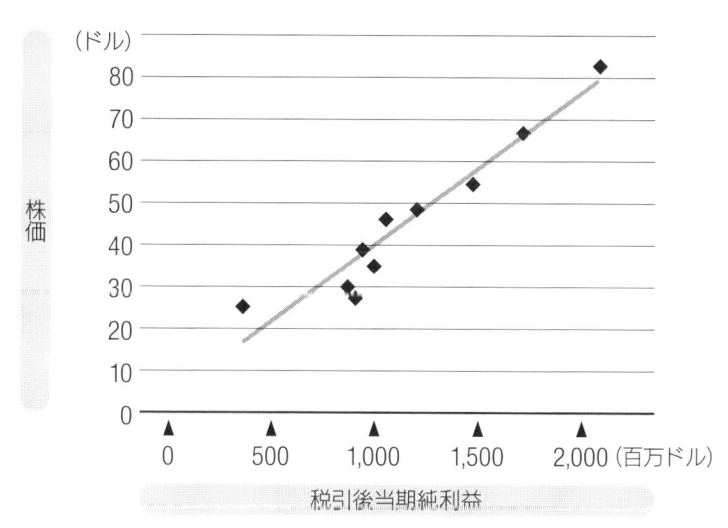

出所：Standard & Poor's, "*Standard & Poor's 500 Guide 2009 Edition*" The McGraw-Hill Companies, 2009 より抜粋

❸ 変数間の相関をマトリックスで見る──相関行列

東　　今まで、相関の代表的なパターンを理解するために、会社はバラバラだけど、売上高と株価、キャッシュフローと株価、フリーキャッシュフローと株価、そして、税引後当期純利益と株価の関係を、1つずつ確認してきた。
　　　でも、それらの散布図だけでは、残念ながら、たとえば売上高と税引後当期純利益の相関や、税引後当期純利益とキャッシュフローの相関を知ることはできなかった。

ミライ　どの散布図においても、Yは株価だったものね。

東　　うん。でも、さっき言ったように、XとYの相関だけではなく、Xと他のXの相関を分析することによって、今まで見えなかったものが見えるようになることは、往々にしてある。それ、つまり、変数間の相関を、タテ・ヨコ自在に見ることができるようにしてくれるツール、「散布図行列」と呼ばれるものだけど、さっき出てきたアパッチの財務データを散布図行列にすると、**図表6-11**のようになる。

図表6-11　統計ソフト「R」で作成したアパッチの財務データの散布図行列

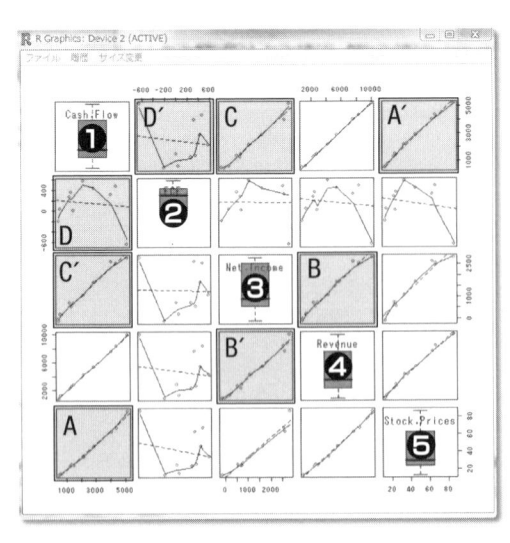

❶キャッシュフロー
❷フリーキャッシュフロー
❸税引後当期純利益
❹売上高
❺株価

ミライ　難しそうなグラフね。どう見ればいいの?

東　この散布図行列には、5つの変数が登場する。

ミライ　キャッシュフロー、フリーキャッシュフロー、税引後当期純利益、売上高、株価ね。

東　うん。ここで、たとえば、キャッシュフローと株価の相関を知りたいのであれば、キャッシュフローの列と株価の行がクロスするところ……つまりAのハコを見ればいい。

ミライ　なるほど。きれいな右上がりの直線ね。

東　ということは?

ミライ　キャッシュフローと株価の間にはきわめて強い正の相関がある。でも、キャッシュフローと株価がクロスするところはもう1つあるんじゃないの? この図だとA′のハコ。

東　良いところに気がついたね。AとA′はどちらも右上がりの直線で、カタチもよく似ている。でもよく見てごらん。1つだけ違っているところがある。

ミライ　うーん……ヒントは?

東　横軸と縦軸。

ミライ　Aのハコは……横軸、つまりX軸がキャッシュフローで、縦軸、つまりY軸が株価。

東　Good。それに対しA′のハコは?

ミライ　A′のハコは……X軸が株価で、Y軸がキャッシュフロー。

東　そうだね。AもA′も、キャッシュフローと株価の関係を表しているという点では同じだ。でも、今日、何度も出てきた「因果関係」という観点からすると、どちらを見るのが正しいだろう?

ミライ　Aのハコ。

東　なぜ?

ミライ　株価がキャッシュフローに影響を及ぼすというよりも、キャッシュフローが株価に影響を及ぼすと考える方が自然だから。

東　　そうだね。その方がしっくりくるね。矢印で言うと？

ミライ　〔株価〕→〔キャッシュフロー〕ではなく、〔キャッシュフロー〕→〔株価〕。

東　　Good。なので、この場合は、キャッシュフローがX軸、株価がY軸にきているAを見るのがベターということになるね。でも、散布図行列の便利なところは、このように、XとYの関係が視覚的に理解できるだけでなく、あるXと別のXの関係も瞬時に見てとれるという点だ。たとえば、売上高と税引後当期純利益の関係。

ミライ　両者がクロスするところ……BとB′があるけど、因果関係は、もちろん〔利益〕→〔売上高〕ではなく〔売上高〕→〔利益〕なので……Bを見るべき。

東　　Very good。Bを見ると……両者には強い直線関係が認められるね。今、ミライが指摘したとおり、売上高からさまざまな費用や税金を差し引いたものが利益になる。なので、費用や税金がよほど変な動きをしない限り、両者に強い正の相関があるのは、ある意味、当然だと言えるね。

ミライ　売上げが増えれば利益も増える。売上げが減れば利益も減る。

東　　そうだね。次に利益とキャッシュフローの関係。

ミライ　利益とキャッシュフローが交わるところ……CとC′があるけど……

東　　これは少しややこしいね。両者とも、最大の源泉は売上げだ。しかし、利益とキャッシュフローはまったく異なるルールにもとづいて計算されるため、一概に、どちらが原因で、どちらが結果とは言えない。

　　　したがって、この場合はCとC′のいずれを見てもいいだろう。ちなみにコーポレート・ファイナンスの世界では、税引後当期純利益に減価償却費を足し戻したものをもって、ざっくりベースのキャッシュフローと見なすこともある。

　　　計算ルールが異なるとはいえ、利益とキャッシュフローは親（売上げ）を同じくする兄弟のようなものだから、実際には相関が見られることも少なくない。

ミライ　なるほど。ところで、減価償却費って？

東　　　建物、機械、工場等の固定資産は、それらを使った分だけ、あるいは、時間の経過とともに価値が減少していくよね。

ミライ　老朽化していくってこと？

東　　　うん。一方で、会社はそれらの固定資産を使えるからこそ収益を生み出せるわけだ。つまり、機械を使ってモノを作り利益を上げる、ということと、その機械がすり減り、あるいは古くなり、その価値が減少していく、ということが同時に起こっていると考えられる。
その価値の減少分を、その固定資産が収益を生み出してくれるであろう期間にわたって費用化することを「減価償却」と言い、これによって計上される費用を「減価償却費」と呼ぶんだ。

ミライ　ちょっとピンとこない。

東　　　たとえば、ある会社が1億円の機械を買ったとしよう。そして、その会社は、その機械を使ってチョコレートを作り、今後10年間にわたって収益を得ることができると仮定するね。
この場合、その企業は、機械の取得原価1億円を、それを買った年に全額費用化するのではなく、毎年1,000万円（＝1億円÷10年）ずつ10年間にわたって費用化すべき、ということになる。この1,000万円のことを減価償却費と呼ぶんだよ。

ミライ　なるほど。会計には、収益と、その収益を得るために発生した費用を正しくマッチングさせなければならない、という大原則があると聞いたことがあるけど、減価償却もその1つの表れなのね。

東　　　そうだね。なので、減価償却は、でっかいビルを建てたとか、古い工場を売り払ったとか、固定資産に大きな変動がない限り、毎年大きくブレるものではない。

ミライ　よって、会計学的には、利益とキャッシュフローはまったく別物であるとはいえ、両者が似た動きをすることは十分あり得る……と。

東　　　そうだね。一方、キャッシュフローとフリーキャッシュフローの関係は……

ミライ	フリーキャッシュフローは、企業が自由に使うことができるお金で、ざっくり言うと、キャッシュフローから設備投資額を差し引いたものだから……因果関係としては、〔キャッシュフロー〕→〔フリーキャッシュフロー〕。なので、D′ではなくDのハコを見るべき。
東	そうだね。でも、今回は、今までと様子が違うね。
ミライ	両者に直線的な関係は見られない……
東	そうだね。設備投資をやるかやらないか、また、その額は、その時々の状況に応じてマネジメントが、つど判断していくものだよね。なので、キャッシュフローとフリーキャッシュフローは、相関が弱くなるんだね。 最後に1つだけ補足しておくね。今まで、XとYの因果関係にこだわって説明してきた。しかし、統計学的には、相関分析の主たる役割は、2つの変数の間に直線的な関係があるかどうかを見極めることであって、変数間における因果関係の存在は必ずしも前提とはされていないんだ。 しかし、何がXで、何がYかということを常に意識することは、次の回帰分析をやるうえでも有益だと思う。だから、ここでは、あえてX・Y間の因果関係にこだわっていたんだ。

❹ 相関分析をビジネスに当てはめてみる

東	以上が、相関分析の基本的な考え方だが、相関分析は、おそらく、ありとあらゆるビジネスシーンで使えるツールだと言える。
ミライ	どんな業種でも？
東	Yes。たとえば製鉄会社。鉄の需要をYとすると、Xとしては、どんなものが考えられると思う？
ミライ	鉄の需要に影響を及ぼすもの……将来、どれくらいビルが建てられるか、とか、どれくらい車や船や機械が作られるか、とか？
東	そうだね。それらは、多かれ少なかれ、鉄の需要に影響を及ぼすだろうね。仮に、X：ビルの着工戸数とY：鉄の需要の間に

相関があり、かつ、ある程度正確にビルの着工戸数がわかれば、鉄の需要を予測することができるよね。そして、鉄の需要を予測できれば、製鉄会社の営業計画やキャパシティ・プランニングの精度を上げることもできる。

ミライ　溶鉱炉をもう1基建設、もしくは廃止しなければならない、とか？

東　そうだね。じゃあ、映画館の入場者数をYとすると、Xとしては何が考えられる？

ミライ　まずは、やってる映画がおもしろいか、おもしろくないか。

東　もちろんだね。「おもしろさ」そのものは数値化できないけど、アメリカでの興業収入や映画の製作費で、なんとなく見当がつくかもしれない。

ミライ　あるいはプレミアでのアンケート結果とか。

東　そうだね。他には？

ミライ　広告宣伝。やっぱり、派手に宣伝している映画は、見てみようかなって思うもん。

東　しつこい番宣には閉口だけどね。他には？

ミライ　天気とか、曜日とかも関係あるかも。

東　つまり？

ミライ　晴れてたら外で遊ぶけど、雨が降ったら映画館に行くとか……。また、平日よりは、当然、土日の方が多いだろうし……、水曜日は料金が安くなる劇場もある。

東　そうだね。それらがXの候補になり得るかもしれないね。そして仮に、曜日と入場者数の間に強い相関があるとしたら、日曜日はこれくらい来るだろう、とか、月曜日はこれくらいしか来ないだろう、ということを予測することができる。その結果……

ミライ　日曜日はアルバイト10人に来てもらわなければならないけど、月曜日は半分でいい、とか、キャパシティをよりきめ細かくコントロールすることができるようになるわね。

東	Good。では、最後に、電力需要をYとすると、それに影響を及ぼす変数としてはどんなものが考えられる？
ミライ	さっき、U字型の散布図を見せてもらったけど、短期的には気温。
東	あと、甲子園の対戦カードなんかも、夏の電力需要には少なからぬ影響を及ぼすんだ。
ミライ	？？？
東	猛暑で、かつ、松山商業 vs. 早稲田実業みたいな好カードだと、エアコンとテレビがフル稼働して、電力需要が急増する、ということさ。
ミライ	なるほど。
東	では、電力需要に影響を及ぼす中長期的な要因としては？
ミライ	人口とか、省エネの動向とか、代替エネルギーの開発状況とかかしら……
東	民生用の需要はそれらの影響を受けるだろうね。あと、産業用の需要は、鉄鋼、紙・パルプ、繊維、機械等、業種別の業況が重要なドライバーになるはずだ。 これらのXを手掛かりに、電力需要を予測することができれば、それにもとづいて、キャパシティ・プランニング、すなわち発電所をもう1基建設しなければならないとか、休止しなければならない、といった意思決定を行うことが可能になる。
ミライ	会社にとって重要な変数間の関係を明らかにし、それを需要予測やキャパシティ・プランニングに活かす、というところに相関分析の意義があるのね。

7時間目
データとデータの因果関係を知る

回帰分析

ミライ 相関分析、すっごく楽しい！ これって、使い方しだいで、いろんなことができそうね。明日、会社に行ったら、試してみようっと。

東 AJAなら、いろんなデータがあるだろうから、いろいろと試してみるといいよ。こういうのは、どれだけ試したか、その経験がモノをいうジャンルだからね。でも、相関分析では、身長と体重とか、駅の乗降客数と来店者数とかのように、2つのデータにどの程度、直線的な関係があるかしかわからない。これって、現実的にはどうなのかな？ 実際のビジネスの分析に使えると思う？

ミライ うーん。単に関係があるということがわかっても……。ということは、相関分析じゃダメなの？

東 いやいや。単に利用する場面が違うというだけさ。最初に相関分析で、おおまかな関係性をつかんでおいて、「回帰分析」で詳しく調べるんだ。

❶ 変数間の因果関係を探る──回帰分析

ミライ 回帰分析？ 相関分析とは違うの？

東 回帰分析はもう一歩進んで、2つ、もしくはそれ以上の変数間の因果関係を明らかにするための手法だ。たとえば、この散布図（**図表7-1**）は、京阪神球団97名（注：監督やコーチ、二軍の選手等も含む）の身長と体重の関係を表したものだ。どう読む？

ミライ　なんとなく右上がりの傾向が見てとれる。

東　つまり？

ミライ　身長が高くなればなるほど体重が重くなる。でも、比較的バラけていて、「直線的な」関係とまでは言えない。「弱い正の相関」と言ったところかしら。

東　そうだね。このように、2変数間に相関があるのか、ないのか、あるとすれば、強い相関なのか、弱い相関なのかを明らかにするのが相関分析だったよね。これに対し、この京阪神の例だと、97のデータポイントの中心を貫くような線を引き、かつ、その線を、たとえば、$Y = a + bX$といったカタチで定式化するのが回帰分析なんだ。

ミライ　データポイントの中心を貫くような線？

東　あるいは、データの傾向を最も端的に表すような線、と言った方がいいかもしれない。たとえば、こんな線（**図表7-2**）は、データの傾向を正しく捉えていると言えるかい？

図表7-1　京阪神球団97名の身長と体重の関係

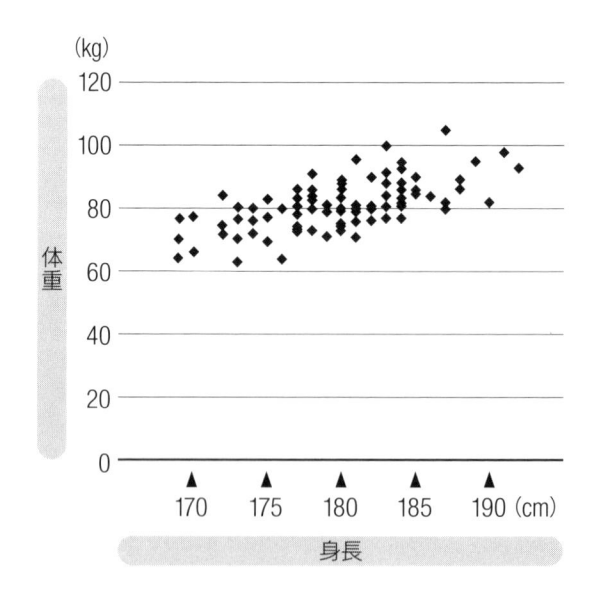

ミライ　No。

東　　　じゃあ、これは（**図表7-3**）？

ミライ　惜しいけど……まだダメ。

東　　　じゃあ、やってごらん。

ミライ　こんな感じかな（**図表7-4**）。

東　　　そうだね。これだと、だいたい、データの傾向をうまく捉えていると言えそうだね。ちなみに、Excelで傾向線を引くと、こんな感じになる（**図表7-5**）。ミライのとよく似ているね。

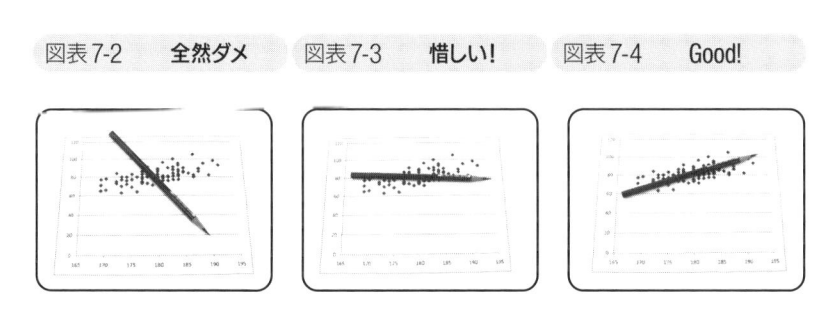

図表7-2　　**全然ダメ**　　図表7-3　　**惜しい！**　　図表7-4　　**Good!**

図表7-5　　京阪神球団 97 名の身長と体重の関係を示す回帰直線

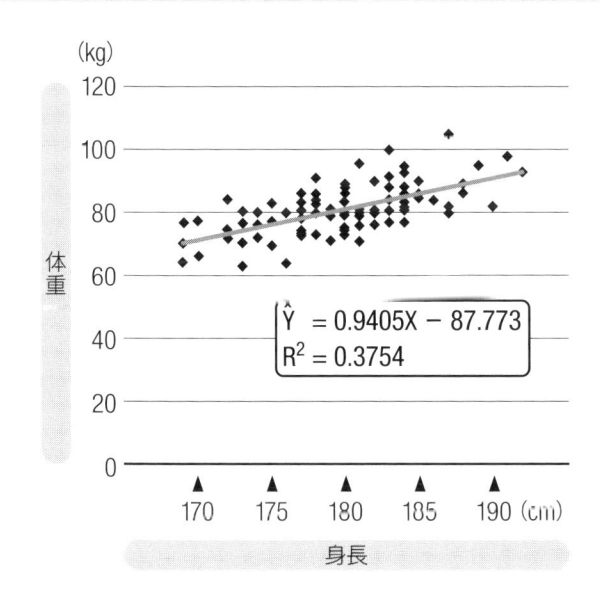

$\hat{Y} = 0.9405X - 87.773$
$R^2 = 0.3754$

また、同じくExcelの計算結果によると、この傾向線は、$\hat{Y}=-87.773+0.9405X$という1次式で表される。回帰分析の最も重要な役割の1つは、このように、傾向線を式で表すこと、つまり、-87.773とか0.9405といったパラメータを導き出すことだと言える。

いったい、どうやってこれらのパラメータを求めるのか、について説明する前に、いくつか、回帰分析に特有の用語を説明しておこう。

ミライ　OK。

東　まず、これらの傾向線のことを「回帰直線（Regression Line）」、もしくは単に「回帰線」と呼ぶ。そして、その回帰直線が$Y=a+bX$という1次式で表される時、その式を「線形回帰式」と呼ぶ。

ここで相関分析の復習だ。YがXに依存する、つまりXとYの間に「Xが原因で、Yが結果」という関係が存在する場合、XやYのことを、各々何と呼ぶのだったっけ？

ミライ　Xが……説明変数とか、独立変数とか、予測変数とか……

東　そうだね。じゃあ、Yは？

ミライ　被説明変数とか、従属変数とか、応答変数とか……

東　Very good。で、さっきも言ったとおり、aとかbは、線形回帰式のパラメータと呼ばれている。では次に、パラメータの値の求め方について説明しよう。パラメータは「最小2乗法（Least Squares Method；LSM）」と呼ばれる手法で求める。

ミライ　最小2乗法？

東　Yes。この図を見てみて（**図表7-6**）。丸いデータポイントY_1、Y_2、Y_3、Y_4、Y_5は、実測値だ。そして、これら5つの実測値の中心を貫くような直線が引かれている。

ミライ　回帰線ね。

東　Yes。ここで、回帰線は、実測値の分布の特徴を最も的確に捉えたものだから、本来であれば、実測値は、◇印のようにこの回帰線上に乗っかってくるはずだ。

ミライ　$\hat{Y}_1$、$\hat{Y}_2$、$\hat{Y}_3$、$\hat{Y}_4$、$\hat{Y}_5$のように……ね。でも、実際にはそうなっていない。

東　そうだね。たとえば、実測値Y_1は、回帰線上の点$\hat{Y}_1$よりもかなり下にある。

ミライ　逆に実測値Y_2なんかは、回帰線上の点$\hat{Y}_2$よりも上にある。

東　そうだね。そして、このような、実測値と回帰線上の点——回帰線上の点は「理論値」と呼んでもいいと思うんだけど、実測値と理論値の差のことを「残差」と呼ぶんだ。

ミライ　$Y_1 - \hat{Y}_1$とか、$Y_2 - \hat{Y}_2$のことね。

東　Yes。ここで、$Y_1 - \hat{Y}_1$をe_1、$Y_2 - \hat{Y}_2$をe_2、$Y_3 - \hat{Y}_3$をe_3、$Y_4 - \hat{Y}_4$をe_4、$Y_5 - \hat{Y}_5$をe_5とすると、残差平方和、つまり、$\Sigma e^2 = e_1^2 + e_2^2 + e_3^2 + e_4^2 + e_5^2$が最小になるように、パラメータa、bを決定するんだ。

図表7-6　最小2乗法の考え方

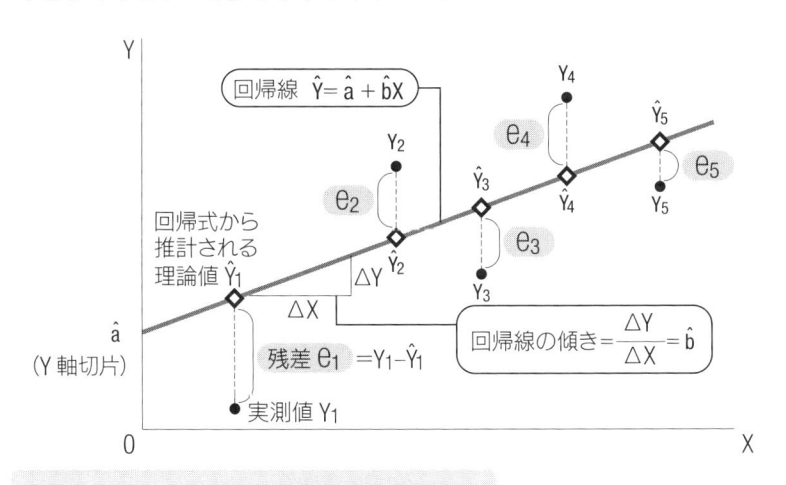

実測値（Y）と、回帰式から推計される
理論値（$\hat{Y}$）の差（e [残差]）を
2乗したものの総和（Σe^2 [残差平方和]）
上の例では、$\Sigma e^2 = e_1^2 + e_2^2 + e_3^2 + e_4^2 + e_5^2$が
最小になるように $\hat{a}$ と $\hat{b}$ を決定する

▶ 最小2乗法

ミライ　なるほど。残差を2乗したものの総和が最小になるようにパラメータを決定するから、最小2乗法と呼ぶのね。でも、なぜわざわざ残差を2乗するの？　単純に残差を足し算したものが最小になるようにパラメータを決定してもいいと思うんだけど……

東　なるほど、良いポイントだ。でも、図をよく見てごらん。たとえば、実測値 Y_2 は、回帰線上の点 $\hat{Y}_2$ よりも上にある。一方、実測値 Y_3 は、理論値 $\hat{Y}_3$ よりも下にあるよね。もし、各々の残差 e_2 と e_3 を単純に足し算してしまったら、どうなる？

ミライ　そうか！　e_2 はプラス、e_3 はマイナスなので、単純に足し算すると、相殺されてしまう。

東　そのとおり。単純に足し算すると、実際には、Y_2 も、Y_3 も、回帰線上の点からはかなり離れているにもかかわらず、プラスとマイナスが相殺されて、計算上、実測値と理論値の差がほとんどないことになってしまうんだ。それではマズいので、わざわざ2乗して、その和が最小になるようにパラメータを決めるんだよ。

ミライ　なるほど。

❷ 最小2乗法を用いて回帰式のパラメータを求めてみる

東　では、回帰分析や最小2乗法の考え方がだいたい理解できたところで、実際に、回帰式のパラメータを計算してみよう。
最小2乗法により推定される回帰式を $\hat{Y} = \hat{a} + \hat{b}X$ とおくと、

$$\hat{b} = \frac{n\Sigma XY - (\Sigma X)(\Sigma Y)}{n\Sigma X^2 - (\Sigma X)^2}$$

$$= \frac{\Sigma(X-\overline{X})(Y-\overline{Y})}{\Sigma(X-\overline{X})^2}$$

$$\hat{a} = \frac{\Sigma X^2 \Sigma Y - \Sigma X \Sigma XY}{n\Sigma X^2 - (\Sigma X)^2}$$

$$= \frac{\Sigma Y - \hat{b}\Sigma X}{n}$$

$$= \overline{Y} - \hat{b}\overline{X}$$

ミライ　XとYは？

東　ダウ・ケミカル社（The Dow Chemical Co）のフリーキャッシュフローをX、株価をYとしよう（**図表7-7**）。

ミライ　ダウ・ケミカル……どっかで聞いたことがあるような……

東　ダウ・ケミカルは、アメリカ・ミシガン州に本拠を置く世界有数の化学会社だ。まずX、つまりフリーキャッシュフローの平均を求めることから始めよう。

ミライ　OK。1998年から2007年にかけてのフリーキャッシュフローの平均は、

$\bar{X}$ = {1,063+1,215+1,479+（-189）+（-203）+2,542
　　+3,552+5,072+3,903+2,843} ÷10
　　=2,127.70百万ドル

東　Good。次にY、つまり、株価の平均を計算する。

ミライ　株価の平均は、

$\bar{Y}$ =（29.36+37.25+35.09+32.37+30.33+33.42+
　　43.85+48.47+39.08+43.43）÷10
　　=37.27ドル

東　次に、Xの偏差を求める。

ミライ　偏差……個々のデータと平均の差ね。1998年：1,063−2,127.70＝−1,064.70百万ドル、1999年：1,215−2,127.70＝−912.70百万ドル、……、2006年：3,903−2,127.70＝1,775.30百万ドル、2007年：2,843−2,127.70＝715.30百万ドル。

東　同様に、Yの偏差を求めよう。

ミライ　OK。1998年：29.36−37.27＝−7.91ドル、1999年：37.25−37.27＝−0.02ドル、……、2006年：39.08−37.27＝1.82ドル、2007年：43.43−37.27＝6.17ドル。

東　Good。では、さっき求めたXの偏差を2乗しよう。

図表7-7　ダウ・ケミカルのフリーキャッシュフローと株価

年	フリーキャッシュフロー (百万ドル) (X)	株価 (ドル) (Y)	Xの偏差 $(X-\bar{X})$	Yの偏差 $(Y-\bar{Y})$	Xの偏差の2乗 $(X-\bar{X})^2$	Xの偏差とYの偏差の積 $(X-\bar{X})(Y-\bar{Y})$
1998	1,063	29.36	−1,064.70	−7.91	1,133,586.09	8,416.45
1999	1,215	37.25	−912.70	−0.02	833,021.29	13.69
2000	1,479	35.09	−648.70	−2.18	420,811.69	1,410.92
2001	−189	32.37	−2,316.70	−4.90	5,367,098.89	11,340.25
2002	−203	30.33	−2,330.70	−6.94	5,432,162.49	16,163.40
2003	2,542	33.42	414.30	−3.85	171,644.49	−1,592.98
2004	3,552	43.85	1,424.30	6.59	2,028,630.49	9,379.02
2005	5,072	48.47	2,944.30	11.21	8,668,902.49	32,990.88
2006	3,903	39.08	1,775.30	1.82	3,151,690.09	3,222.17
2007	2,843	43.43	715.30	6.17	511,654.09	4,409.82
	2,127.70	37.27			27,719,202.10	85,753.63

Xの平均 $\bar{X}$　Yの平均 $\bar{Y}$　Xの偏差平方和 $\Sigma(X-\bar{X})^2$　XとYの偏差積和 $\Sigma(X-\bar{X})(Y-\bar{Y})$

出所：Standard & Poor's, "*Standard & Poor's 500 Guide 2009 Edition*" The McGraw-Hill Companies, 2009 より抜粋
※計算結果は、まるめの関係で、若干の差異が発生する箇所がある。
なお、ここでのまるめの関係とは、具体的には株価の平均が小数点第3位を持っていることを指す。

図表7-8　最小2乗法を使った回帰式のパラメータの求め方

Step1　X（フリーキャッシュフロー）の平均（$\bar{X}$）を求める。

Step2　Y（株価）の平均（$\bar{Y}$）を求める。

Step3　Xの偏差（$X-\bar{X}$）を求める。

Step4　Yの偏差（$Y-\bar{Y}$）を求める。

Step5　Xの偏差（$X-\bar{X}$）を2乗する（$X-\bar{X}$）^{2}。

Step6　Xの偏差（$X-\bar{X}$）を2乗したもの（$X-\bar{X}$）^{2}の総和 $\Sigma(X-\bar{X})^2$（偏差平方和）を求める。

Step7　Xの偏差（$X-\bar{X}$）とYの偏差（$Y-\bar{Y}$）の積（$X-\bar{X}$）（$Y-\bar{Y}$）を求める。

Step8　Xの偏差（$X-\bar{X}$）とYの偏差（$Y-\bar{Y}$）の積（$X-\bar{X}$）（$Y-\bar{Y}$）の総和 $\Sigma(X-\bar{X})(Y-\bar{Y})$ を求める。

Step9　上記計算結果を回帰式 $\hat{Y}=\hat{a}+\hat{b}X$ のパラメータを求める式に代入し、$\hat{a}$ および $\hat{b}$ を求める。

$$\hat{b} = \frac{\Sigma(X-\bar{X})(Y-\bar{Y})}{\Sigma(X-\bar{X})^2}$$

$$= \frac{85{,}753.63}{27{,}719{,}202.10}$$

$$= 0.0031$$

$\hat{a} = \bar{Y} - \hat{b}\bar{X}$
　　$= 37.27 - 0.0031 \times 2{,}127.70$
　　$= 30.683$

よって回帰式は　$\hat{Y} = 30.683 + 0.0031X$

ミライ　1998年：$(-1{,}064.70)^2 = 1{,}133{,}586.09$、1999年：$(-912.70)^2 = 833{,}021.29$、……、2006年：$(1{,}775.30)^2 = 3{,}151{,}690.09$、2007年：$(715.30)^2 = 511{,}654.09$。

東　それらを足し算して。

ミライ　Xの偏差平方和ね。

偏差平方和 $= 1{,}133{,}586.09 + 833{,}021.29 +$ ……
　　　　　$+ 3{,}151{,}690.09 + 511{,}654.09$
　　　　$= 27{,}719{,}202.10$

東　Good。次に、Xの偏差とYの偏差を掛け算して。

ミライ　OK。1998年：$(-1{,}064.70) \times (-7.91) = 8{,}416.45$、1999年：$(-912.70) \times (-0.02) = 13.69$、……、2006年：$1{,}775.30 \times 1.82 = 3{,}222.17$、2007年：$715.30 \times 6.17 = 4{,}409.82$。

東　もう一息だ。XとYの偏差積和を求めよう。

ミライ　偏差積和……偏差の「積」の「和」だったわね。

偏差積和 $= 8{,}416.45 + 13.69 +$ …… $+ 3{,}222.17 + 4{,}409.82$
　　　　$= 85{,}753.63$

東　OK。準備完了。今ミライが計算した、Xの偏差平方和27,719,202.10、およびXとYの偏差積和85,753.63を、さっき僕が紙に書いた、$\hat{b}$を求めるための計算式に代入すると、

$$\hat{b} = \frac{\Sigma(X-\overline{X})(Y-\overline{Y})}{\Sigma(X-\overline{X})^2} = \frac{85{,}753.63}{27{,}719{,}202.10}$$
　$= 0.0031$

となる。
一方、$\hat{a}$を求める計算式 $\hat{a} = \overline{Y} - \hat{b}\overline{X}$ に、Xの平均2,127.70、Yの平均37.27、そして、今計算した$\hat{b} = 0.0031$を代入すると、

$\hat{a} = 37.27 - 0.0031 \times 2{,}127.70$
　$= 30.683$

を得る。

よって、推定回帰式は？

ミライ　$\hat{Y}=30.683+0.0031X$

❸ 回帰モデルを使ってYを予測してみる

東　Good。ダウ・ケミカルのフリーキャッシュフローと株価の関係が $\hat{Y}=30.683+0.0031X$ という1本の方程式で表されたわけだ。この1次式からわかることは？

ミライ　まず、Y軸切片、つまりフリーキャッシュフローが0の時の株価は30.683ドル。次に、回帰線の傾きは0.0031。

東　回帰線の傾きとは？

ミライ　Xが1単位増加した時にYがどれくらい増えるか、もしくは減少するかを表すもの。この場合は、フリーキャッシュフローが1単位、つまり100万ドル増加すると、株価が0.0031ドル上昇する、逆にフリーキャッシュフローが100万ドル減少すると、株価が0.0031ドル下落する、という意味。

東　Good。では、今までの議論をヴィジュアルで確認しておこう。まず、**図表7-9**の左上のグラフはダウ・ケミカルのフリーキャッシュフローをX、株価をYとする散布図だ。この散布図から何が読み取れる？

ミライ　フリーキャッシュフローと株価の間には、右上がりの関係がある。つまり、フリーキャッシュフローが増えれば増えるほど、株価は高くなる。

東　そうだね。両者には、正の相関がある、ということだね。一方、右上のグラフは、さきほどミライが求めた回帰式をグラフにしたものだ。切片が30.683、傾きが0.0031の、右上がりの直線だね。では、このグラフと、さきほどの散布図を重ね合わせてみよう。すると……下のグラフのような感じになる。

ミライ　回帰線が、10個のデータポイントの中心を貫いている感じ。最初に束さんが、回帰分析の大切な役割の1つは、データポイントの中心を貫くような回帰線を導き出すこと、って言ってたけど、

このことだったのね。

東　そのとおり。そして、このように、XとYの関係を1本の方程式で表すことができるということは、Xの値さえある程度の精度をもって見積もることができれば、その値を方程式に代入することで、Yの値を予測することができるということを意味するんだ。
たとえば、ダウ・ケミカルの2004年のフリーキャッシュフローは3,552百万ドルだった。この値をさきほど求めた回帰式に代

図表7-9　ダウ・ケミカルのフリーキャッシュフローと株価の関係

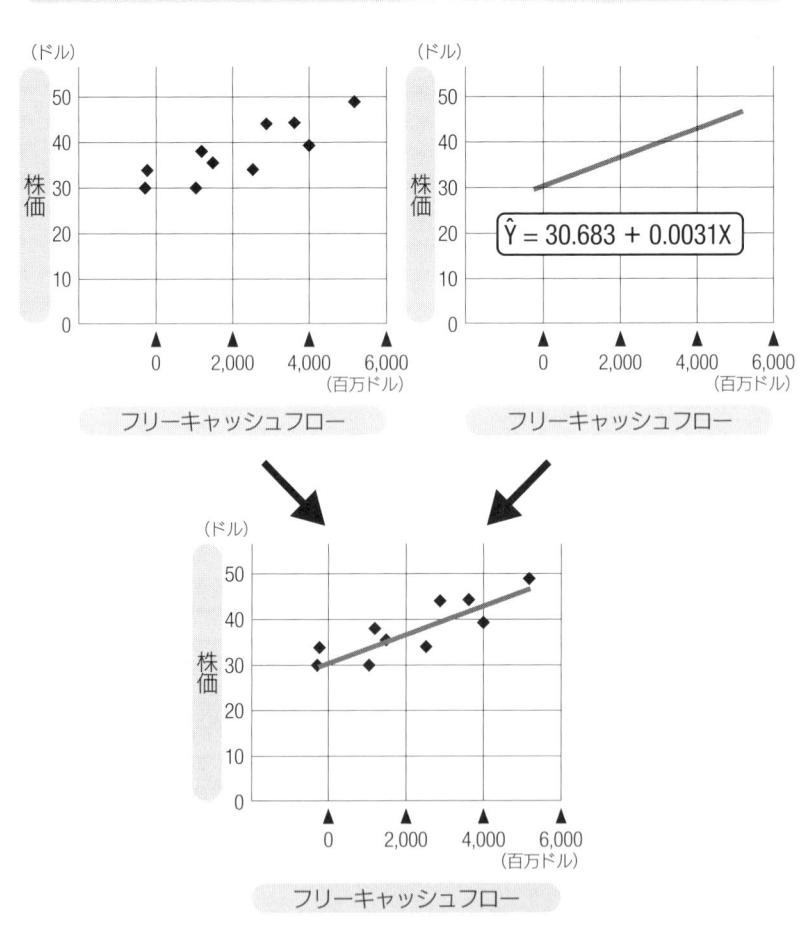

$\hat{Y} = 30.683 + 0.0031X$

出所：Standard & Poor's, "*Standard & Poor's 500 Guide 2009 Edition*" The McGraw-Hill Companies, 2009 より抜粋

入して、X＝3,552における株価を推計すると……

ミライ　$\hat{Y}=30.683+0.0031×3,552$
　　　　　＝41.69ドル

東　　　OK。実際には43.85ドルだったので、おおむね当たっていると言えるね。では、仮に、フリーキャッシュフローが6,000百万ドルだったとしたら？

ミライ　回帰式にX＝6,000を代入すると……

　　　　$\hat{Y}=30.683+0.0031×6,000$
　　　　　＝49.28ドル

東　　　そうだね。もし回帰式がそこそこの精度だとすると、株価は、理論的には49ドルを少し上回るくらいの水準になるといっことだね。

ミライ　これが、XとYの関係を1本の方程式で表現できれば、任意のXのもとでのYの値を予測することができる、の意味なのね。

❹ ヨドヤバシカメラの12月の売上げを決めるもの

東　　　うん。では、いくつか練習してみよう。ある家電量販店の12月の売上げをYとすると、Xとしては、どんなものが考えられるだろう？

ミライ　まず思い浮かぶのは、冬のボーナスが出た直後の、ヨドヤバシカメラやヤマダヤ電機の賑わい。冬のボーナスの水準なんかも、12月の売上げに影響を及ぼすんじゃないかしら。

東　　　なるほど。きっと無関係ではないだろうね。では、仮に、冬のボーナスの水準がコドヤバシカメラの12月の売上げに影響を及ぼすとすると、両者の関係はどのように表現することができるだろう？

ミライ　パラメータをa、bとすると、

　　　　ある家電量販店の12月の売上げ＝a＋b×冬のボーナスの支給額

東　　　そうだね。ちなみに、パラメータbの符号は？

ミライ	ボーナスの支給額が多ければ多いほど、買い物も増えるだろうから、プラス。
東	そうだね。では、液晶用ガラス基板の生産量をYとすると、Xとしては、どんなものが考えられるだろう？
ミライ	液晶用ガラス基板？
東	液晶用ガラス基板は、液晶パネルやプラズマパネルの中核となるデジタル素材だ。
ミライ	液晶パネルやプラズマパネル……液晶テレビやプラズマテレビに使われるのかしら？
東	Yes。
ミライ	だとすれば、ガラス基板の生産量は、液晶テレビやプラズマテレビ等、いわゆる薄型テレビの生産量に比例すると考えられるわね。
東	Good。では、さっきと同じように式で表すと？
ミライ	液晶用ガラス基板の生産量＝a+b×薄型テレビの生産量
東	bの符号は？
ミライ	薄型テレビの生産量が増えれば増えるほど、その部品である液晶用ガラス基板もより多く必要になるから、プラス。
東	Good。では、AT（Automatic Transmission；自動変速機）、エアバッグ、LEDヘッドランプ、ミラー、サスペンション等、さまざまな自動車部品への需要は、何によって決まってくるかな？
ミライ	もちろん、自動車の生産台数。たとえばATの需要を1次式で表すと、 ATの需要＝a+b×自動車の生産台数 自動車の生産台数が増えれば増えるほどATの需要も増えるから、bの符号はプラスになるわ。
東	そうだね。仮に、日本での自動車の生産台数がほぼ横ばいだとすると、自動車の生産台数は生産台数でも、日本のではなくて、中国やインドの生産台数かもしれないね。

東 　では、新型インフルエンザの簡易検査キット、マスク、体温計、あるいは、タミフルやリレンザ等、抗インフルエンザ薬の生産量に影響を及ぼすものは？

ミライ　新型インフルエンザの感染者数！

東　もちろんだね。では、たとえばマスクの生産量を式で表すと？

ミライ　マスクの生産量＝a＋b×新型インフルエンザの感染者数

感染者が増えれば増えるほど、マスクの需要も増えるから、bの符号はプラス。

東　そうだね。同様に、高血圧や糖尿病等、生活習慣病の薬への需要はそれらの患者数によって、介護やデイサービスへの需要は介護を必要とするお年寄りの数によって、また、ベビー用品やマタニティ用品の需要は、出生率によって決まってくるだろうね。では、産業用ロボット等の工作機械の生産量は、何に左右されるだろう？

ミライ　産業用ロボットと聞いてまず思い浮かぶのは……電子部品を作る工場等でめまぐるしく動いている姿。

東　そうだね。工作機械の生産量は、電機業界や自動車業界における設備投資の動向に大きく左右されると言われている。だとすれば、工作機械の生産量を式で表すと？

ミライ　工作機械の生産量＝a＋b×電機業界や自動車業界の設備投資

設備投資が増えれば増えるほど、工作機械への需要も増えるから、bはプラス。

東　Good。一方、鉄鋼、化学、非鉄金属、紙・パルプ、商社、海運等の業績は、景気の影響を受けやすいと言われている。
では、たとえば、紙・パルプの生産量等は、どのように定式化することができるだろう？

ミライ　景気がいい、悪いって、何を見ればわかるの？

東　景気を語る指標はたくさんある。たとえば、GDP（Gross Domestic Product；国内総生産）、機械受注、景気動向指数（DI；Diffusion Index）、消費者態度指数、鉱工業指数、

第3次産業活動指数、小売業販売額、新設住宅着工戸数、有効求人倍率、マネーサプライ（M2＋CD）。これらは、すべて景気指標だ。ここでは、わが国「全体」の景気の動向を示す指標として、GDP成長率を用いることにしよう。

ミライ　OK。じゃあ、

紙・パルプの生産量＝a＋b×GDP成長率

東　もちろん、実際にはこんなに単純ではないけどね。では、bの符号は？

ミライ　GDP成長率が大きくなればなるほど、つまり、景気が良くなればなるほど、紙の需要も増えると考えられるから、プラス。

東　Good。このように、普通は、ある財やサービスへの需要は景気に比例すると考えられるが、逆、つまり、景気が悪くなればなるほど活況になると思われる業種もある。何か思いつくかい？

ミライ　カジュアル衣料の会社なんかは、この不況にもかかわらず、絶好調だと聞いたことがあるけど……

東　そうだね。その他にもディスカウント・ショップ、カジュアル・レストラン、弁当屋等も、景気が悪くなればなるほど儲かると言われているね。では、カジュアル・レストランの来店者数と景気の関係を式で表すと？

ミライ　さっきと同じように景気をGDP成長率で表すとすると、

カジュアル・レストランの来店者数＝a＋b×GDP成長率

また、この場合、GDP成長率が小さくなるほど、つまり、景気が悪くなればなるほど、カジュアル・レストランの来店者数は逆に増加すると考えられるから、bはマイナス。

東　そうだね。このように、XとYの関係を1本の方程式で表すことが回帰分析の主要な目的だ。

ミライ　もし、XとYの関係を定量的に表すことができ、かつ、将来、Xがどう動くかを、ある程度の精度をもって予想することができれば、Yの動向を予測することができるということね。

❺ 回帰式の当てはまり具合を知る──決定係数

東 そうだね。そして、それこそが、回帰分析を行う目的だと言えるね。ではここで、「決定係数」と呼ばれる指標について説明しておこう。決定係数とは、推定した回帰式がどの程度の説明力を有するか、もう少し簡単に言うと、回帰式の当てはまり具合を表す指標だ。

ミライ 回帰式の当てはまり具合?

東 うん。たとえば、回帰線Aと回帰線Bがあった場合(**図表7-10**)、どちらの回帰線の方が当てはまり具合が良いと言えるだろう?

ミライ B。

東 なぜ?

ミライ Aは、回帰線からかなり離れたところにあるデータポイントも少なくないけど、Bは、データポイントが、回帰線の周りに比較的きれいに集まっているから。

東 そうだね。AとBでは、Bの方が、回帰線の当てはまり具合が良いと言ってよさそうだね。このような、回帰式もしくは回帰線の当てはまり具合を数値化したものが「決定係数;R^2」なんだ。R^2は、アールツー、あるいはアールスクエア等と呼ばれ、数学

図表7-10 **回帰線の当てはまり具合**

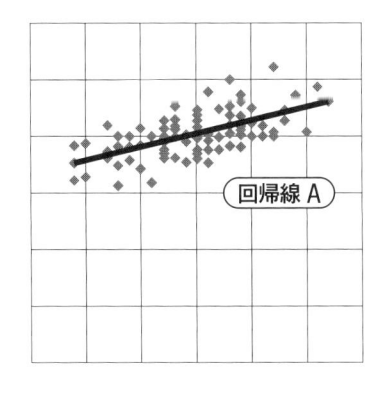

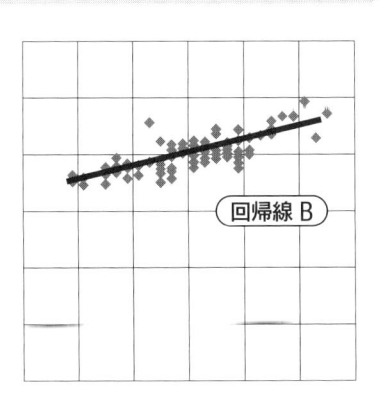

的にはこのように表される。

$$R^2 = \frac{\{\Sigma(X-\bar{X})(Y-\bar{Y})\}^2}{\Sigma(X-\bar{X})^2 \Sigma(Y-\bar{Y})^2}$$

R^2は0から1の間の値をとり、1に近ければ近いほど、推定した回帰式の当てはまり具合が良いことになる。では、さきほどのダウ・ケミカルのデータ（**図表7-7**）を使って、実際に決定係数を計算してみよう。

ミライ　Xがフリーキャッシュフロー、Yが株価ね。計算、なかなか手強そうね。

東　　　でも、決定係数を計算する式と、さっき、回帰式のパラメータを計算する時に使った式を見比べてごらん。

ミライ　似てるわ。

東　　　うん。決定係数を計算するのに必要な3つの要素、つまり、Xの偏差平方和 $\Sigma(X-\bar{X})^2$、Yの偏差平方和 $\Sigma(Y-\bar{Y})^2$、そして、XとYの偏差積和 $\Sigma(X-\bar{X})(Y-\bar{Y})$ のうち、Xの偏差平方和とXとYの偏差積和は計算済みだよね。

ミライ　そうか。ということは、あとは、Yの偏差平方和さえ計算すれば、準備完了ということね。

東　　　Yes。では、やってみよう。

ミライ　回帰式のパラメータを求めるさい、Yの偏差までは計算してるから……あとは偏差を2乗して足し算するだけね。
　　　　まずはYの偏差を2乗すると、1998年：$(-7.91)^2 = 62.49$、1999年：$(-0.02)^2 = 0.00$、……、2006年：$(1.82)^2 = 3.29$、2007年：$(6.17)^2 = 38.01$。
　　　　よって、Yの偏差平方和は、

　　　　62.49＋0.00＋ …… ＋3.29＋38.01＝364.27

東　　　OK。これで計算に必要なデータがすべて揃ったね。

ミライ　さきほどの決定係数の計算式に、Xの偏差平方和27,719,202.10、Yの偏差平方和364.27、XとYの偏差積和85,753.63を代入

すると……

$$R^2 = \frac{\{\Sigma(X-\overline{X})(Y-\overline{Y})\}^2}{\Sigma(X-\overline{X})^2\Sigma(Y-\overline{Y})^2} = \frac{(85,753.63)^2}{27,719,202.10 \times 364.27}$$
$$= 0.7283$$

よって、決定係数 R^2 は 0.7283、あるいは 72.83％（**図表7-11**）。

東　Good。さっき言ったとおり、決定係数は、推定した回帰式の当てはまり具合を表す指標で、1に近ければ近いほど、回帰式がよく当てはまっているということだった。この場合、決定係数は 0.7 を超えているので、当てはまり具合はまずまずだと言える。
また、Excelで計算すると、ダウ・ケミカルのフリーキャッシュフローと株価の関係は、$\hat{y} = 0.0031x + 30.683$ という1次式で表され、決定係数 R^2 は 0.7283 となる（**図表7-12**）。

ミライ　いずれも、私たちが「手で」計算したものと一致しているわね。

❻ X が 2 つ、3 つ、4 つ——重回帰分析

東　今までは、Yが、ある1つのXによって決まってくるというケースを扱ってきた。このように、Xが1つだけの回帰分析のことを「単回帰分析」と言う。もちろん、Yが1つのXにのみ依存するというケースも存在するだろうが、実際には、Yが2つ以上のXの影響を受けることも十分あり得る、というか、むしろその方が多いだろう。このように、「2つ以上のX」とYの関係を分析する手法のことを「重回帰分析」と呼ぶんだ。

ミライ　Yが、2つ以上のXによって決まってくる……たとえば？

東　たとえば、今注目されているリチウムイオン電池への需要は、ハイブリッド車や電気自動車等、いわゆるエコカーの生産台数や、パソコンや携帯電話等への需要に左右されると言われている。この関係を式で表すと？

図表7-11　手計算によるダウ・ケミカルの決定係数

$R^2=0.7283$

年	フリーキャッシュフロー (百万ドル) (X)	株価 (ドル) (Y)	Xの偏差 $(X-\bar{X})$	Yの偏差 $(Y-\bar{Y})$	Xの偏差の2乗 $(X-\bar{X})^2$	Yの偏差の2乗 $(Y-\bar{Y})^2$	XとYの偏差の積 $(X-\bar{X})(Y-\bar{Y})$
1998	1,063	29.36	−1,064.70	−7.91	1,133,586.09	62.49	8,416.45
1999	1,215	37.25	−912.70	−0.02	833,021.29	0.00	13.69
2000	1,479	35.09	−648.70	−2.18	420,811.69	4.73	1,410.92
2001	−189	32.37	−2,316.70	−4.90	5,367,098.89	23.96	11,340.25
2002	−203	30.33	−2,330.70	−6.94	5,432,162.49	48.09	16,163.40
2003	2,542	33.42	414.30	−3.85	171,644.49	14.78	−1,592.98
2004	3,552	43.85	1,424.30	6.59	2,028,630.49	43.36	9,379.02
2005	5,072	48.47	2,944.30	11.21	8,668,902.49	125.55	32,990.88
2006	3,903	39.08	1,775.30	1.82	3,151,690.09	3.29	3,222.17
2007	2,843	43.43	715.30	6.17	511,654.09	38.01	4,409.82
	2,127.70	37.27			27,719,202.10	364.27	85,753.63

Xの平均 $\bar{X}$　Yの平均 $\bar{Y}$　Xの偏差平方和 $\Sigma(X-\bar{X})^2$　Yの偏差平方和 $\Sigma(Y-\bar{Y})^2$　XとYの偏差積和 $\Sigma(X-\bar{X})(Y-\bar{Y})$

出所：Standard & Poor's, "*Standard & Poor's 500 Guide 2009 Edition*" The McGraw-Hill Companies, 2009 より抜粋
※計算結果は、まるめの関係で、若干の差異が発生する箇所がある。

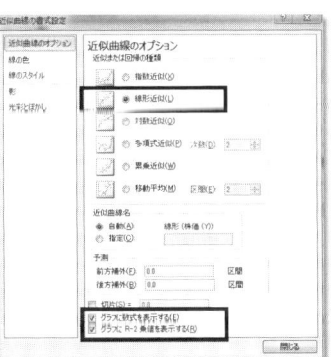

図表7-12　Excel 2010で単回帰を行う手順

Step1 フリーキャッシュフロー（X）と株価（Y）を選択する。

	A	B	C
1	年	フリーキャッシュフロー(X)	株価(Y)
2	1998	1,063	29.36
3	1999	1,215	37.25
4	2000	1,479	35.09
5	2001	-189	32.37
6	2002	-203	30.33
7	2003	2,542	33.42
8	2004	3,552	43.85
9	2005	5,072	48.47
10	2006	3,903	39.08
11	2007	2,843	43.43

Step2 セルを選択した状態で、〔挿入〕タブ→〔散布図〕をクリックする。すると、散布図が完成する。

Step3 完成した散布図のデータポイントのいずれか1つにカーソルを合わせ、〔右クリック〕→〔近似曲線の追加（R）〕をクリックする。

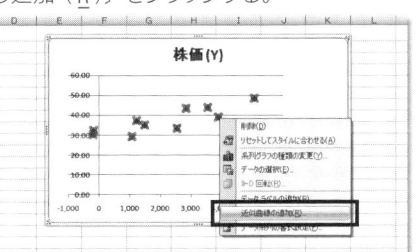

Step4 〔近似曲線の書式設定〕ダイアログボックスの〔近似または回帰の種類〕から〔線形近似（L）〕を選択する。
〔グラフに数式を表示する（E）〕
〔グラフにR-2乗値を表示する（R）〕
チェックボックスにチェックを入れ、
〔閉じる〕ボタンをクリックする。

図表7-12　Excel 2010で単回帰を行う手順

Step5　散布図に、近似曲線（回帰線）、回帰式、決定係数 R^2 が表示される。

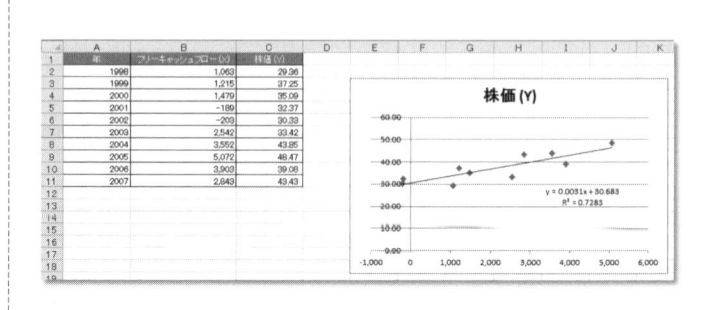

ミライ　今回はXが3つね。

　　　　リチウムイオン電池への需要＝a+b×エコカーへの需要
　　　　　　　　　　　　　　　　　　　+c×パソコンへの需要
　　　　　　　　　　　　　　　　　　　+d×携帯電話への需要

東　　Good。ちなみに、このように、Xが2つ以上含まれる回帰式のことを「重回帰式」と言う。ではb、c、dの符号は？

ミライ　エコカーやパソコンや携帯電話への需要が増えれば増えるほど、リチウムイオン電池への需要も増えるハズだから……b、c、dともプラス。

東　　そうだね。あるいは、ベアリング、いわゆる軸受けだが――への需要は、自動車、建設機械、風力発電設備、鉄道車両等の生産量によって決まってくると言われている。この場合の重回帰式はどうなる？

ミライ　今回はXが4つね。

　　　　ベアリングへの需要＝a+b×自動車の生産量
　　　　　　　　　　　　　　+c×建設機械の生産量
　　　　　　　　　　　　　　+d×風力発電設備の生産量
　　　　　　　　　　　　　　+e×鉄道車両の生産量

　　　　b、c、d、eの符号は、自動車、建設機械、風力発電設備、鉄

道車両等への需要が増えれば増えるほど、ベアリングへの需要も増えると思われるので、すべてプラス。

東　OK。では、鉄道、たとえば山陽新幹線の旅客数は、どのような変数の影響を受けると考えられるだろうか？

ミライ　まずは、少し抽象的だけど、経済活動の水準によるんじゃないかしら。ビジネスにせよ、レジャーにせよ、経済活動が活発であればあるほど、鉄道を利用する機会も増える……

東　そう考えるのが自然だね。他には？

ミライ　年末年始とか、高速道路の通行料が値下げされたおかげで、全国各地で大渋滞が発生してるっていうニュースをよく耳にするわ。ということは、逆に、鉄道の混み具合は緩和されたってことよね。なので、高速道路の通行料も、新幹線の旅客数に影響を及ぼすのではないかしら。

東　なるほど。おもしろいね。同じことは航空運賃についても言えるね。

ミライ　航空運賃が下がれば下がるほど、新幹線への需要は減る……

東　Yes。では、ついでにもう1つ。今は下火になったけど、一昨年、新型インフルエンザが猛威を振るっていた頃、飛行機や鉄道等、いわゆる大量輸送機関の利用者が大幅にダウンしたと言われる。ということは、少なくとも当時は、新型インフルエンザの感染者数も、新幹線の旅客数に重大な影響を及ぼす変数の1つだったと言えるかもしれない。
　　　では、以上4つがXだとすると、新幹線の旅客数をYとする重回帰式はどのように表すことができる？

ミライ　さきほどと同様、経済活動の水準をGDP成長率で表すとすると、

新幹線の利用者数＝$a + b \times$GDP成長率
　　　　　　　　　＋$c \times$高速道路の通行料
　　　　　　　　　＋$d \times$航空運賃
　　　　　　　　　＋$e \times$新型インフルエンザの感染者数

東　Good。では、各パラメータの符号は？

ミライ　さっきも言ったとおり、好況であればあるほど人の動きも活発になると思われるから、GDP成長率のパラメータはプラス。一方、高速道路の通行料や航空運賃が安くなれば、人々はそれらにシフトするから、c、dはマイナス。

東　それでいいかい？〔高速道路の通行料や航空運賃が下がる〕→〔人々が車や飛行機にシフトする〕→〔新幹線の旅客数が減る〕というメカニズムだから……

ミライ　そうか、XとYは同じ方向に動くから……通行料と航空運賃の係数はプラスね。新型インフルの感染者数のパラメータは……H1N1が猛威を振るえば振るうほど、鉄道を含む大量輸送機関の利用者が減るから……eはマイナス。

東　OK。これで、だいたい、重回帰のイメージが湧いたね？　次のステップは……

ミライ　単回帰の時と同様、a、b、c等のパラメータを計算して求めるのよね。

東　Yes。ただし、重回帰の場合、パラメータを手で計算するのはなかなか大変なので、ここでは、Excelで重回帰分析を行う手順を紹介しよう。

ミライ　OK。

東　**図表7-13**は、47都道府県の、「1人あたり県民所得（千円）」「従業者1人あたり製造品出荷額等（万円）」、および「1従業者あたり小売業年間商品販売額（万円）」をまとめたものだ。県民所得をY、製造品出荷額をX_1、商品販売額をX_2とすると、

$Y=a+bX_1+cX_2$

と表すことができる。

ミライ　式中のY軸切片aと、X_1、X_2の係数b、cをExcelで求めるのね。

東　Yes。**図表7-14**に沿って操作すると、**図表7-15**のような表が出力される。

ミライ　Y軸切片は－1,640.63183、X_1：従業者1人あたり製造品出荷額等のパラメータは0.10861、X_2：1従業者あたり小売業商品

販売額のパラメータは 2.40541 なので……求める重回帰式は、

$$\hat{Y} = -1{,}640.63183 + 0.10861 X_1 + 2.40541 X_2$$

となるのね。

東 そのとおり。ということは、製造品出荷額と商品販売額のデータを、この重回帰モデルに入力してやれば、県民所得を推計できるということだね。たとえば、大阪府の製造品出荷額は 3,142 万円、商品販売額は 1,892 万円だよね。これらのデータから大阪府の県民所得を推計すると？

ミライ さきほど求めた重回帰モデルの X_1 に 3,142、X_2 に 1,892 を代入すればいいから……

$$\hat{Y} = -1{,}640.63183 + 0.10861 \times 3{,}142 + 2.40541 \times 1{,}892$$
$$\fallingdotseq 3{,}252 \text{ (千円)}$$

東 推計値 3,252 千円に対し、実績値は 3,107 千円だから、遠からずと言えるね。では、ここで復習。回帰式の当てはまり具合は、何を見ればわかるんだったっけ？

図表7-13 47都道府県別県民所得、製造品出荷額、小売業商品販売額

	1人あたり 県民所得（千円）	従業者1人あたり 製造品出荷額等（万円）	1従業者あたり 小売業商品販売額（万円）
北海道	2,408	2,942	1,821
青森	2,433	2,435	1,630
岩手	2,383	2,506	1,595
宮城	2,580	2,693	1,624
京都	2,993	3,466	1,704
大阪	3,107	3,142	1,892
兵庫	2,823	3,964	1,679
奈良	2,681	3,272	1,606
大分	2,636	5,462	1,566
宮崎	2,152	2,275	1,584
鹿児島	2,353	2,480	1,523
沖縄	2,049	2,022	1,384

出所：矢野恒太記念会『データでみる県勢2011年版』（矢野恒太記念会、2010年）より抜粋して作成

ミライ　ええっと……決定係数。

東　　　OK。表中、決定係数は「重決定R2」と表示されている。

ミライ　重決定R2……0.73363。この値が1に近ければ近いほど、推定した回帰式の当てはまり具合が良かったのよね。R^2が約0.7ということは、まずまずってとこかしら。

東　　　そうだね。悪くないね。つまり、製造品出荷額と商品販売額がわかれば、まずまずの精度で県民所得を予測することができるということだね。

　　　　ここで、もう1つ、注目すべき指標を紹介しておこう。P値と呼ばれるものだ。詳しい説明は省くが、ざっくり言うと、このP値が0.05を下回っている場合、Y軸切片や各Xのパラメータが統計的に有意である、つまり、それらがYに「効く」と言えるんだ。逆に、P値が0.05を上回っている場合は、統計的に有意でない、すなわち、Yにはインパクトを及ぼさないということになる。

図表7-14　Excel 2010で重回帰を行う手順

Step1　〔データ〕→〔データ分析〕→〔回帰分析〕を選択して、
　　　　〔OK〕ボタンをクリックする。

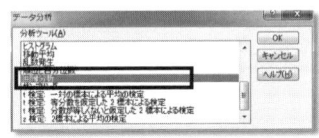

Step2　〔回帰分析〕ダイアログボックスの〔入力Y範囲（Y）〕に
　　　　北海道から沖縄までの県民所得を、
　　　　〔入力X範囲（X）〕に北海道から沖縄までの製造品出荷額および
　　　　商品販売額を入力する。
　　　　その際、「県民所得」等のラベルも選択範囲に含める。
　　　　〔ラベル（L）〕チェックボックスにチェックを入れて、
　　　　〔OK〕ボタンをクリックする。

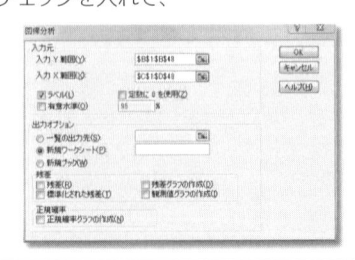

図表 7-15　Excel 2010 で重回帰した結果

回帰統計	
重相関 R	0.85652
重決定 R2	0.73363
補正 R2	0.72152
標準誤差	227.03709
観測数	47

分散分析表

	自由度	変動	分散	観測された分散比	有意 F
回帰	2	6,246,529.79336	3,123,264.89668	60.59198	2.29438E-13
残差	44	2,268,017.05771	51,545.84222		
合計	46	8,514,546.85106			

	係数	標準誤差	t	P-値	下限 95%	上限 95%	下限 95.0%	上限 95.0%
切片	-1,640.63183	411.04497	-3.99137	0.00025	-2,469.03852	-812.22515	-2,469.03852	-812.22515
従業者1人あたり製造品出荷額等（万円）	0.10861	0.02939	3.69501	0.00061	0.04937	0.16785	0.04937	0.16785
1従業者あたり小売業商品販売額（万円）	2.40541	0.24257	9.91655	0.00000	1.91655	2.89427	1.91655	2.89427

決定係数 R^2 = 0.73363
↑ 重回帰式はまずまずの当てはまり具合

Y軸切片：-1,640.63183
製造品出荷額の係数：0.10861
小売業商品販売額の係数：2.40541

→ 求める重回帰式は、
$\hat{Y} = -1,640.63183 + 0.10861X_1 + 2.40541X_2$

Y軸切片の P 値＜0.05
製造品出荷額の係数の P 値＜0.05
小売業商品販売額の係数の P 値＜0.05

→ Y軸切片、製造品出荷額、小売業商品販売額とも県民所得に影響を及ぼす

ミライ この場合、Y軸切片のP値は0.00025、X_1（製造品出荷額）のパラメータのP値は0.00061、X_2（商品販売額）のパラメータのP値は0.00000で、すべて0.05より小さい。なので、Y軸切片、X_1、X_2とも、Yに「効く」と言えるということね。
でも、これらの分析結果をビジュアルで確認することはできないの？ 単回帰の場合は、散布図でデータの分布の状況を見ることができたけど……

東 この場合も散布図を作ることができる。単回帰の場合は、XとYが1つずつなので2次元だった。しかし、今回はXが2つなので、3次元の散布図になるんだ。
図表7-16は、3次元散布図の概念をまとめたものだ。横軸がX_1、縦軸というか、奥行きがX_2、高さがYになっている。そして、奥の方から膜のようなものが伸びているが、これが、推定した

図表7-16　**回帰平面のイメージ**

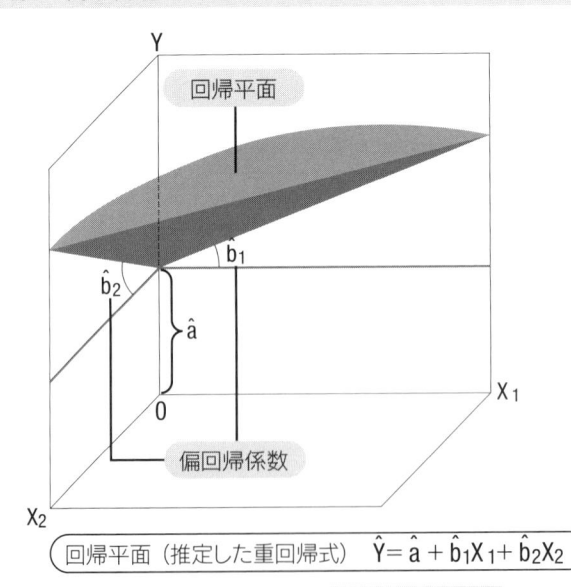

回帰平面

$\hat{b}_2$

$\hat{a}$

$\hat{b}_1$

X_1

0

偏回帰係数

X_2

回帰平面（推定した重回帰式）　$\hat{Y} = \hat{a} + \hat{b}_1 X_1 + \hat{b}_2 X_2$

● $\hat{b}_1$ は、X_2を固定したうえで、
X_1を1単位変化させた時に生じるYの変化

● $\hat{b}_2$ は、X_1を固定したうえで、
X_2を1単位変化させた時に生じるYの変化

重回帰式 $\hat{Y} = \hat{a} + \hat{b}_1 X_1 + \hat{b}_2 X_2$ だ。

ミライ　なるほど。Xが1つの場合、回帰式は「線」で表されるのに対し、Xが2つの場合、推定した回帰式は「面」で表されるのね。

東　Yes。少しだけ理論的な話をしておくと、X_1のパラメータ$\hat{b}_1$は、X_2を固定したうえで、X_1を1単位変化させた時に生じるYの変化を、X_2のパラメータ$\hat{b}_2$は、逆にX_1を固定したうえで、X_2を1単位変化させた時に生じるYの変化を表す。
この「X_2を固定したうえで」とか、「X_1を固定したうえで」というところがまさに偏微分の考え方で、$\hat{b}_1$や$\hat{b}_2$等のパラメータは「偏回帰係数」とも呼ばれるんだ。
図表7-17は、さきほどの数値例を「R」という統計ソフトを使って3次元散布図にしたものだ。横軸が商品販売額、縦軸が製造品出荷額、高さが県民所得になっている。商品販売額が増えれば増えるほど——図では、右の方に行けば行くほど、また製造品出荷額が増えれば増えるほど——図では、手前の方に来れば来るほど、データポイントは高い位置に来ている。

ミライ　つまり、県民所得も高いということね。

東　そうだね。最後に、重回帰分析を行うさいの注意点を1つ挙げておこう。それは、独立変数X_1、X_2、X_3、X_4、X_5、X_6、X_7、……、X_nの間に、強い相関が認められるものが含まれる場合、重回帰モデルの信頼性を損ねてしまう可能性があるという点だ。このような場合、その重回帰モデルには「多重共線性（Multicollinearity）が存在する」と言う。
たとえば、GNP（Gross National Product；国民総生産）をY、消費をX_1、設備投資をX_2、財政支出をX_3、輸出をX_4、総人口をX_5、労働力人口をX_6とするような重回帰モデルを作ったとしよう。X_1からX_4までは互いに独立した動きをするものと思われるので問題ないが、X_5の総人口とX_6の労働力人口の間には強い相関がありそうだ。このような場合は、多重共線性の存在が疑われるので、両変数間の相関をチェックしたうえで、強い相関が認められる場合は、どちらかをモデルから落とさなければならない。

ミライ　どちらを落とせばいいの？

図表7-17　3次元散布図の一例

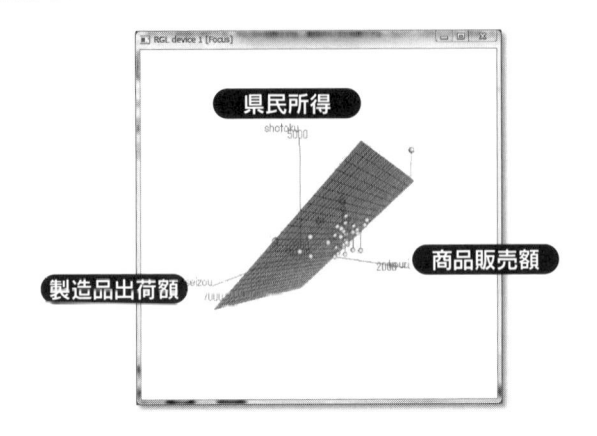

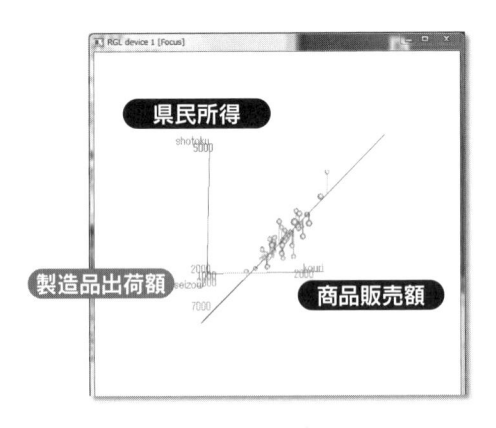

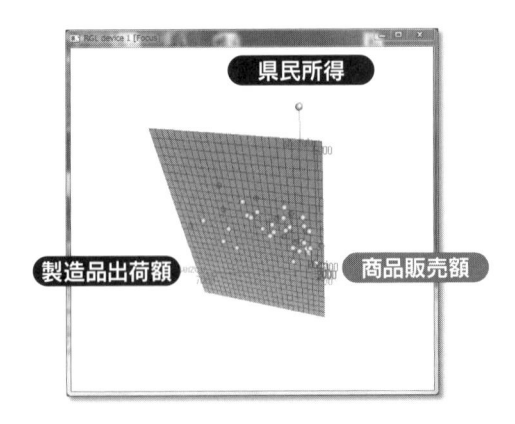

176

東　P値を比較して、大きい方、つまり統計的有意性の小さい方をモデルから落とせばいいんだ。

❼ 回帰分析をビジネスに当てはめてみる

東　ここまで、回帰分析の考え方や分析結果の解釈の仕方等について説明してきたが、自然科学の世界であれ、社会科学の世界であれ、ビジネスの世界であれ、ある変数Xが――もちろんXは1つであるとは限らないけど、別の変数Yに影響を及ぼすことは往々にして起こり得る。
　これら変数間の関係を定量的に解析するのが、先に説明した相関分析や今回紹介した回帰分析だ。相関分析や回帰分析の手法をマスターすれば、僕たちは、変数Xの動きから変数Yの動きを予測することができるようになる。もちろん、Xには、僕たちがコントロールできるものもあれば、コントロールできないものもある。でも、いずれにせよ、それらの手法が僕たちに貴重な示唆を与えてくれることはたしかなことだ。

ミライ　コントロールできるXとコントロールできないX？

東　Yes。たとえば、ある駅の構内にハンバーガーショップがあるとする。その店の売上げを決める要素には、どんなものが考えられる？

ミライ　まずは、人通り。駅の乗降客数と言ってもいいと思うけど。

東　もちろんだね。他には？

ミライ　天気とかも関係しそう。雨の日は、駅ナカで食事を済ます人が多くなるって聞いたことがある。でも、「天気」って、回帰モデルにはどう織り込めばいいの？

東　たとえば、晴れの日には「0」を、雨の日には「1」を入力する、といったルールを決めれば、天気のように、もともと数値データでないXであってもモデルに組み込むことが可能だ。
　このように、「晴れ・雨」とか、「Yes・No」といった、いわゆる離散データを数量化したものを「ダミー変数」と呼ぶんだ。

ミライ　なるほど。他にも、チラシとかも、来店者数に影響しそう。

東　　そうだね。ちょっと大げさだけど、広告宣伝費と呼ぼうか。あるいは仮に、そのハンバーガーショップのすぐ隣にドーナツショップがあって、その店がコーヒーを1杯100円でサービスし始めたとしたら？

ミライ　多くのお客さんがドーナツショップに流れる……

東　　おそらくね。ということは、競合店のコーヒー100円キャンペーンなんかも、バーガーショップの売上げに影響しそうだね。

ミライ　さきほどの天気と同じように、これもダミー変数を使うのね。キャンペーン期間中は「1」、それ以外の時は「0」、という具合に。

東　　そのとおり。以上を整理すると、そのハンバーガーショップの売上げは、次のような回帰式で表すことができるね。

　　　　ハンバーガーショップの売上げ
　　　　　＝a＋b×駅の乗降客数
　　　　　　＋c×天気（晴れ：0、雨：1）
　　　　　　＋d×広告宣伝費
　　　　　　＋e×ドーナツショップのコーヒー100円キャンペーン
　　　　　　　（実施中：0、それ以外の時：1）

ミライ　4つの説明変数からなる重回帰モデルね。

東　　Yes。では、本題に戻ろう。これら4つのXを、僕たちがコントロールできるものとできないものに分けてみよう。まず、駅の乗降客数は？

ミライ　コントロールできない。

東　　天気は？

ミライ　天気もコントロールできない。

東　　もちろんだね。では、広告宣伝費は？

ミライ　ハンバーガーショップの裁量で増やしたり、減らしたりできる。

東　　Yes。最後に、ドーナツショップのキャンペーンは？

ミライ　コントロール外。

東	Good。このように、Xには、僕たちにコントロールできるものもあれば、できないものもある。広告宣伝費のように、僕たちがコントロールできるXについては、売上げの動向や、フロアやキッチンの繁忙度合い等によって、増やしたり減らしたりできるわけだ。
一方、当然ながら、駅の乗降客数や天気、競合店のキャンペーン等は、僕たちがどうこうできるものではない。しかし、たとえば、来週、駅前のデパートがバーゲンをするとか、明日は雨になりそうだとか、ドーナツショップの店員が100円キャンペーンのクーポン券を配っていたといった情報があれば、それらの情報を重回帰モデルに入力することによって、来店者数を予測することができる。
そうすることによって、もし、来店者数が増えることが予想されるのであれば、スタッフのシフトを厚めにしたり、在庫を多めに持つ等、しかるべき対応を取ることが可能になるね。
ミライ	そもそも、なぜ回帰分析を行うのか、分析結果をどう具体的なアクションにつなげるのか、が重要ということね。
東	Yes。回帰分析はあくまでも手段であって、目的ではない。しかし、それさえ見誤らない限り、回帰分析は、ビジネスのあらゆる分野において、「最も」パワフルな武器の1つになると思うよ。

DAY 4

過去のデータから将来を予測する

時系列分析

8時間目
過去から将来を予測する①

時系列分析のベーシックス

ミライ　お待たせしましたぁ……

東　　　おや、いつになく暗いね。何かあったの？

ミライ　国会等で、地方空港の需要予測がアマアマじゃないのか、っていう議論がされてるでしょ？　需要予測は、経営企画室のトップ・プライオリティの1つなんだけど、今朝、担当常務から、「うちの予測はホントに正しいのか？　もう一回精査しろ」っていう指示が下りてきたの。

東　　　それって、ミライのチームがやるのかい？

ミライ　そうなの。来週から残業、増えそうだわ。

東　　　まぁ、そんなに落ち込まないで。今日は時系列分析をやろうと思っていたんだけど、この時系列分析、需要予測にもすごくチカラを発揮するものなんだ。もしかしたら、会社の仕事にもすごく役立つかもしれない。ところで。ミライは時系列分析とか、時系列データといった言葉を聞いたことがあるかい？

❶ 時系列分析とは？

ミライ　なんとなく……

東　　　では、次のデータのうち、時系列データはどれだろう？　①昨年オープンしたカフェの毎月の来店客数の推移、②1955年以降のわが国のGDPの推移、③今年に入ってからの毎日のトヨタ株の値動き。

ミライ　……全部？

東　　そのとおり。これらのデータは、いずれも、時間の経過とともに、刻々と変化していくよね。そのようなデータを「時系列データ」と呼び、時系列データの過去の動きを分析することによって、そこから何らかの法則を見出し、それを将来の予測につなげようとするのが「時系列分析」と呼ばれる統計手法だ。

ミライ　将来の予測につなげる？

東　　昨日学んだ回帰分析についても言えるけど、過去のデータを分析することによって、いかに多くの洞察を得られたとしても、それらを、将来を予測することに活かすことができなければ意味がないということさ。

　　　では、時系列分析の具体的な手法を紹介する前に、時系列分析の根底を支えるいくつかの大切な考え方について話そう。**図表8-1**は、1966年以降のわが国の資本収支、ざっくり言うと、外国とのお金の貸し借りのことだが、その動向をグラフ化したものだ。パッと見ての感想は？

ミライ　かなり複雑な動きをしている。

東　　そうだね。しかし、このように、一見、複雑な動きをしているよ

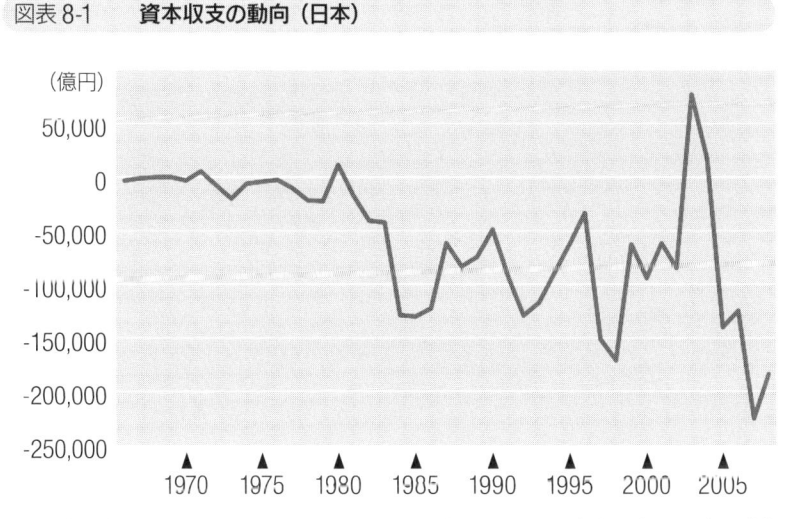

図表8-1　**資本収支の動向（日本）**

出所：内閣府『経済財政白書〈平成21年版〉－危機の克服と持続的回復への展望』（日経印刷、2009年）より抜粋

うに見える時系列データも、実は4つの単純な要素からなる、というのが、時系列分析の根底にある考え方なんだ。

❷ 時系列データを4つの要素に分解する

ミライ　4つの単純な要素？

東　　Yes。「トレンド（Trend；傾向変動）」「サイクル（Cycle；循環変動）」「シーズナリティ（Seasonality；季節変動）」「ノイズ（NoiseもしくはIrregularity；不規則変動）」の4つだ。
では、順を追って見ていこう。まず、トレンドから。トレンドは、ミライもなんとなく想像がつくだろう？

ミライ　上昇トレンドとか、下降トレンドって言う時のトレンドね。

東　　トレンドは、「傾向」とか「趨勢」という意味だ。データが、時間の経過とともに一貫して増加し続けていれば「上昇トレンドが見られる」、一貫して減少し続けていれば「下降トレンドが見られる」、というふうに表現するよね。
次に**図表8-2**を見てみて。これは、わが国のM2平均残高の推

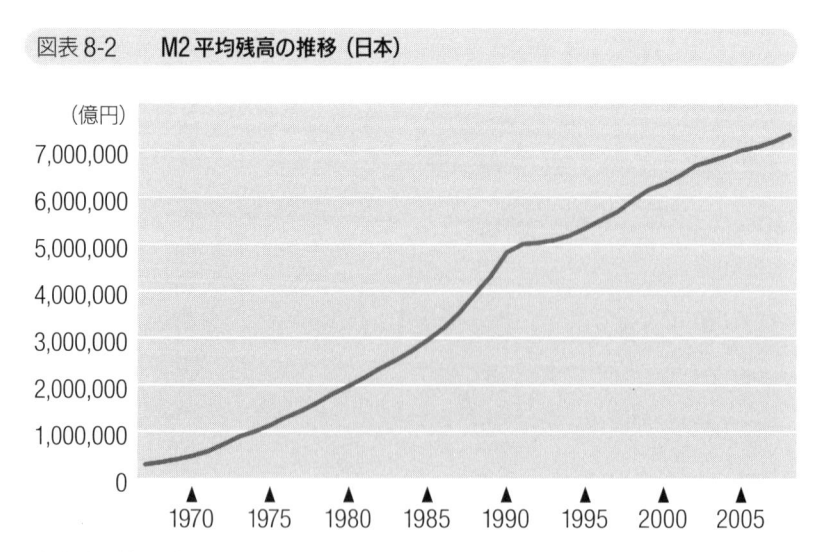

図表8-2　　M2平均残高の推移（日本）

出所：内閣府『経済財政白書〈平成21年版〉－危機の克服と持続的回復への展望』（日経印刷、2009年）より抜粋

移を表したものだ。

ミライ　M2？

東　M2とは、日本銀行が発行する紙幣や政府が発行する硬貨に、当座預金や普通預金等の要求払い預金を加えたもの（「M1」と呼ぶ）に定期預金を加えたもので、いわゆる「マネーサプライ」と呼ばれるものだ。日本経済を人間にたとえると、体の中を循環している血液の量といったところだね。

ミライ　なるほど。M2平均残高は、1967年以降、一貫して増加し続けている。すなわち、上昇トレンドが見られる。

東　では、**図表8-3**はどう？　これは、国内の銀行貸出約定平均金利の推移をグラフにしたものだ。

ミライ　こちらは、多少凸凹があるものの、1956年以降、ほぼ一貫して下降トレンドにある。

東　OK。以上が、トレンドだ。比較的イメージしやすいね。
次に、サイクルについて説明しよう。サイクルは、1年以上の周期で上昇と下降を繰り返すような動きを指す。**図表8-4**は、1966年以降のわが国の貿易収支の推移を示したものだ。1980

図表8-3　国内銀行貸出約定平均金利の推移（日本）

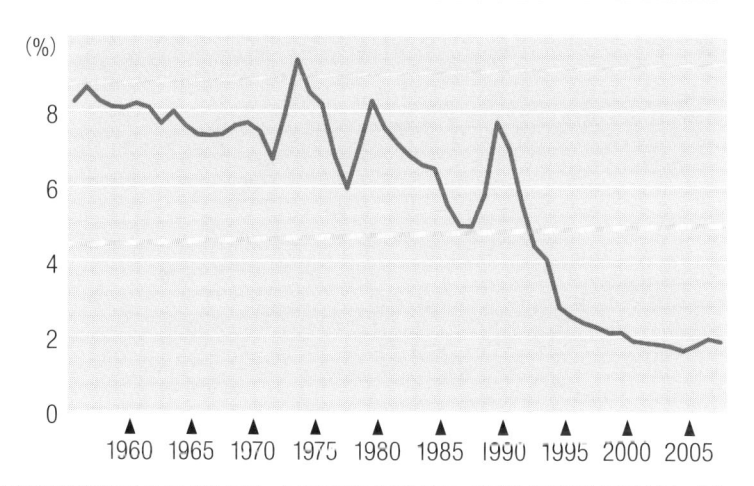

出所：内閣府『経済財政白書〈平成21年版〉－危機の克服と持続的回復への展望』（日経印刷、2009年）より抜粋

年以降の貿易収支、このへんはどのような動きをしているように見える？

ミライ 規則的に、上がったり下がったりしているように見えるわ。

東 そうだね。貿易収支にはサイクルがあると言ってよさそうだね。一般的に、貿易収支は、5〜8年の周期を持つと言われている。経済学の世界では、約40カ月の周期を持つ「キチン・サイクル」、約10年の周期を持つ「ジュグラー・サイクル」、約20年の周期を持つ「クズネッツ・サイクル」、約50年の周期を持つ「コンドラチェフ・サイクル」等がよく知られている。

キチン・サイクルは企業の在庫投資によって、ジュグラー・サイクルは企業の設備投資によって、クズネッツ・サイクルは建築物の建て替えによって、コンドラチェフ・サイクルは技術革新によって引き起こされると考えられている。

次は、サイクルと少し似ているのだけれど、シーズナリティだ。シーズナリティは日本語に訳すと「季節変動」といったところだ。**図表8-5**は、わが家の月ごとの電気使用量の推移をプロットしたものだけど、どんな動きをしている？

ミライ 電気の使用量は……夏と冬に多くなり、春と秋は少なくなる。夏

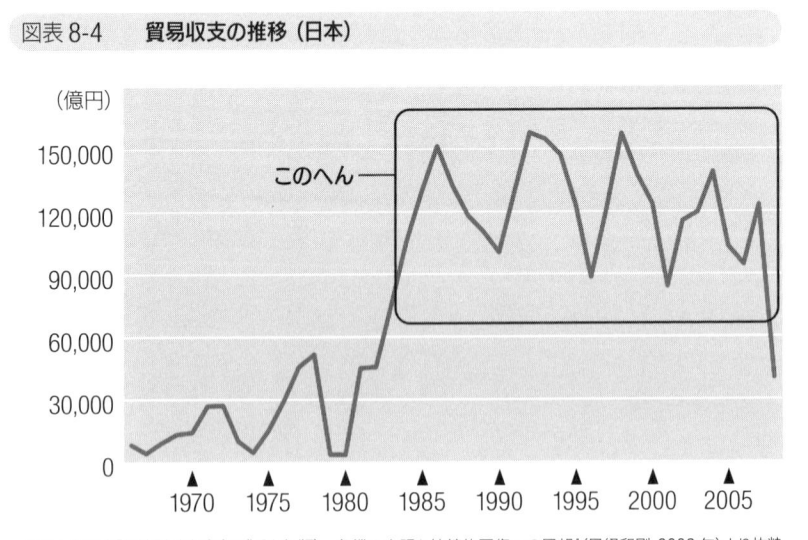

図表8-4　**貿易収支の推移（日本）**

出所：内閣府『経済財政白書〈平成21年版〉－危機の克服と持続的回復への展望』（日経印刷、2009年）より抜粋

と冬は、冷暖房に電気を使う機会が多くなるからかしら？

東　そうだね。このような、季節による周期的な変動のことをシーズナリティと呼ぶ。

ミライ　サイクルと似てる……

東　規則的に上昇・下降を繰り返すという点では同じだね。しかし、サイクルが、2年とか、3年とか、10年とか、1年を超える周期を持つのに対し、シーズナリティは、あくまでも1年を周期として上昇と下降を繰り返す変動なんだ。

では、最後に、ノイズ。ノイズは、いわゆる「雑音」だ。傾向変動でも、循環変動でも、季節変動でもない突発的な動きのことをノイズと呼ぶ。**図表8-6**は、1970年以降の原油価格の推移をグラフにしたものだ。90年代前半、原油価格が一瞬跳ね上がっている。言うまでもなく、イラクのクウェート侵攻に端を発する湾岸戦争によって引き起こされたものだが、これなどはまさに突発的な出来事であり、ノイズと言っていいだろう。

以上が、時系列データの4つの変動要因だ。

ミライ　どのような複雑な時系列データであっても、基本的には、これら4つの要素が組み合わさってできていると考えるのね。

図表8-5　東家の電気使用量の推移

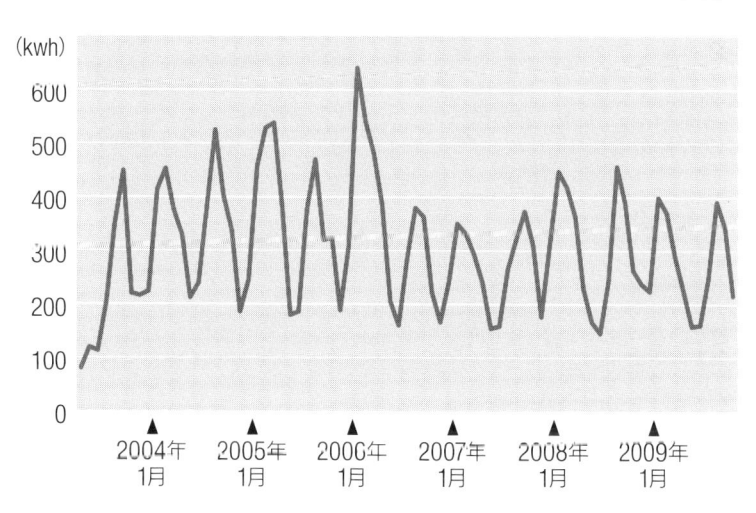

東　Yes。数式で表すと、

$$Y_t = T_t + C_t + S_t + I_t$$

Y_t は時系列データ、T_t は傾向変動、C_t は循環変動、S_t は季節変動、I_t は不規則変動。このように、時系列データが、4つの要素の「和」であるとするモデルのことを「加法モデル」と呼んでいる。

一方、時系列データを、4つの要素の「積」で表すモデルもある。こちらは「乗法モデル」と呼ばれている。

$$Y_t = T_t \times C_t \times S_t \times I_t$$

そして、Y_t、T_t、C_t、S_t、I_t がプラスの値をとるとすると、乗法モデルは、両辺の対数をとって、

$$\log Y_t = \log T_t + \log C_t + \log S_t + \log I_t$$

図表8-6　原油価格の推移

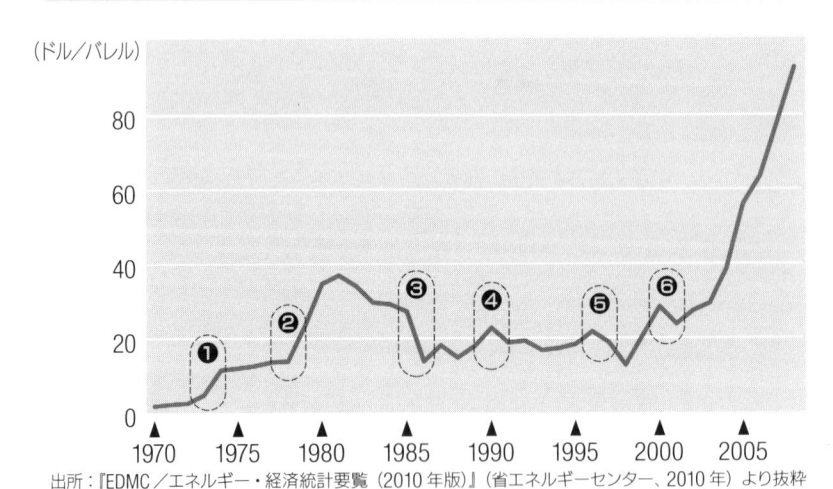

(ドル／バレル)

出所:『EDMC／エネルギー・経済統計要覧(2010年版)』(省エネルギーセンター、2010年)より抜粋

❶第4次中東戦争をきっかけとする第1次オイルショック
❷イラン革命をきっかけとする第2次オイルショック
❸非OPECによる原油増産
❹イラクによるクウェート侵攻
❺アジア経済危機等をきっかけとする世界の石油需要の低迷
❻米国同時多発テロにともなう景気の冷え込みおよび石油需要の減退

のように、加法モデルに書き換えることができるんだ。

いずれにせよ、重要なことは、一見、複雑そうに見える時系列データであっても、トレンド、サイクル、シーズナリティ、ノイズという、比較的単純な4つの波が絡み合ってできているということだ。

ということは、時系列データをこれら4つの要素にうまく分解することができれば、将来予測の精度を上げることができるということを意味している。たとえば、さきほど、貿易収支の推移を見たが──規則的にアップ＆ダウンを繰り返すとともに、全体的には少しずつ減ってきているように見えないかい？

ミライ なるほど。ということは、貿易収支は、「周期が5～8年であるような循環変動」と「緩やかな減少トレンド」の2つの要素を併せ持つ、と。

東 そのとおり。なので、貿易収支の今後の動きを予測するさいには、循環変動と傾向変動の存在を考慮することによって、予測精度を上げることができるということだね。

ミライ いつもキレイに4つの要素に分解できるかどうかは別として、コンセプトとしては非常に明快で、説得力があるわね。ところで、YやTの横の小さいtは何を意味しているの？

東 たとえば、Y_tは「t期におけるY」という意味だよ。もし、t期が、今、すなわち2011年を指すのであれば、2010年のYはどのように表すことができるだろう？

ミライ 1年前だから……Y_{t-1}。

東 Good。では、2012年のYは？

ミライ 今から1年後だから……Y_{t+1}。

東 では、2011年5月をt期とすると、来年の3月のYは？

ミライ さきほどの例では、1期＝1年だったけど、今回は、1期＝1カ月だから、来年の3月は……今から10カ月後だからY_{t+10}。

東 昨年10月のYは？

ミライ えーと、7カ月前だからY_{t-7}。

東　　そんな感じ。こういった表現は、理工学系のバックグラウンドを持つ人や経済学部出身の人には馴染みの深いものなのだけれど、そうでない人には少しとっつきにくい印象を与えるかもしれない。でも、意味は、今言ったとおりで、難しいものではない。少しずつ、このような表記にも慣れていこう。
　　　では、次に、どうやって、今言った4つの成分を見つけるか、について説明しよう。まず、トレンドから。

❸ トレンドを見つける

東　　さきほどのマネーサプライのグラフに戻ろう（**図表8-2**）。見てのとおり、マネーサプライに増加トレンドがあるのは明らかだ。このグラフに、線形回帰線を書き加えてみると……こんな感じになる（**図表8-7**）。

ミライ　右上がりの直線ね。マネーサプライの増加トレンドをうまく捉えている。

東　　一方、**図表8-8**は、さきほどの貸出金利のグラフ（**図表8-3**）に回帰線を書き加えたものだ。

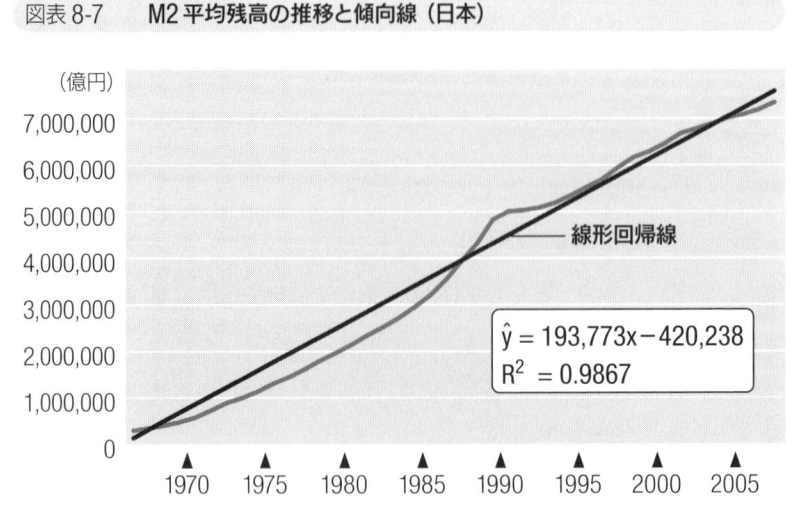

図表8-7　M2平均残高の推移と傾向線（日本）

$\hat{y} = 193{,}773x - 420{,}238$
$R^2 = 0.9867$

出所：内閣府『経済財政白書〈平成21年版〉－危機の克服と持続的回復への展望』（日経印刷、2009年）より抜粋

ミライ こちらは右下がりの直線ね。この回帰線も、貸出金利の下落トレンドをおおむねうまく表しているわ。

図表 8-8　国内銀行貸出約定平均金利の推移および傾向線（日本）

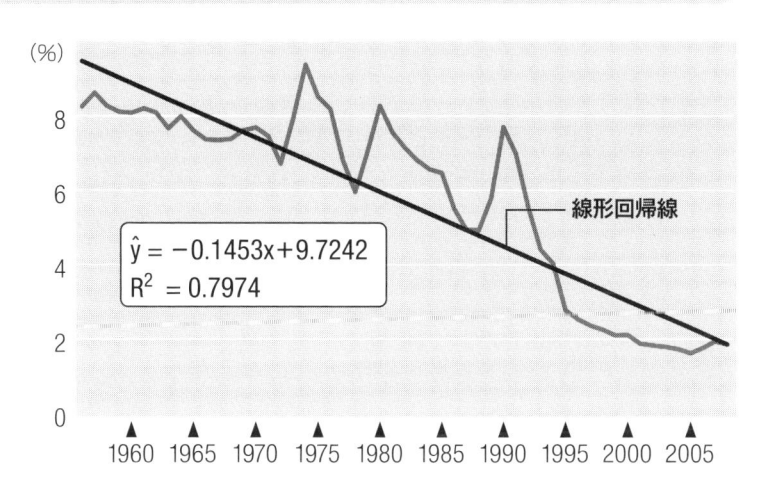

$\hat{y} = -0.1453x + 9.7242$
$R^2 = 0.7974$

線形回帰線

出所：内閣府『経済財政白書〈平成21年版〉－危機の克服と持続的回復への展望』（日経印刷、2009年）より抜粋

図表 8-9　中国の実質GDPの推移

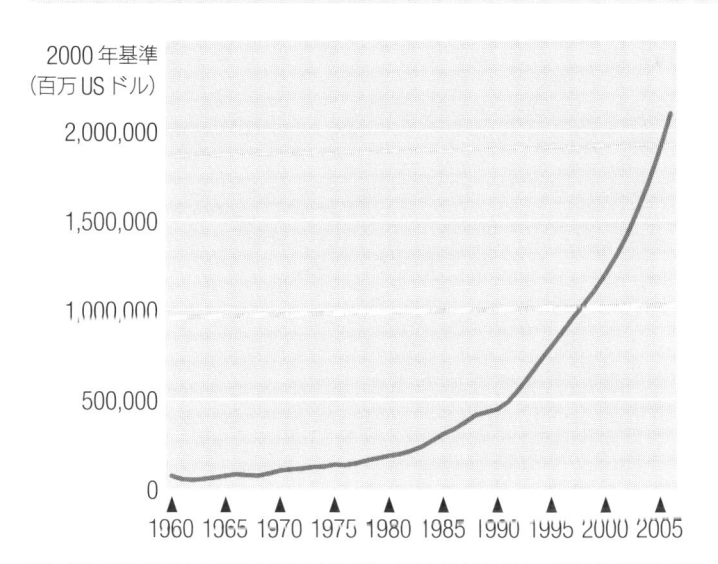

2000年基準
（百万USドル）

出所：経済産業省『通商白書〈2008〉新たな市場創造に向けた通商国家日本の挑戦』（日経印刷、2008年）より抜粋

東　そうだね。このように、回帰分析によって、時系列データのトレンドを定量化することができるね。

でも、時系列データが、いつもこのように線形、つまり時間の経過とともに直線的に増加、あるいは減少するとは限らない。たとえば、**図表8-9**は、1960年以降の中国の実質GDPをプロットしたものだ。さきほどのマネーサプライのグラフ（**図表8-7**）と比較するとどうだい？

ミライ　どちらも時間の経過とともに増えているという点では同じだけど……「伸び方」が違う！

東　そうだね。昔、マルサスという人口学者が、「人口は幾何級数的に増加するが、食料は算術級数的にしか増加しない」という有名な言葉を遺したが、中国のGDPは、まさに幾何級数的に、倍々ゲームで増加しているね。

微分チックに言うと、この曲線の第2次導関数（$\frac{d^2y}{dx^2}$）、すなわち

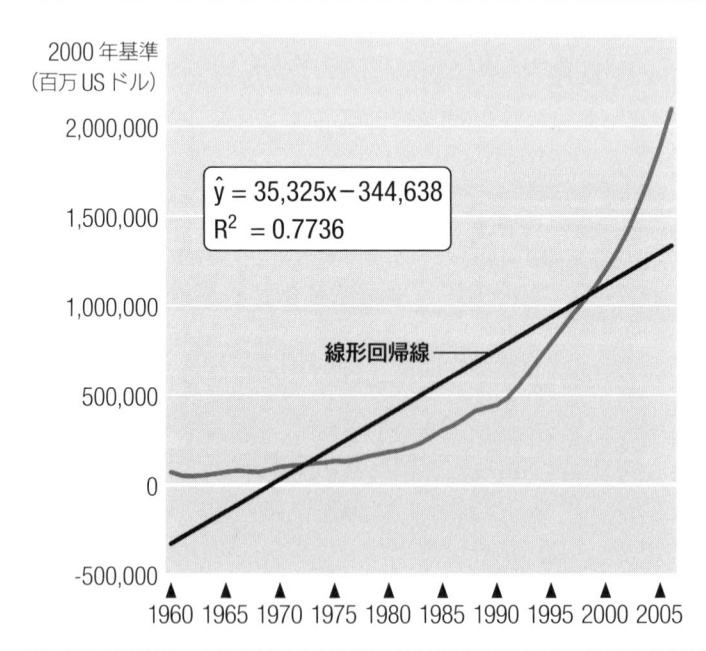

図表8-10　**中国の実質GDPと傾向線（線形近似）**

2000年基準
（百万USドル）

$\hat{y} = 35{,}325x - 344{,}638$
$R^2 = 0.7736$

線形回帰線

1960　1965　1970　1975　1980　1985　1990　1995　2000　2005

出所：経済産業省『通商白書〈2008〉新たな市場創造に向けた通商国家日本の挑戦』（日経印刷、2008年）より抜粋

「接線の傾きの傾き」は一貫してプラスだ。このような場合、線形回帰を行ったとしても（**図表8-10**）……

ミライ　GDPの急激な伸びを、的確に捉えているとは言えないわ。

東　一方、**図表8-11**は、GDPを、$Y = a + bX$のような線形回帰線ではなく、$Y = a \times e^{bx}$のような指数曲線で近似したものだ。eは自然対数の底のことで、約2.7。

ミライ　こちらの方が、時間が経てば経つほど急角度で伸びてきている中国のGDPの特徴をうまく描写している。

東　そうだね。R^2（決定係数）を見ても、線形近似0.7736に対し、指数近似0.9876と、指数近似の方が当てはまり具合が良いのは明白だね。

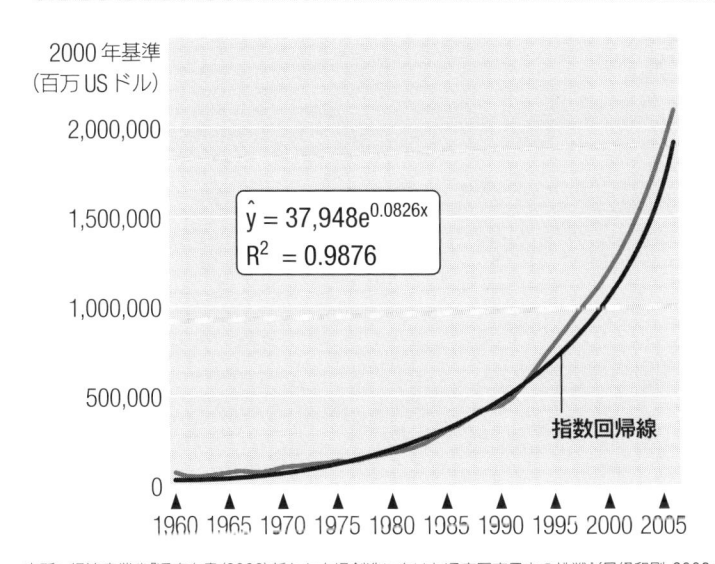

そして、**図表8-12**は、中国における携帯電話の普及台数をグラフにしたものだけど、このように、家電等の普及率は、それが発売された直後は比較的緩やかに上昇し、その後急激に増加し、市場が飽和状態に近づくとともにその伸びが鈍化し、最終的にはある一定の値に収束する、というパス（経路）を辿ることが多い

図表8-11　**中国の実質GDPと傾向線（指数近似）**

2000年基準
（百万USドル）

$\hat{y} = 37,948e^{0.0826x}$
$R^2 = 0.9876$

指数回帰線

1960　1965　1970　1975　1980　1985　1990　1995　2000　2005

出所：経済産業省『通商白書〈2008〉新たな市場創造に向けた通商国家日本の挑戦』（日経印刷、2008年）より抜粋

図表 8-12　中国における携帯電話の普及台数

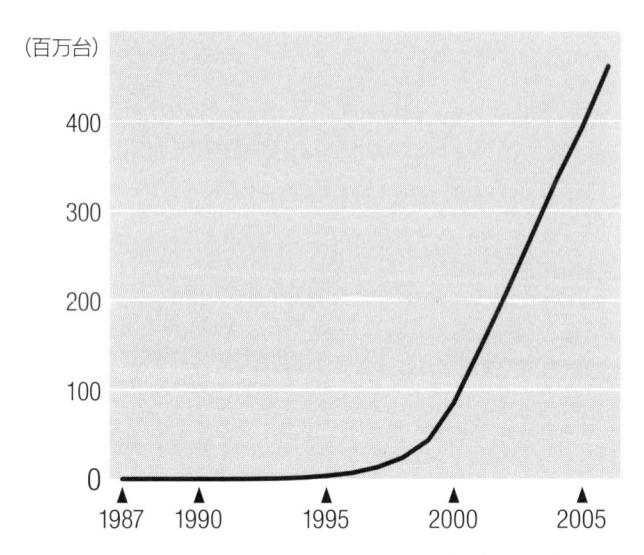

（百万台）

出所：経済産業省『通商白書〈2008〉新たな市場創造に向けた通商国家日本の挑戦』（日経印刷、2008年）より抜粋

図表 8-13　成長曲線（ロジスティック曲線）のイメージ

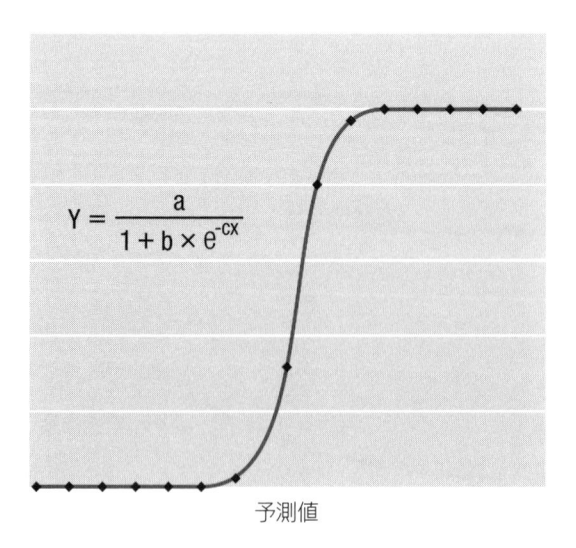

$$Y = \frac{a}{1 + b \times e^{-cx}}$$

予測値

と言われている。

そして、それらの時系列データは、ロジスティック曲線（$Y = \dfrac{a}{1+b \times e^{-cx}}$）や、ゴンペルツ曲線（$Y = a \times e^{-b \times c^x}$）等、いわゆる「成長曲線」と呼ばれる曲線にピタッとハマることが多いと言われている（**図表8-13**）。このように、僕たちは、線形近似、指数近似、あるいは成長曲線等を用いることによって、経済時系列の大まかなトレンドを定量的に捉えることができるんだ。

では次に、サイクルやシーズナリティの周期を数学的に計算する方法を紹介しよう。フーリエ解析と呼ばれる分析手法だ。

❹ 周期を捉える── FFT（高速フーリエ変換）

ミライ　フーリエ解析？

東　　　フーリエ解析というのは、もともとは、音や光を始めとする波のカタチを解析するための数学手法なんだ。

ミライ　音？　光？　それがなぜ、時系列分析と関係があるの？

東　　　ミライがそう思うのも無理はない。でも、音や光も「波」だという話は、物理か何かの授業で聞いたことがあるだろう。

ミライ　音が波で、空気中を秒速340メートルで伝わるということは習ったけど、光も波なの？

東　　　光が粒子か波かについては、古くはニュートンやホイヘンス、19〜20世紀にかけては、かのアインシュタインやヤング等の大物理学者の間で激しい論争が繰り広げられたけど、現在では、光は粒子と波の両方の性質を併せ持つと言われている。

ミライ　瞬きする間に地球を7周半する波ね。

東　　　そのとおり。**図表8-14**は、ドでも、レでも、ミでも、どの音でもいいが、ある音の波形をグラフにしたものだ。いわゆるサイン・カーブだね。

ミライ　高校時代、私たちを悩ました、sin（サイン）、cos（コサイン）、tan（タンジェント）のサインね。

東 　　Yes。この図と、さっきの貿易収支のグラフ（**図表8-4**）を比較してみよう。

ミライ 　似てる……

東 　　何となく似てるね。ちなみに、さっき見せた音のグラフは、「純音」と呼ばれる、一切混じりっ気のない音のカタチを表したもの

図表8-14　音（純音）の波形

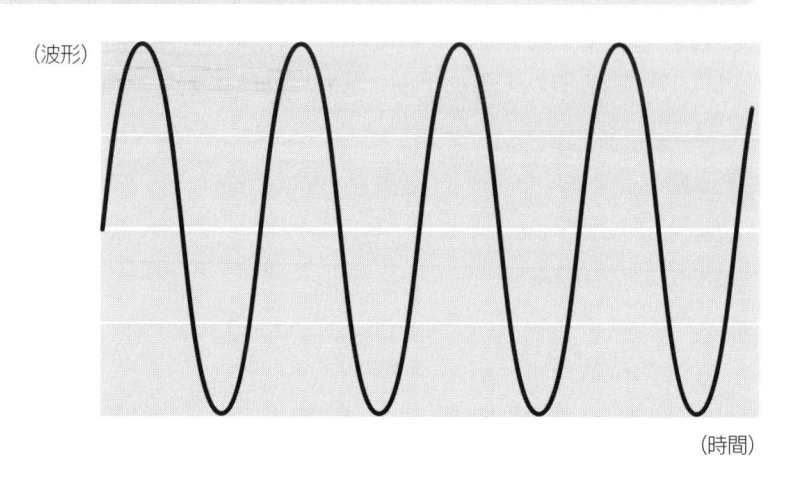

図表8-4の一部拡大　1985年〜2005年にかけての貿易収支の動向（日本）

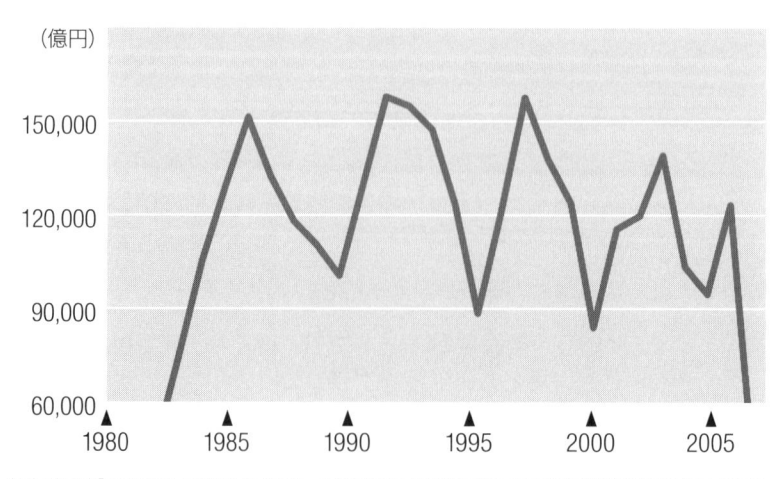

出所：内閣府『経済財政白書〈平成21年版〉−危機の克服と持続的回復への展望』（日経印刷、2009年）より抜粋

だ。楽器をチューニングする時に使う音叉の音等は、まさにこの純音だね。

しかし、実際には、このような単純な波形の音は珍しい。多くは、**図表8-15**のように、もっと複雑な波形をしている。一方、**図表8-16**は、アサヒビールの月ごとの課税出荷数量（ビール・発泡

図表8-15　ある音の波形

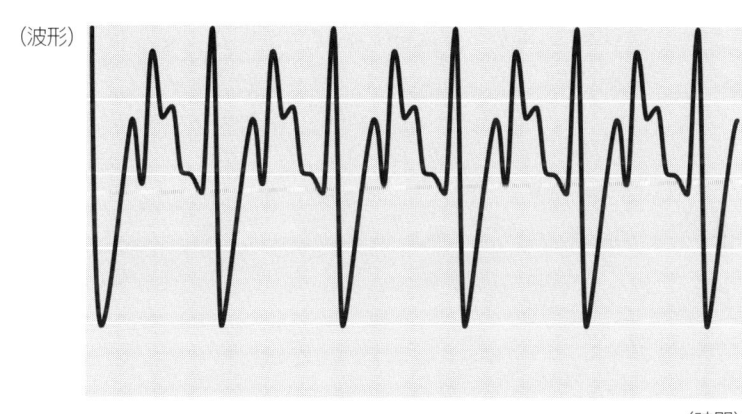

（波形）

（時間）

図表8-16　アサヒビールの月別課税出荷数量の推移

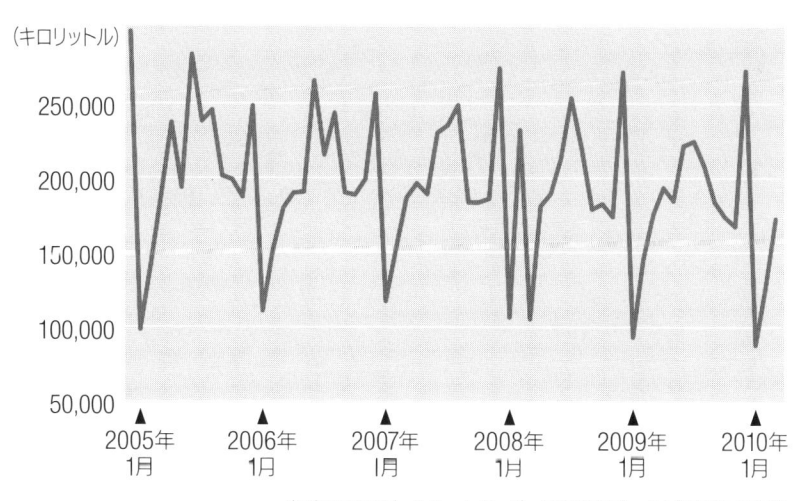

（キロリットル）

出所：アサヒビールホームページ　月次販売データより抜粋して作成

酒・新ジャンル、単位：キロリットル）の推移を示したものだ。どう？

ミライ　これも……似てる！

東　このように、経済時系列も、いわば音や光と同じ「波」だと考えると、波のカタチを数学的に分析するフーリエ解析の技術が使えるというわけだ。つまり、フーリエ解析の技術を用いることにより、経済時系列のサイクルを求めることができる。

ミライ　なるほど。でも、どうやって？

東　さきほど、一見、複雑そうに見える時系列データも、実は、比較的シンプルな4つの変動要因に分解できるという話をしたね。フーリエ解析も基本的には同じで、一見、複雑そうに見える音波や電磁波も、いくつかの単純な波が混ざり合ってできている、と考えるんだ。

ミライ　おもしろい。数学や物理学が、ビジネスと意外なところで結び付くのね。

東　この、複雑そうに見える波を、いくつかの単純な波——この単純な波のことを「周波数成分」と呼ぶんだけれど——に分解するのが「フーリエ変換」と呼ばれる手法だ。
　　具体的に言えば、ある波形をカタチ作っている波の周波数を、「スペクトル」と呼ばれる図によって示してくれるんだよ。

ミライ　周波数？

東　周波数は、山と谷が1秒間に何回現れるかを表す指標で、「Hz（ヘルツ）」で表される。たとえば、ある音が4Hzだとすると、その音は1秒間に4回振動するという意味だ（**図表8-17**）。ということは、周期は何秒になるだろう？

ミライ　1秒間に4回ずつ山と谷が現れるということだから……周期は1÷4＝0.25秒。

東　Good。ちなみに、この、周波数4Hzの波だが、実は、音と呼ぶには周波数が低すぎるんだ。人間が聴くことのできる周波数は、およそ16Hzから16,000Hzだと言われているので、われわれの耳には聞こえない。

ミライ 音でないとすると……

東 「低周波振動」と呼ばれるものだ。僕は、大きな工場がたくさん立ち並んでいる地域に生まれ育ったんだけど、あの辺りは風も吹いていないのに、窓ガラスがよくビリビリと振動していたのを覚えている。工場から出た低周波振動に窓ガラスが共振したんだね。

で、話を元に戻すと、サイン・カーブの隣に、もう1つグラフがあるね。これがスペクトルと呼ばれるものだ。4Hzのところでピッとハネ上がっている。これは、周波数＝4Hzですよっていう意味だ。

もちろん、1秒間の間に何度も繰り返される経済現象なんてないわけだから、経済時系列を扱う際には、1秒を、1日とか、1カ月とか、1年とか、10年とか、適当なタイムスパンに変えないといけないけどね。

では、実際に、Excelでフーリエ変換をやってみよう。

ミライ Excelでできるの？

東 Yes。ちなみに、今からやるように、フーリエ変換をコンピュータ上で高速で実行するアルゴリズムのことを「FFT（Fast Fourier Transform；高速フーリエ変換）」と呼ぶ。

では、早速やってみよう。データは、さきほどのアサヒビールの課税出荷数量を使おう。まず、データ数だが、ExcelでFFTを行う際には、データ数は2^nでなければならない。

ミライ $2^5 = 32$個とか、$2^6 = 64$個とか、$2^7 = 128$個とか？

図表 8-17　**周波数とスペクトル**

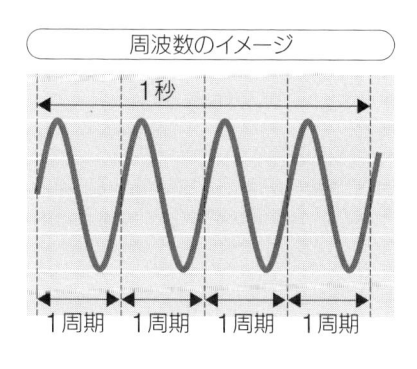

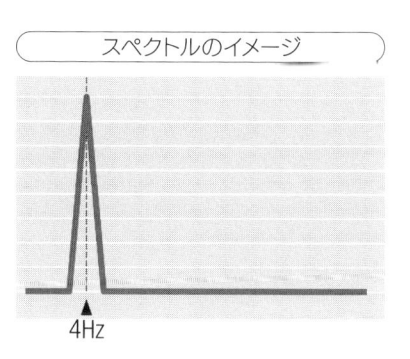

図表 8-18　Excel 2010 で FFT（高速フーリエ変換）を行う手順

Step 1　データに通し番号を振る。

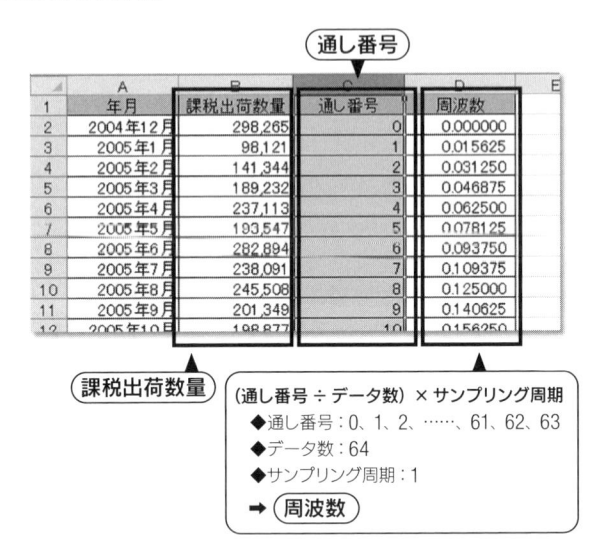

（通し番号）

	A	B	C	D	E
1	年月	課税出荷数量	通し番号	周波数	
2	2004年12月	298,265	0	0.000000	
3	2005年1月	98,121	1	0.015625	
4	2005年2月	141,344	2	0.031250	
5	2005年3月	189,232	3	0.046875	
6	2005年4月	237,113	4	0.062500	
7	2005年5月	193,547	5	0.078125	
8	2005年6月	282,894	6	0.093750	
9	2005年7月	238,091	7	0.109375	
10	2005年8月	245,508	8	0.125000	
11	2005年9月	201,349	9	0.140625	
12	2005年10月	198,877	10	0.156250	

（課税出荷数量）　（通し番号÷データ数）×サンプリング周期
- ◆通し番号：0、1、2、……、61、62、63
- ◆データ数：64
- ◆サンプリング周期：1
- → （周波数）

Step 2　〔データ〕→〔データ分析〕→〔フーリエ解析〕を選択して、〔OK〕ボタンをクリックする。

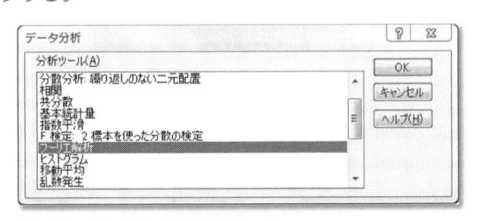

Step 3　〔フーリエ解析〕ダイアログボックスの〔入力範囲（I）〕に、B1～B65（ラベルおよび2004年12月から2010年3月までの課税出荷数量）を入力し、〔先頭行をラベルとして使用（L）〕チェックボックスにチェックを入れる。

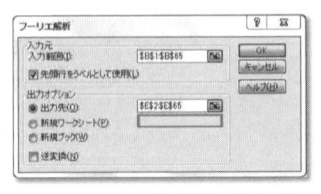

Step4 〔出力先（O）〕に、E列（E2～E65）をセットし、
〔OK〕ボタンをクリックする。

Step5 E列に計算結果が複素数のカタチで出力されるので、
IMABS関数（=IMABS(複素数=E列のデータ)）を用いて、
フーリエ解析の結果（E列）の絶対値を
F列（F2～F65）に出力する。

	A	B	C	D	E	F
1	年月	課税出荷数量	通し番号	周波数		
2	2004年12月	298,265	0	0.000000	12463429	12463429
3	2005年1月	98,121	1	0.015625	-91606.91	253505
4	2005年2月	141,344	2	0.031250	-8883.708	155519
5	2005年3月	189,232	3	0.046875	-138673.9	215155
6	2005年4月	237,113	4	0.062500	-223885.5	301264
7	2005年5月	193,547	5	0.078125	-861116.7	873741
8	2005年6月	282,894	6	0.093750	294178.19	318988
9	2005年7月	239,001	7	0.109375	184003.61	235431
10	2005年8月	245,508	8	0.125000	2735.7892	108575
11	2005年9月	201,349	9	0.140625	52246.210	56274
12	2005年10月	198,877	10	0.156250	-40427.43	318660
13	2005年11月	187,238	11	0.171875	384642.44	528801
14	2005年12月	248,291	12	0.187500	359710.15	359844
15	2006年1月	110,671	13	0.203125	58944.346	108609
16	2006年2月	151,781	14	0.218750	247307.08	257811
17	2006年3月	179,886	15	0.234375	189658.11	191993
18	2006年4月	189,933	16	0.250000	692696.00	910808
19	2006年5月	190,626	17	0.265625	191159.20	229217
20	2006年6月	265,368	18	0.281250	130382.04	212489
21	2006年7月	215,560	19	0.296875	227040.68	227107
22	2006年8月	243,545	20	0.312500	208695.89	360933
23	2006年9月	190,179	21	0.328125	160349.00	557700

フーリエ解析結果
複素数（a+bi）のカタチで出力される

IMABS関数を用いて
フーリエ解析結果の絶対値を計算

DAY 4　過去のデータから将来を予測する

東	そうだ。今回は64個のデータを使うことにしよう。最初に、C列（C2〜C65）に0から63の通し番号を振る。
ミライ	OK。
東	次に、D列（D2〜D65）に、さきほど振った通し番号を、64で割った値を入力する（**図表8-18 Step1**）。
ミライ	64はデータ数ね。
東	Yes。厳密には、D列には、0から63の通し番号をデータ数64で割ったものに、サンプリング周期を掛けた値を入力するのだが、今回の場合、2カ月に1回とか、3カ月に1回ではなく、毎月データをとっている、すなわちサンプリング周期が1なので、通し番号をデータ数で割ればOKというわけだ。このD列の値を「周波数」と呼ぶことにする。これで準備完了だ。 まず、〔データ〕→〔データ分析〕→〔OK〕で、〔フーリエ解析〕のダイアログボックスを呼び出そう（**図表8-18 Step2**）。次に、〔フーリエ解析〕ダイアログボックスの〔入力範囲（I）〕に、B1〜B65（ラベルおよび2004年12月から2010年3月までの課税出荷数量）を入力し、〔先頭行をラベルとして使用（L）〕チェックボックスにチェックを入れる（**図表8-18 Step3**）。 出力先はどこでも構わないが……とりあえずE列（E2〜E65）にセットしよう（**図表8-18 Step4**）。そして〔OK〕ボタンを押すと、E列に計算結果が複素数のカタチで出力される。 最後に、F列（F2〜F65）にIMABS関数で、さきほどのFFT解析結果の絶対値を出力すれば完成だ（**図表8-18 Step5**）。
ミライ	複素数？　IMABS関数？
東	複素数は、たぶん、高校生の時に習った人もいると思うけど……$a+bi$のようなカタチで表される数のことだ。a、bは実数、iは2乗したら-1になるヘンな数、虚数（Imaginary Number）だったね。 一方、FFTは、オイラーの公式（Euler's formula）——こんな感じ—$e^{i\theta}=\cos\theta+i\sin\theta$をベースにしている。なので、計算結果は複素数のカタチで返されるんだ。また、複素数$a+bi$の絶対値は、$\sqrt{a^2+b^2}$だ。さすがに、このあたりまでくると、僕たち

文系の人間には少々キツくなるね。

でも、われわれビジネスパーソンにとって重要なのは、FFTの背後で動いている数学的なアルゴリズムを完全に理解することではなく、きちんとFFTを回し、経済時系列のサイクルを見つけ、かつ、それを将来予測に役立てることができるようになることだ。フーリエ解析の技術的詳細に立ち入るのは、あえてやめておこう。

ミライ　OK。

東　では、解析結果をグラフ化して、スペクトルを作ってみようか。横軸が周波数（D3〜D33）——さきほどの説明から明らかなように、物理学や数学の世界で言うところの周波数とは定義が異なるけど、縦軸が頻度（F3〜F33）であるようなグラフを作ると、こんな感じになる（**図表8-19**）。

ミライ　グラフ化する時、なぜデータの半分しか使わないの?

東　フーリエ変換結果の後ろ半分は、前半分と対称、つまり、あたかも前半分を鏡で写したようになっている。なので、後ろ半分は意味を持たないんだ。詳しい説明は省くが、スペクトルを作成する際には、「周波数＝0および周波数≧0.5はハズす」ことになっているんだ。

図表 8-19　**アサヒビールの課税出荷額のスペクトル**

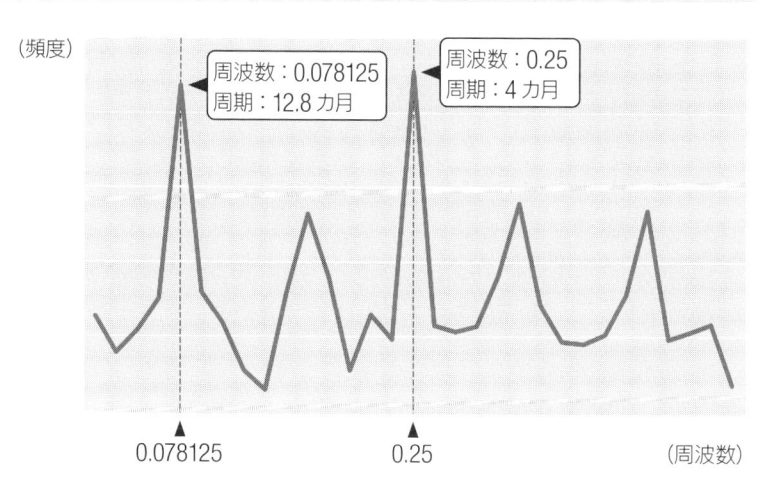

（頻度）

周波数：0.078125
周期：12.8カ月

周波数：0.25
周期：4カ月

0.078125　　　　　0.25　　　　　　　　　（周波数）

ミライ　了解。で、このスペクトルによると、周波数が0.25の時、頻度が最大、0.078125の時、2番目に大きくなるということね。

東　Good。では、周波数＝0.25を周期に変換するにはどうすればいいだろう？

ミライ　周波数が0.25ということは、単位時間に——この場合は1カ月だけど、0.25回振動するということよね。周期とは、山と谷が1回ずつ現れる、すなわち、1回振動するのにかかる時間のことだから、1を0.25で割れば周期になる……かな。

東　Very good。なので？

ミライ　$1 \div 0.25 = 4$ カ月。

東　OK。では、周波数＝0.078125を周期に変換すると？

ミライ　同様に、$1 \div 0.078125 = 12.8$ カ月。

東　Good。つまり、アサヒビールの課税出荷数量は、4カ月をサイクルとする波と、約1年（12.8カ月）をサイクルとする波が重なり合ってできているということだね。以上が、FFTによって時系列データの周期を特定する方法だ。

❺ 季節による山・谷を均す——移動平均法による季節調整

東　では、最後に、移動平均法による季節調整の方法を紹介しよう。さきほど説明したとおり、1年を周期として規則的な動きを繰り返す変動のことを「季節変動」と言う。そして、この季節変動を含む時系列データから、季節変動を取り除く処理のことを「季節調整」と呼ぶんだ。

ミライ　経済財政白書等には、よく、「季節調整値」とか「季節調整済み」といった注釈がつくけど、これらも、季節による凹凸を均しましたよっていう意味ね。

東　そのとおり。で、さっきのわが家の月ごとの電気使用量をプロットしたものを、もう一度、見てみよう（**図表8-5**）。

ミライ　夏に増えて、秋に減って、冬にまた増えて、春に減るという動きを繰り返しているのね。

東　そうだね。しかし、このままでは、たとえばある月の電気使用量が、他の月より多かったとしても、それが季節によるものなのか、あるいは別の理由によるものなのかがわかりにくいよね。
あるいは、これだけ凸凹が激しいと、電気使用量が「趨勢的に」増えてきているのか、減ってきているのかも少し読みづらい。

ミライ　もしかして、季節調整を施すことによって、もし季節による変動がなかったらたぶんこれくらいの水準になっていたであろう、という値を計算するということ？

東　Yes。季節性というヴェールを剥いで、データのありのままの姿が見えるようにするということだね。では、ここで、電気使用量の例を用いて、Excelで簡単に移動平均線を引く方法を紹介しよう（**図表8-20**）。

ミライ　OK。

東　まず、カーソルを曲線上で左クリックして、移動平均線を引きたいデータ系列を指定する。データ系列を指定したら、次に、〔右クリック〕→〔近似曲線の追加（R）〕を選択する。

図表8-5　**東家の電気使用量の推移（再掲）**

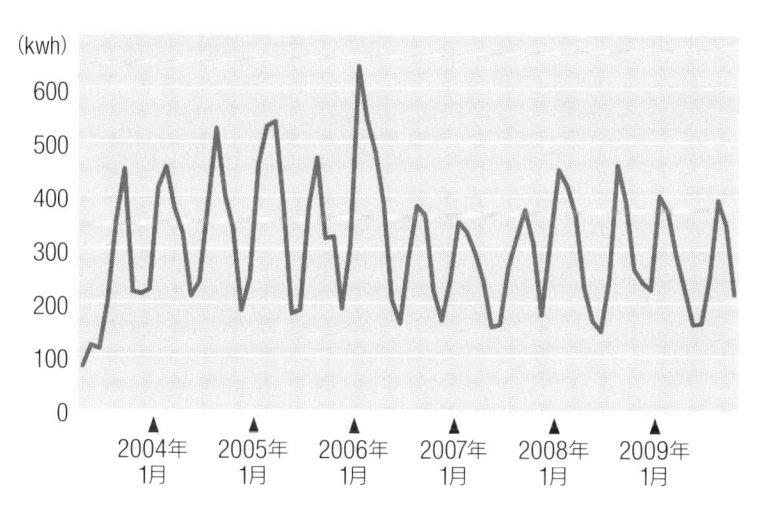

図表 8-20　Excel 2010 で移動平均線を引く手順

Step1　曲線上で〔左クリック〕してデータ系列を指定する。
さらに、〔右クリック〕→〔近似曲線の追加（R）〕を選択する。

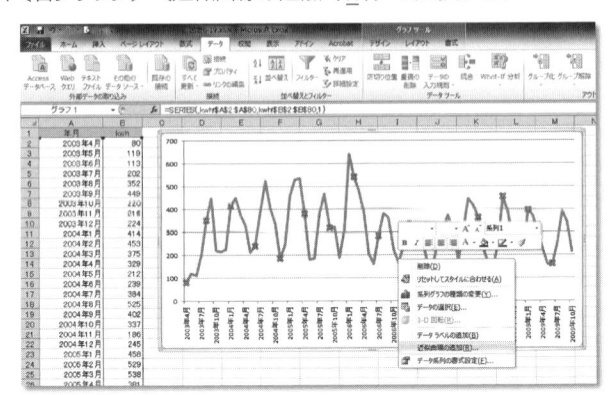

Step2　〔近似曲線の書式設定〕
ダイアログボックスの
〔近似または回帰の種類〕から、
〔移動平均（M）〕を選択し、
〔区間（E）〕を「12」に設定して、
〔閉じる〕ボタンをクリックする。

Step3　画面に移動平均線が表示される。

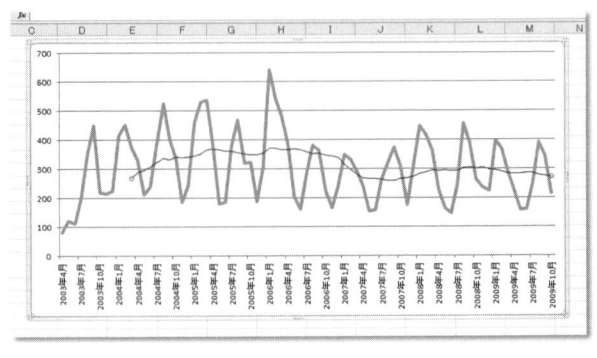

〔近似曲線の書式設定〕ダイアログボックスが表示されるので、〔移動平均（M）〕を選択し、〔区間（E）〕を、3（月次データの場合は3カ月）なり、6（月次データの場合は半年）なり、適当な長さに設定して、〔閉じる〕ボタンをクリックする。操作はこれだけ。

今回は12カ月移動平均、すなわち、区間は「12」を選択しよう。すると、移動平均線が表示される。

ミライ 季節による山・谷が均されて、ずいぶんなめらかな曲線になったわね。

東 そうだね。〔区間〕をいくつに設定するかについては、特に明確なルールはない。けど、区間を長くとればとるほど、移動平均線はなめらかになる。ちなみに、**図表8-21**は、区間を3カ月、6カ月、9カ月、12カ月とした場合の移動平均線を重ねて表示したものだ。

ミライ なるほど。区間が長くなればなるほどより平坦になっているわ。足元のアップ＆ダウンが、過去のデータによって薄められるからなのね。

東 Yes。そしてそれは、足元のトレンドを十分織り込めていないということでもある。移動平均の計算方法やその意味合いについては、あとで詳しく説明するとして、電気使用量の12カ月移動

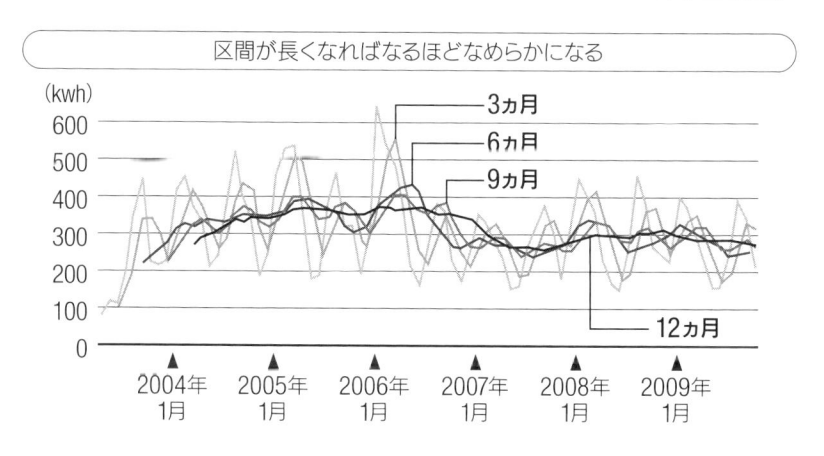

図表8-21　**3カ月・6カ月・9カ月・12カ月移動平均線**

区間が長くなればなるほどなめらかになる

平均に戻ると……

ミライ　なんとなく、緩やかに減少してきているような気がする。

東　　　冷蔵庫を消費電力の少ないものに買い換えたとか、特に、これっていう理由は思い浮かばないんだけどね。でも、季節による振幅は小さくなってきているね。

ミライ　意識的にかどうかは別として、以前よりエアコンを賢く使うようになってきたとか？

東　　　そんなところだろうね。あと、遅ればせながら、テレビ等の待機電力にも、気を配るようになってきたのもあるかもしれないね。もう1つ、季節による変動が著しいデータを見ておこう。**図表8-22**は、全国の百貨店の売上高をグラフにしたものだ。

ミライ　とてもきれいなパターンが見てとれる。毎年、12月がピークなのね。

東　　　なぜだと思う？

ミライ　お歳暮シーズンだし、ボーナスも支給されるし、年末年始の準備もしないといけないし……

東　　　あと、クリスマスもあるね。

図表8-22　百貨店売上高（全国）の推移

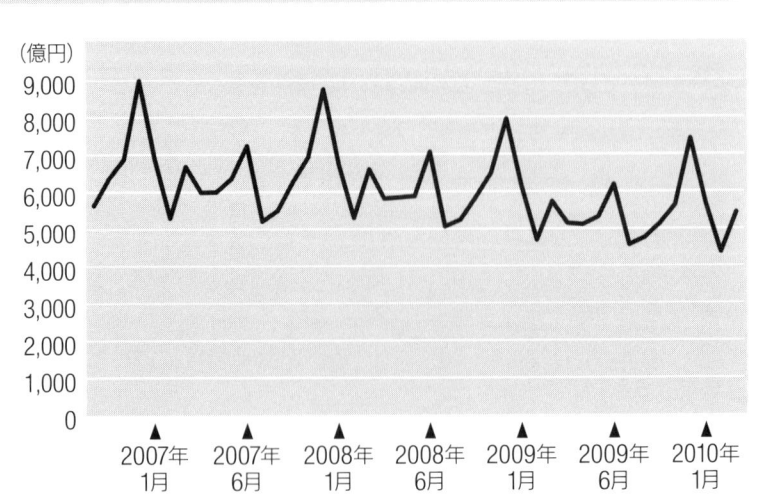

出所：日本百貨店協会ホームページ　百貨店売上高より抜粋して作成

ミライ　2月って、少ないのね。バレンタインのチョコを買いにデパートに行くと、いつも殺人的に混んでるから、少し意外だわ。

東　チョコレートはそれほど単価も高くないだろうから、人出の割には売上げに結び付かないのかもしれないね。このグラフに移動平均線を書き加えてみると……こんな感じになる（**図表8-23**）。

ミライ　生のデータからも、ここ数年、山と谷のサイクルは維持しつつも、全体的に売上げが減ってきていることが読み取れるけど、移動平均線を見ると、下降トレンドが一目瞭然ね。

東　ちなみに、FFTを実行すると、スペクトルはこんな感じになる（**図表8-24**）。

ミライ　周波数で言うと、0.15625と0.25、周期に変換すると、6.4カ月（$=1\div 0.15625$）、4カ月（$=1\div 0.25$）のサイクルを持つということね。

東　以上が、時系列分析の基礎知識だ。ポイントは、今日、3回目になると思うんだけど、一見、複雑そうに見える経済時系列も、トレンド、サイクル、シーズナリティ、ノイズという4つの変動要因が重なり合ってできているということだ。

図表8-23　**百貨店売上高（全国）の推移と12カ月移動平均線**

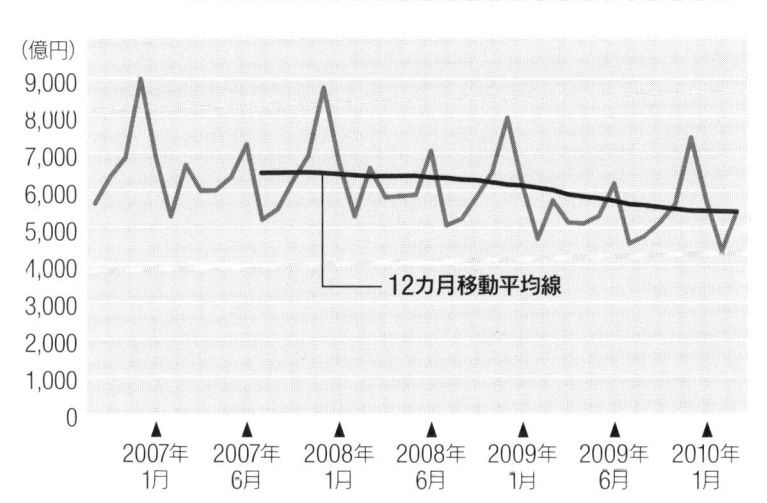

出所：日本百貨店協会ホームページ　百貨店売上高より抜粋して作成

ミライ　4回目！

東　　したがって、大切なのは、経済時系列を、いかに上手にそれらの要素に分解することができるか、だ。
　　　トレンドを見つけるには、昨日、説明した回帰分析という手法があったよね。さらに、FFTという、周期を数学的に計算するための手法も紹介した。今日は、季節変動が大きいデータについては、移動平均法等により季節調整を施すことで、データの動きが見やすくなるということも学んだ。
　　　次に、これらを踏まえたうえで、代表的な予測手法（移動平均法、自己回帰、指数平滑法、単回帰）を紹介するね。

図表8-24　**百貨店売上高（全国）のスペクトル**

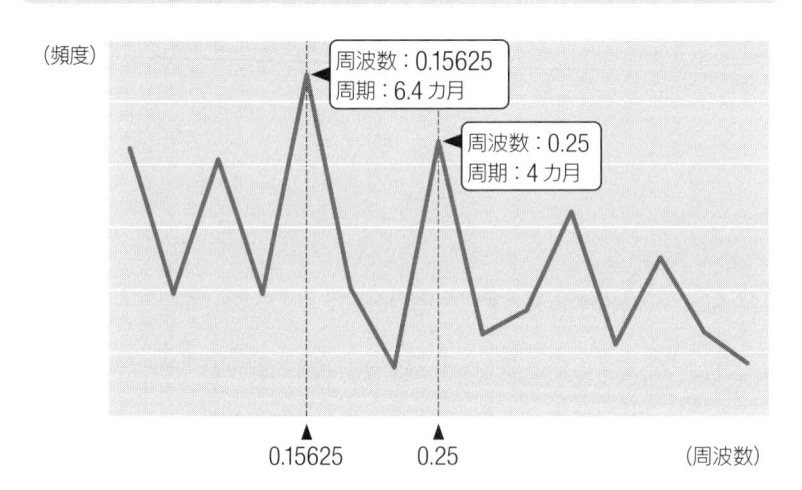

（頻度）

周波数：0.15625
周期：6.4カ月

周波数：0.25
周期：4カ月

0.15625　　0.25　　　　　　　（周波数）

9時間目
過去から将来を予測する②

移動平均法、自己回帰、指数平滑法、近似

東　さっきやったのは、時系列分析の大まかな考え方だ、いわば基本だ。今度は、いよいよ応用する番だ。具体的には、移動平均法、自己回帰、指数平滑法、単回帰といった、時系列分析の代表的な手法を説明していこうと思う。おそらく、このうちのいくつかは、AJAの需要予測にも使えるはずだから、早速、明日からチャレンジできるよう、しっかりと理解しよう。まずは、移動平均法から。

❶ データの中・長期的なトレンドを明らかにする移動平均法

東　さっき見たとおり、移動平均法は季節による山谷を均したり、データに含まれる「雑音」を取り除くための手法だ。でも、実は需要予測にも使えるんだ。やり方は、季節調整をやった時と同じだ。

ミライ　平均をとる区間を少しずつずらしていく、のね。

東　そのとおり。一般的には、

$$\hat{y}_{t+1} = \frac{1}{n} \left\{ \sum_{m=0}^{n-1} y_{t-m} \right\}$$

と表される。
$\hat{y}_{t+1}$ は $t+1$ 期の予測値、y_t は t 期の実績値、n は次数（平均をとる区間）だ。こう書くと難しそうに見えるけど、ようは、ミライが言ったとおり、平均をとる区間を少しずつずらしていけばいい。

図表9-1は、1988年から2008年にかけてのわが国の赤字国債発行額の推移を示したものだ。このデータにもとづき、2008年度の赤字国債発行額を、移動平均法により予測してみよう。

ミライ 何区間とるの？

東 とりあえず、3区間と5区間の2パターンやってみようか。まずは3区間から。

ミライ 3区間の移動平均は、1988年、1989年、1990年の平均が1991年の予測値、1989年、1990年、1991年の平均が1992年の予測値となるように、計算していけばいいのね。

東 そうだね。実際に数字を当てはめて計算してみよう。

図表9-1　赤字国債発行額の推移（日本）

単位：億円

	赤字国債発行額
1988	9,565
1989	2,085
1990	9,689
1991	0
1992	0
1993	0
1994	41,443
1995	48,069
1996	110,413
1997	85,180
1998	169,500
1999	243,476
2000	218,659
2001	209,240
2002	258,200
2003	286,519
2004	267,859
2005	235,070
2006	210,550
2007	193,380
2008	261,930

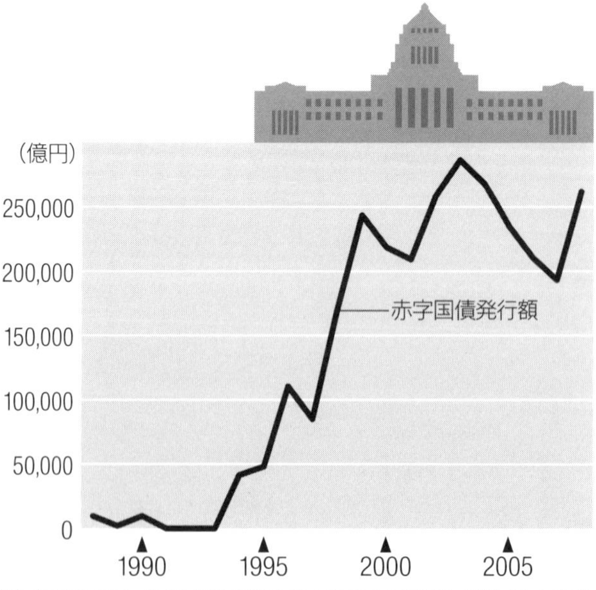

出所：内閣府『経済財政白書（平成21年版）－危機の克服と持続的回復への展望』（日経印刷、2009年）より抜粋

ミライ　OK（**図表9-2**）。

$$1991年の予測値 = (9{,}565 + 2{,}085 + 9{,}689) \div 3$$
$$= 7{,}113億円$$

$$1992年の予測値 = (2{,}085 + 9{,}689 + 0) \div 3$$
$$= 3{,}925億円$$

東　Good。よって、2008年の予測値は？

ミライ　2008年の予測値は、2005年、2006年、2007年の平均だから

$$予測値 = (235{,}070 + 210{,}550 + 193{,}380) \div 3$$
$$= 213{,}000億円$$

図表9-2　**移動平均法による予測（3区間）**

単位：億円

	赤字国債発行額	移動平均
1988	9,565	
1989	2,085	
1990	9,689	
1991	0	7,113
1992	0	3,925
1993	0	3,230
1994	41,443	0
1995	48,069	13,814
1996	110,413	29,837
1997	85,180	66,642
1998	169,500	81,221
1999	243,476	121,698
2000	218,659	166,052
2001	209,240	210,545
2002	258,200	223,792
2003	286,519	228,700
2004	267,859	251,320
2005	235,070	270,859
2006	210,550	263,149
2007	193,380	237,826
2008	261,930	213,000

出所：内閣府『経済財政白書〈平成21年版〉－危機の克服と持続的回復への展望』（日経印刷、2009年）より抜粋して作成

DAY 4　過去のデータから将来を予測する

東 　OK。では、次に5区間でやってみよう。

ミライ　5区間の場合は、1988年、1989年、1990年、1991年、1992年の平均が1993年の予測値、1989年、1990年、1991年、1992年、1993年の平均が1994年の予測値になるのね（**図表9-3**）。なので、

1993年の予測値＝（9,565＋2,085＋9,689＋0＋0）÷5
　　　　　　　＝4,268億円

1994年の予測値＝（2,085＋9,689＋0＋0＋0）÷5
　　　　　　　＝2,355億円

図表9-3　**移動平均法による予測（5区間）**

単位：億円

	赤字国債発行額	移動平均
1988	9,565	
1989	2,085	
1990	9,689	
1991	0	
1992	0	
1993	0	4,268
1994	41,443	2,355
1995	48,069	10,226
1996	110,413	17,902
1997	85,180	39,985
1998	169,500	57,021
1999	243,476	90,921
2000	218,659	131,328
2001	209,240	165,446
2002	258,200	185,211
2003	286,519	219,815
2004	267,859	243,219
2005	235,070	248,095
2006	210,550	251,378
2007	193,380	251,640
2008	261,930	238,676

出所：内閣府『経済財政白書〈平成21年版〉－危機の克服と持続的回復への展望』（日経印刷、2009年）より抜粋して作成

東 Very good。では、2008年の予測値は？

ミライ 2008年の予測値は、2003年、2004年、2005年、2006年、2007年の平均をとればいいから、

予測値＝（286,519＋267,859＋235,070＋210,550
　　　　＋193,380）÷5
　　　＝238,676億円

東 そうなるね。グラフにするとこんな感じだ（**図表9-4**）。

ミライ やはり、平均をとる区間が長くなるほど、この場合だと、3区間よりも5区間の方が、移動平均線はなめらかになってる。

東 そうだね。平均をとる区間を長くすればするほど長期的なトレンドを表し、短くすればするほど短期的なトレンドを表すのだったね。

ミライ 赤字国債の発行額は、多少凸凹があるにせよ、基本的にはずっと増えてきている。移動平均線もずっと右肩上がりだけど、実績値からは遅れて動いている。特に平均をとる区間が長いほど、タイムラグが大きくなってるみたいね。

東 そうだね。モデルの性質上、データの上昇局面や下降局面では

図表9-4　**移動平均法による予測　実績値 vs. 予測値**

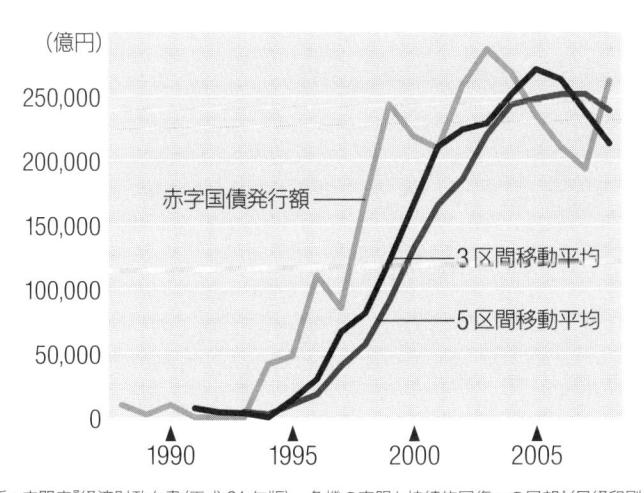

出所：内閣府『経済財政白書〈平成21年版〉−危機の克服と持続的回復への展望』（日経印刷、2009年）より抜粋して作成

どうしてもタイムラグが生じてしまう。このように、平均をとる期間を長くすればするほど、移動平均線はなめらかになる、つまり、毎年発生するランダムな、あるいは周期性のある変動を平滑化できている、というわけだ。しかし、その裏返しとして、さっきミライが指摘したとおり、実績値との間に無視し得ないタイムラグが生じてしまっている、すなわち、原系列の質的、もしくは構造的な変化についていけてないわけだ。

ミライ　こっちを立てれば、あっちが立たず……

東　そのとおり。移動平均法の次数を選択する際には、Stability、つまり予測の安定性と、Responsiveness、つまり原系列の構造的な変化への即応性という2つの観点から検討する必要がある、ということだね。

ミライ　最適な次数を求める公式のようなものはないの?

東　残念ながら、ない。誤差、たとえばMADが最小になるような次数を試行錯誤的に探すしかない。「MAD（Mean Absolute Deviation）」とは、実績値と予測値の差の絶対値をデータ数で割ったもので、時系列モデルの精度を測る代表的な尺度の1つだ。また、移動平均法を用いて予測を行う際の、もう1つの注意点としては、データに外れ値、すなわち、他のデータと比較して極端に大きい、もしくは小さい値が含まれる場合、その後の移動平均に歪みが生じる、という点が挙げられる。この問題を防ぐには、たとえばどんな手段が考えられるだろう?

ミライ　移動平均を計算する際、異常値をハズすとか?

東　Good。他にはどうかな? たとえば、次のような時系列データがあるとしよう。

10→17→15→100→13

データの並びから見て、「100」は明らかに異常値だよね。これらの算術平均を計算すると31という大きな値になって、その後の予測にバイアスがかかってしまう可能性が高い。でも、算術平均のかわりにメディアン（中央値）をとると……

ミライ　メディアンは、データを小さい順に並べた時に真ん中にくる値だ

から……この場合は15。31と比べると、はるかにもっともらしい数字ね。

東 OK。このように、移動平均のかわりに移動メディアンをとるという手もある。

ミライ なるほど。

東 このように、移動平均法にはいくつか気をつけるべき点があるが、データに含まれるノイズや季節変動を取り除くことができること、また、そうすることによって、データの中・長期的なトレンドを明らかにすることができることは、移動平均法の大きな利点だと言える。

❷ 過去の自分から、将来の自分を予測する

東 では、次に自己回帰モデルと呼ばれるものを紹介しよう。自己回帰モデルは、次のように表される。

$$\hat{y}_t = a + b_1 y_{t-1} + b_2 y_{t-2} + b_3 y_{t-3} + \cdots + b_k y_{t-k}$$

この式を見て、何か気づくことはない?

ミライ ある期のyは、その1つ前のyや、そのまた1つ前のyによって決まってくるということかしら?

東 そのとおり。たとえば、ある企業の今日の株価が、多少なりとも昨日の株価や一昨日の株価の水準に左右される、というのは、ごく自然な考え方だよね。

ミライ ある期の自分が、その1期前、2期前、3期前の自分自身の姿によって決まってくる……だから、「自己」回帰モデルと呼ぶのね?

東 うん。ちなみに、日次データであれば1日前、月次データであれば1カ月前のデータを独立変数として用いる自己回帰モデルを「1次の自己回帰モデル」、2日前、2カ月前まで遡るモデルを「2次の自己回帰モデル」と呼ぶんだ。

ミライ じゃあ、1次がいいのか、3次がいいのか、それとも5次がいいのかは、どのように判断するの?

東 　自己回帰モデルの最適な次数は、「偏自己相関係数」と呼ばれる値を計算すればわかる。「偏自己相関係数」とは、ようは今日のデータと、たとえば3日前、5日前、1週間前のデータの関係の強さを表す指標のことだ。

ミライ 　つまり、偏自己相関係数の高いデータを独立変数として採用するということね。

東 　うん。でも、僕たち文系の人間にとって、偏自己相関係数の計算はなかなか大変だ。なので、ここでは、昨日勉強した重回帰分析の手法を用いて、自己回帰モデルを作ってみよう。次数は、とりあえず3次としよう。

ミライ 　3次ということは、たとえば、2000年の赤字国債発行額は、過去3年間、つまり、1999年の発行額、1998年の発行額、1997年の発行額によって決まってくるということね。

東 　そのとおり。では、Excelでモデルを作ってみよう。まず、実績値の隣に「1期前の発行額」「2期前の発行額」「3期前の発行額」「予測値」を入力する列を作る。

ミライ 　OK。「1期前の発行額」「2期前の発行額」「3期前の発行額」「予測値」……できたよ。

東 　OK。では、1期前、2期前、3期前の発行額に数字を入力してみて。

ミライ 　実績値を、1行ずつずらしてコピーすればいいよね（**図表9-5**）。次は？

東 　その前に、さっき勉強した重回帰分析の復習をしよう。重回帰モデルは、一般的にどのような式で表されるのだったっけ？

ミライ 　ええと……

$$y = a + b_1 x_1 + b_2 x_2 + b_3 x_3 \cdots\cdots$$

こんな感じ。

東 　そうだね。これと、さっき僕が書いた自己回帰モデルを比較してみて。

ミライ 　重回帰モデルに含まれている独立変数 x_1、x_2、x_3……が、自己

回帰モデルでは、たまたま1期前、2期前、3期前……の自分自身というだけであって、基本的に両者は同じね。

東 Good。なので?

ミライ 重回帰分析の時と同じように、y_{t-1}、y_{t-2}、y_{t-3}をX、y_tをYとして重回帰を回して、パラメータa、b_1、b_2、b_3を決めてやればいいってこと?

東 Good。では、y_{t-1}、y_{t-2}、y_{t-3}をX、y_tをYとして重回帰を回してみよう。

図表9-5　自己回帰モデルを作る

単位:億円

	赤字国債発行額	1期前の発行額	2期前の発行額	3期前の発行額	予測値
1988	9,565				
1989	2,085	9,565			
1990	9,689	2,085	9,565		
1991	0	9,689	2,085	9,565	34,643
1992	0	0	9,689	2,085	24,029
1993	0	0	0	9,689	25,330
1994	41,443	0	0	0	25,113
1995	48,069	41,443	0	0	66,000
1996	110,413	48,069	41,443	0	67,700
1997	85,180	110,413	48,069	41,443	129,364
1998	169,500	85,180	110,413	48,069	97,342
1999	243,476	169,500	85,180	110,413	184,874
2000	218,659	243,476	169,500	85,180	247,450
2001	209,240	218,659	243,476	169,500	216,225
2002	258,200	209,240	218,659	243,476	211,489
2003	286,519	258,200	209,240	218,659	260,334
2004	267,859	286,519	258,200	209,240	282,348
2005	235,070	267,859	286,519	258,200	261,732
2006	210,550	235,070	267,859	286,519	232,196
2007	193,380	210,550	235,070	267,859	211,413
2008	261,930	193,380	210,550	235,070	196,599

Y / X

出所:内閣府『経済財政白書〈平成21年版〉－危機の克服と持続的回復への展望』(日経印刷、2009年)より抜粋して作成

DAY 4　過去のデータから将来を予測する

ミライ　OK。〔データ〕→〔データ分析〕→〔回帰分析〕→〔OK〕ボタンをクリックする、と。〔入力Y範囲（Y）〕には、1988年から2008年までの赤字国債発行額を入力すればいいよね？

東　それでいいかな？　1988年は1期前、2期前、3期前が、1989年は2期前、3期前が、1990年は3期前のXが抜けてるよ。

ミライ　ホントだ。Xが3つともきちんと揃うのは1991年からだね。それじゃ、〔入力Y範囲（Y）〕は1991年から2008年までの実績値にしないとね。

東　スタートはそれ（1991年）でいい。でも、エンドは2008年でいいかい？
これは、自己回帰モデルだけでなく、移動平均法にも、このあと勉強する指数平滑法にも、すべてについて言えることだけど、今、僕たちがやろうとしているのは、2007年までのデータを使ってモデルを作り、そのモデルで2008年、つまり「将来」を予測しよう、ということなんだ。2008年までのデータを使ってモデルを作って、そのモデルで2008年の数字を予測したとしても、それでは、将来を予測したことにはならないよね。
仮に、予測が的中したとしても、そもそもそのモデルは、2008年のデータもうまくフィットするように作られたものなのだから、精度が高くても、ある意味「当たり前」だ。大切なのは、「過去」のデータでモデルを作り、「将来」を予測することだ。それこそが、時系列分析の難しさであると同時にエキサイティングなところだと思うよ。

ミライ　なるほど。この場合は、1991年から2007年までのデータをもとにモデルを作り、そのモデルで2008年の発行額を予測し、2008年の実績値と比較して、モデルの妥当性を検証する、ということね。

東　Good。続けよう。

ミライ　〔入力Y範囲（Y）〕は1991年から2007年の赤字国債発行額。〔入力X範囲（X）〕は、1期前・2期前・3期前の発行額で、期間は3つとも1991年から2007年まで。

東　OK。X、Yの範囲を今ミライが言ったように設定して、〔OK〕

ボタンを押す。これで、重回帰分析の結果が返される（**図表9-6**）。まず、重回帰式は？

ミライ　Y軸切片が25,112.79302、y_{t-1}（1期前の発行額）の係数が0.98658、y_{t-2}（2期前の発行額）の係数が-0.11671、y_{t-3}（3期前の発行額）の係数が0.02244なので、

$$\hat{y}_t = 25{,}112.79302 + 0.98658 y_{t-1} - 0.11671 y_{t-2} + 0.02244 y_{t-3}$$

東　OK。各パラメータのP値は？

ミライ　Y軸切片のP値が0.15192、y_{t-1}、y_{t-2}、y_{t-3}のP値が順に0.00355、0.76888、0.93701。P値が0.05を下回れば、Yに「効く」ということだったから、明らかに「効く」のは、y_{t-1}、すなわち1期前の赤字国債発行額だけね。Y軸切片は……微妙ね。

東　そうだね。ここで、さっきのミライの質問に戻ろう。あの時言ったように、自己回帰モデルの最適な次数は、偏自己相関係数を計算することによってわかる。しかし、その計算は、統計ソフトがないとなかなか難しい。

なので、ある程度、高度な計算ができるソフト等がない環境で、Excelを使って自己回帰モデルを作る際には、多少泥臭いけど、1次、3次、5次等、いくつかパターンを準備して、各々について重回帰分析を行い、各パラメータのP値等も参考にしながら、モデルに組み込むべき独立変数、すなわちモデルの次数を決定していく、というスタンスでいいと思うよ。

ミライ　移動平均法の時と同様、ある程度、試行錯誤的にやってみる、ということね。自己回帰モデルでも、モデルの良し悪しを決める基準はMADなの？

東　MADが最も重要な評価項目の1つであることに変わりはない。参考までに言うと、自己回帰モデルの良し悪しを評価するモノサシの1つに、「AIC（赤池情報量基準）」と呼ばれる指標がある。AICは、「モデルと実際のデータの距離」および「モデルの複雑さ」という2つの要素からなる。

ミライ　「モデルと実際のデータの距離」って、ようは、誤差ってこと？

図表9-6　Excel 2010で重回帰した結果

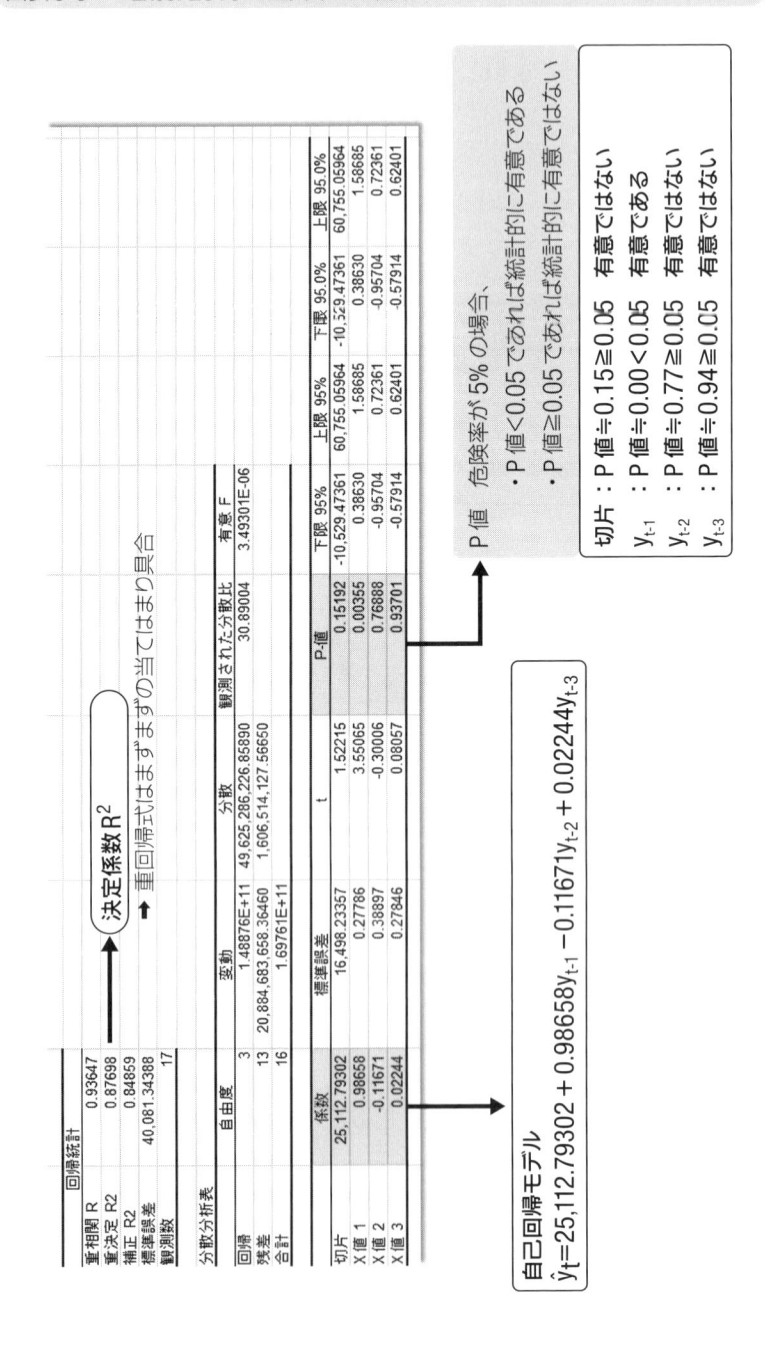

回帰統計	
重相関 R	0.93647
重決定 R2	0.87698
補正 R2	0.84859
標準誤差	40,081.34388
観測数	17

決定係数 R² → 重回帰式はまずまずの当てはまり具合

分散分析表

	自由度	変動	分散	観測された分散比	有意 F
回帰	3	1.48876E+11	49,625,286,226.85890	30.89004	3.49301E-06
残差	13	20,884,683,658.36460	1,606,514,127.56650		
合計	16	1.69761E+11			

	係数	標準誤差	t	P-値	下限 95%	上限 95%	下限 95.0%	上限 95.0%
切片	25,112.79302	16,498.23357	1.52215	0.15192	-10,529.47361	60,755.05964	-10,529.47361	60,755.05964
X 値 1	0.98658	0.27786	3.55065	0.00355	0.38630	1.58685	0.38630	1.58685
X 値 2	-0.11671	0.38897	-0.30006	0.76888	-0.95704	0.72361	-0.95704	0.72361
X 値 3	0.02244	0.27846	0.08057	0.93701	-0.57914	0.62401	-0.57914	0.62401

P-値　危険率が5%の場合、
・P値<0.05であれば統計的に有意である
・P値≧0.05であれば統計的に有意ではない

切片　：P値≒0.15≧0.05　有意ではない
y_{t-1}　：P値≒0.00<0.05　有意である
y_{t-2}　：P値≒0.77≧0.05　有意ではない
y_{t-3}　：P値≒0.94≧0.05　有意ではない

自己回帰モデル
$\hat{y}_t = 25{,}112.79302 + 0.98658 y_{t-1} - 0.11671 y_{t-2} + 0.02244 y_{t-3}$

東　　　ざっくりとはそのような理解でいいよ。もちろん、誤差は小さいにこしたことはないわけだ。では、2番目のファクタ、「モデルの複雑さ」についてはどう思う？

ミライ　そりゃあ、単純なモデルよりも複雑なモデルの方がいいと思うけど……。変数がたくさんあった方が、なんとなく当たりそうな気がするし、見た目もカッコいいし……

東　　　その気持ちもわからないではないが、実は逆なんだ。予測精度にそれほど差がないのであれば、モデルはできるだけシンプルな方がいいんだ。

たしかに、変数を増やせば増やすほど、R^2は高くなる、つまり、見かけ上、モデルの当てはまり具合は良くなるんだけど、将来、予測が大きく外れる可能性も高まるんだ。

ともあれ、モデル・ビルディングにあたっては、シンプル・イズ・ベスト、なんだよ。よって、この場合は、実際には1次の自己回帰モデルで十分だ。でも、今回は「練習」という意味で、3次のモデル、つまり、さっきミライが作った重回帰式を使って、2008年の赤字国債発行額を予測してみよう。ではまず、1991年から。

ミライ　OK。1991年の発行額を予測する式は、

$$\hat{y}_{1991} = 25{,}112.79302 + 0.98658 y_{1990} - 0.11671 y_{1989} + 0.02244 y_{1988}$$

これに、1990年の発行額9,689億円、1989年の発行額2,085億円、1988年の発行額9,565億円を代入すると、

$$\hat{y}_{1991} = 25{,}112.79302 + 0.98658 \times 9{,}689 \\ - 0.11671 \times 2{,}085 \\ + 0.02244 \times 9{,}565 \\ = 34{,}643 \text{億円}$$

東　　　Good。実際には1991年の発行額は0だったんだけど、これは仕方ないね。では、次に2000年の発行額を予測してみよう。

ミライ　2000年の発行額は、

$$\hat{y}_{2000}=25{,}112.79302+0.98658y_{1999}-0.11671y_{1998}$$
$$+0.02244y_{1997}$$
$$=247{,}450億円$$

2000年の実際の発行額は218,659億円だったから、13％ほど多めに予測したということね。

東 OK。では最後に2008年。

ミライ 2008年の発行額を予測する式は、

$$\hat{y}_{2008}=25{,}112.79302+0.98658y_{2007}-0.11671y_{2006}$$
$$+0.02244y_{2005}$$
$$=196{,}599億円$$

実際には261,930億円だったということは、かなり上ブレしたのね（**図表9-7**）。

東 2003年以降、赤字国債発行額はコンスタントに減少してきていたんだ。それゆえ、自身の「過去の」数値を説明変数にするという自己回帰モデルは、その特性上、2007年から2008年にかけての急上昇を、予測に反映させることはできなかったんだね。

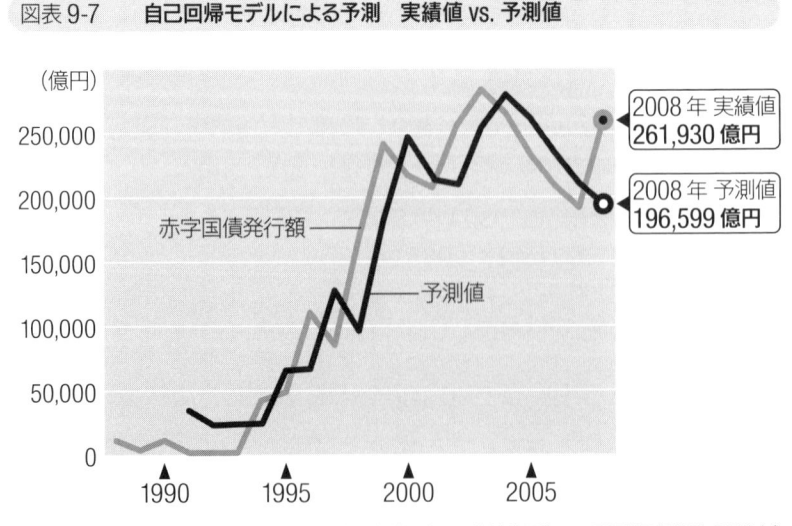

図表9-7　**自己回帰モデルによる予測　実績値 vs. 予測値**

出所：内閣府『経済財政白書〈平成21年版〉－危機の克服と持続的回復への展望』（日経印刷、2009年）より抜粋して作成

ミライ　その意味では、さきに見た移動平均法と同様、自己回帰モデルも、データの急激な変化には対応できないということね。

❸ 定常時系列に威力を発揮する指数平滑法

東　では次に、指数平滑法と呼ばれる予測手法を紹介しよう。指数平滑法は、比較的短い期間の予測に力を発揮する手法で、「単純指数平滑法」と「二重指数平滑法」に分けられる。

(1) 単純指数平滑法

東　まずは、単純指数平滑法から見ていこう。単純指数平滑法の基本式は以下のようになる。

$$\hat{y}_{t+1} = \hat{y}_t + \alpha(x_t - \hat{y}_t)$$

式中の$\hat{y}_{t+1}$は$t+1$期の予測値、$\hat{y}_t$はt期の予測値、x_tはt期の実績値、αは平滑化係数と呼ばれる定数で、0から1の間の値をとる。

ミライ　平滑化係数？

東　指数平滑法の基本的な考え方は、直近のデータには相対的に大きなウエイトを、古いデータには相対的に小さなウエイトをおいて加重平均しようというものなんだ。データが古くなればなるほど、ウエイトは「指数的に」減少する。図で描くとこんな感じだ（**図表9-8**）。

ミライ　それが「指数」平滑法の名前の由来ね。

東　そのとおり。その、ウエイトの「減少の度合い」を表すのが、「α（平滑化係数）」なんだ。

ミライ　なるほど。ということは、αが1に近いほど直近のデータを重視し、逆に0に近いほど古いデータを重視するということかしら？

東　厳密に言うと、その表現は正しくない。仮にαが0.1とか、0.2とか、かなり小さな値であったとしても、直近のデータを最も重視するということに変わりはない。でも、0.8とか0.9の時と比べると、その重み付けが下がる、という感じかな。

ミライ 　裏を返せば、αが0.8とか0.9の場合と比べ、古いデータにも「それなりの」ウエイトを置く、そんなニュアンスかしら。

東 　うんうん。そんな感じ。

ミライ 　OK。では、αはどのように決めるの?

東 　αを0.1→0.2→0.3→……→0.7→0.8→0.9といった具合に、少しずつ変化させて、当てはまり具合が最良になる時のαを採用する。

ミライ 　当てはまり具合が最良……? たとえば、MADが最小になるようなαを選べばいいのかしら?

東 　Yes。では、2008年の赤字国債発行額を指数平滑法で予測してみよう。さっき書いた式から明らかなように、直近の実績値と直近の予測値の差、つまり $(x_t - \hat{y}_t)$ にαを乗じたものに直近の予測値を加えたものが、翌期の予測となる。

ミライ 　ややこしっ! で、αはどうする?

東 　とりあえず0.9でいこう。

ミライ 　OK。でも、このやり方だと、1990年の赤字国債発行額を予測するためには、1989年の予測値が必要ってことよね。1989年の予測値はどう置けばいいの?

東 　この例における「1989年の予測値」のことを、一般的に「初期

図表9-8　**指数平滑法におけるデータの重み付けのイメージ**

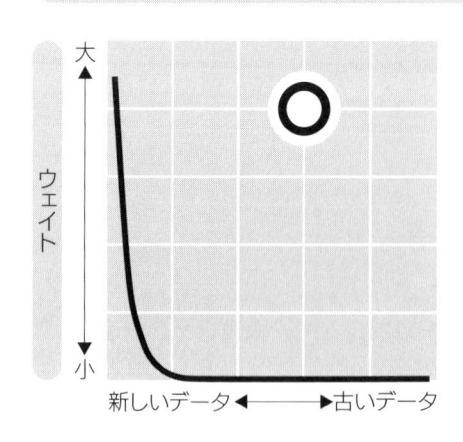

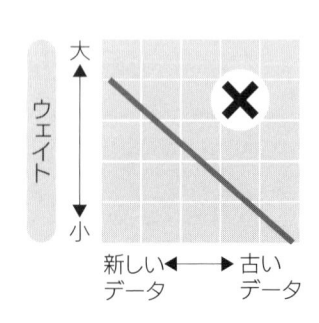

値」と呼ぶ。

ミライ まさに、その値を出発点として、計算モデルがグルグルと回り始める、という意味ね。

東 そのとおり。でも、初期値の決め方には、特にコレといったルールはないんだ。直近数カ年の実績値を平均したものを使ってもいいし、直近の実績値をそのまま初期値として放り込んでも大丈夫だよ。

今回は、1988年の実績値9,565億円をもって初期値としよう。

ミライ OK。じゃあ、1990年の予測値からいくね。直近、つまり1989年の実績値は2,085億円、同じく1989年の予測値（初期値＝1988年の実測値）は9,565億円、αは0.9。これらをさっきの計算式に代入すると……

$\hat{y}_{1990} = 9,565 + 0.9 \times (2,085 - 9,565)$
$\phantom{\hat{y}_{1990}} = 2,833$億円

同様に、

$\hat{y}_{1991} = 2,833 + 0.9 \times (9,689 - 2,833)$
$\phantom{\hat{y}_{1991}} = 9,003$億円

$\vdots$

$\hat{y}_{2008} = 213,345 + 0.9 (193,380 - 213,345)$
$\phantom{\hat{y}_{2008}} = 195,377$億円

東 Very good。グラフにするとこんな感じになる（**図表9-9**）。

ミライ 「αを高めに設定する」イコール「古いデータよりも直近のデータを重視する」なので、タイムラグはあるものの、カタチはだいたい正確に捉えている。でも、2007年から2008年にかけての反転は、さすがに予測しきれなかった……そんな感じかしら。

東 そうだね。ちなみにαを0.1、0.5に設定すると、予測値は**図表9-10**のような曲線になる。0.9の時と比較すると、かなりカタチが変わってくるよね。この例では、αを高めに設定した方が、明らかにデータの当てはまり具合は良くなると言ってよさそうだ。では次に、二重指数平滑法について説明しよう。

図表 9-9　α=0.9のもとでの予測値

単位：億円

	赤字国債発行額	予測値（α=0.9）
1988	9,565	
1989	2,085	9,565
1990	9,689	2,833
1991	0	9,003
1992	0	900
1993	0	90
1994	41,443	9
1995	48,069	37,300
1996	110,413	46,992
1997	85,180	104,071
1998	169,500	87,069
1999	243,476	161,257
2000	218,659	235,254
2001	209,240	220,319
2002	258,200	210,348
2003	286,519	253,415
2004	267,859	283,209
2005	235,070	269,394
2006	210,550	238,502
2007	193,380	213,345
2008	261,930	195,377

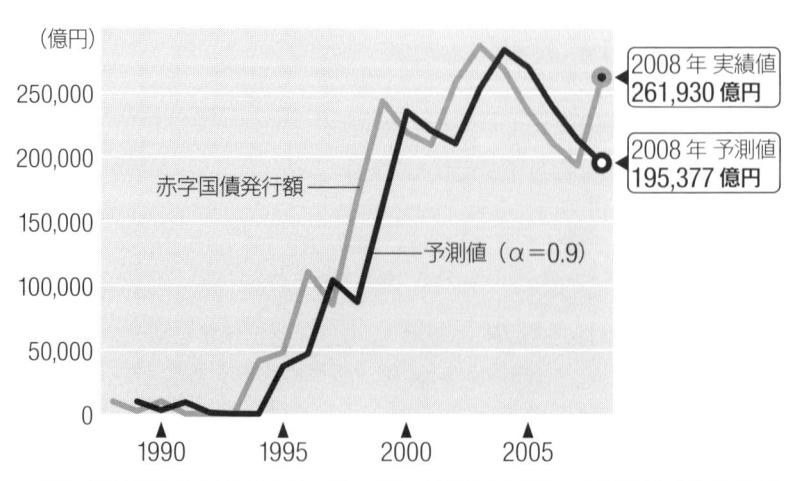

出所：内閣府『経済財政白書〈平成21年版〉―危機の克服と持続的回復への展望』（日経印刷、2009年）より抜粋して作成

図表 9-10　さまざまなαのもとでの予測値

単位：億円

	赤字国債発行額	予測値（α＝0.9）	予測値（α＝0.5）	予測値（α＝0.1）
1988	9,565			
1989	2,085	9,565	9,565	9,565
1990	9,689	2,833	5,825	8,817
1991	0	9,003	7,757	8,904
1992	0	900	3,879	8,014
1993	0	90	1,939	7,212
1994	41,443	9	970	6,491
1995	48,069	37,300	21,206	9,986
1996	110,413	46,992	34,638	13,795
1997	85,180	104,071	72,525	23,456
1998	169,500	87,069	78,853	29,629
1999	243,476	161,257	124,176	43,616
2000	218,659	235,254	183,826	63,602
2001	209,240	220,319	201,243	79,108
2002	258,200	210,348	205,241	92,121
2003	286,519	253,415	231,721	108,729
2004	267,859	283,209	259,120	126,508
2005	235,070	269,394	263,489	140,643
2006	210,550	238,502	249,280	150,086
2007	193,380	213,345	229,915	156,132
2008	261,930	195,377	211,647	159,857

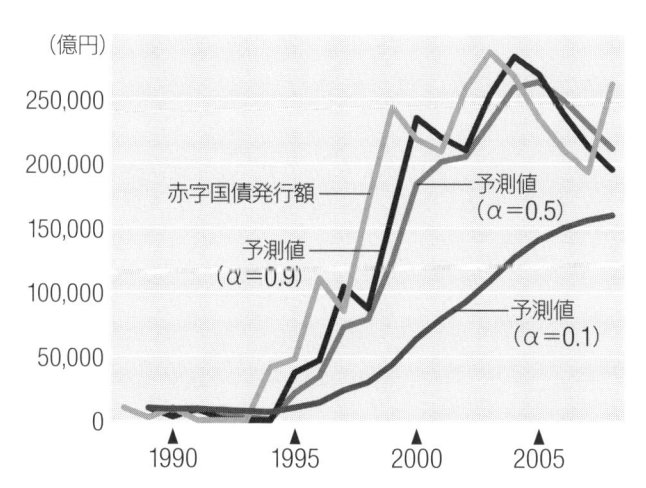

出所：内閣府『経済財政白書〈平成21年版〉－危機の克服と持続的回復への展望』（日経印刷、2009年）より抜粋して作成

(2) 二重指数平滑法

東 二重指数平滑法は、傾向成分、いわゆる「トレンド」を含む時系列データ、つまり継続的に上昇、もしくは下降しているようなデータの短期予測を行う際に有効な手法なんだ。二重指数平滑法には、「ホルト法」や「ブラウン法」等、いくつかのバリエーションがあるんだけど、今日は、ホルト法を紹介しよう。

ホルト法は、以下のような式で表される。少し複雑だけど、その根底にあるロジックさえイメージできれば、決して難解な手法ではないので安心してね。

$$SA_t = \alpha A_t + (1-\alpha)(SA_{t-1} + T_{t-1}) \quad \cdots\cdots ①$$
$$T_t = \beta(SA_t - SA_{t-1}) + (1-\beta)T_{t-1} \quad \cdots\cdots ②$$
$$\hat{y}_{t+p} = SA_t + (p)(T_t) \quad \cdots\cdots\cdots\cdots\cdots ③$$

まず①式から。式中のSA_tは t 期における指数平滑平均、A_tは t 期の実績値、T_{t-1}は t − 1 期における「傾向成分の」指数平滑平均を表す。αは、単純指数平滑法の時と同様、データの重み付けの減少の度合いだ。

ミライ ということは、ざっくり言うと、①式は、対象とするデータの「全般的な」傾向を捉えるための式ということかしら。

東 そのとおり。なので、①式の左辺SA_tは、「ベース」とも呼ばれている。

ミライ ということは、②式は、その「ベース」に乗っかってくる平滑化された「トレンド」を計算するための式ということ?

東 そうだね。②式右辺の$SA_t - SA_{t-1}$(t 期の指数平滑平均とその1期前の指数平滑平均の差)は、ようは、周期的な変動やノイズを取り除いた値が、前期から今期にかけてどれくらい増えたか、もしくは減ったか、ということなので、これはデータ系列のトレンドを表していると言えるね。

ミライ なるほど。ではβは、傾向成分を平滑化する時のウエイトの減少の度合いを表すということね。

東 そのとおり。ということは、α同様、βが1に近いほど……

ミライ 直近の趨勢を重視し……

東 　　逆に0に近いほど……

ミライ 　過去の趨勢もそれなりに重視する。

東 　　Very good。③式は、さっきミライが言ったように、ある期の予測値は、ベース、つまり直近の指数平滑平均と、傾向成分の指数平滑平均の和で表すことができる、ということを意味している。

たとえば、翌期（t＋1期）の予測値は、今期（t期）の指数平滑平均に、今期の傾向成分の指数平滑平均を加えることで求める。あるいは、翌々期（t＋2期）の予測値は、今期（t期）の指数平滑平均に、今期の傾向成分の指数平滑平均を2倍したものを加えることで求められるんだ。では、ホルト法により、2008年の赤字国債発行額を予測してみよう（**図表9-11**）。

ミライ 　αとβはどうする？

東 　　単純指数平滑法の時と同様、αとβにいろいろな値を当てはめてみて、当てはまり具合が最良、すなわち、MADが最小となるようなαとβの組み合わせを見つける。

あるいは、Excelのソルバー機能を使って最適解を見つけることもできる。ここでは、とりあえず、$\alpha = 0.5$、$\beta = 0.7$としよう。

ミライ 　OK。でも、1988年のSAやTを予測するためには、1987年のSAやT、いわゆる初期値が必要ね。ホルト法でも、初期値にはそれほど神経質にならなくていいの？

東 　　うん。単純指数平滑法の時と同様、ホルト法のモデルも、計算が進むにつれて、順次、実績値を取り込んで、自動的に誤差を修正していく、そんな立てつけになっているからね。

ミライ 　OK。じゃあ、1987年のSAには、とりあえず1988年の実績値を放り込んでおけば大丈夫ね。Tはトレンドだから……1989年の実績値と1988年の実績値の差、くらいでどうかしら？

東 　　いいんじゃないかな。では、実際に計算してみよう。

ミライ 　OK。まず、SAの初期値は1988年の実績値を使うから9,565億円。一方、1988年から1989年にかけての実績値の増加額もしくは減少額をもってTの初期値とするから、

$$T の初期値 = 2,085 - 9,565$$
$$= -7,480 億円$$

東　Good。あとは、これらの数字や実績値を①・②式に代入してやれば、自動的にモデルが回り始めるわけだ。

ミライ　じゃあ、1988年のSAから始めるね。

$$SA_{1988} = \alpha A_{1988} + (1-\alpha)(SA_{1987} + T_{1987})$$
$$= 0.5 \times 9,565 + (1-0.5)(9,565 + (-7,480))$$
$$= 5,825 億円$$

図表 9-11　**ホルト法による予測**

$\alpha : 0.5$　$\beta : 0.7$　　　　　　　　　　　　　　　　単位：億円

	赤字国債発行額	SA_t (Base)	T_t (Trend)	予測値
		9,565	−7,480	
1988	9,565	5,825	−4,862	2,085
1989	2,085	1,524	−4,469	963
1990	9,689	3,372	−47	−2,945
1991	0	1,662	−1,211	3,325
1992	0	226	−1,369	451
1993	0	−572	−969	−1,143
1994	41,443	19,951	14,075	−1,540
1995	48,069	41,048	18,990	34,027
1996	110,413	85,226	36,621	60,038
1997	85,180	103,513	23,788	121,847
1998	169,500	148,401	38,557	127,301
1999	243,476	215,217	58,339	186,958
2000	218,659	246,107	39,125	273,556
2001	209,240	247,236	12,528	285,232
2002	258,200	258,982	11,980	259,764
2003	286,519	278,741	17,425	270,962
2004	267,859	282,012	7,518	296,166
2005	235,070	262,300	−11,543	289,530
2006	210,550	230,653	−25,616	250,757
2007	193,380	199,209	−29,696	205,038
2008	261,930			169,513

出所：内閣府『経済財政白書〈平成21年版〉－危機の克服と持続的回復への展望』(日経印刷、2009年) より抜粋して作成

※計算結果は、まるめの関係で、若干の差異が発生する箇所がある。

次に、1988年のTは、

$$T_{1988} = \beta(SA_{1988} - SA_{1987}) + (1-\beta)T_{1987}$$
$$= 0.7 \times (5,825 - 9,565) + (1-0.7)(-7,480)$$
$$= -4,862 \text{億円}$$

よって、1989年の予測値は、

$$\hat{y}_{1989} = SA_{1988} + T_{1988}$$
$$= 5,825 + (-4,862)$$
$$= 963 \text{億円}$$

東 Very good。では計算を続けて、1999年の予測値を計算してみよう。

ミライ OK。では、1998年のベースから。

$$SA_{1998} = \alpha A_{1998} + (1-\alpha)(SA_{1997} + T_{1997})$$
$$= 0.5 \times 169,500 + (1-0.5)(103,513 + 23,788)$$
$$= 148,401 \text{億円}$$

次に、1998年のTは、

$$T_{1998} = \beta(SA_{1998} - SA_{1997}) + (1-\beta)T_{1997}$$
$$= 0.7 \times (148,401 - 103,513) + (1-0.7) \times (23,788)$$
$$= 38,557 \text{億円}$$

よって、1999年の予測値は、

$$\hat{y}_{1999} = SA_{1998} + T_{1998}$$
$$= 148,401 + 38,557$$
$$= 186,958 \text{億円}$$

東 Good。グラフからも明らかなように、90年代後半は、赤字国債の発行額が右肩上がりで増加していた時期だ。なので、その頃のTを見ると、軒並み大きなプラスの値になっているね。

ミライ 右肩上がりのトレンドが、Tの値を通じて予測値に織り込まれているということね。

東　そうだね。このあたりが、ホルト法は非定常時系列、つまり上昇もしくは下降トレンドを持つ時系列の予測に力を発揮すると言われる所以なのだろうね。
では、最後に、2008年の赤字国債発行額を予測してみよう。

ミライ　はい。では、2007年のベースから。

$$SA_{2007} = \alpha A_{2007} + (1-\alpha)(SA_{2006} + T_{2006})$$
$$= 0.5 \times 193,380 + (1-0.5)(230,653 + (-25,616))$$
$$= 199,209 \text{億円}$$

次に、2007年のTは、

$$T_{2007} = \beta(SA_{2007} - SA_{2006}) + (1-\beta)T_{2006}$$
$$= 0.7 \times (199,209 - 230,653) + (1-0.7) \times (-25,616)$$
$$= -29,696 \text{億円}$$

よって、2008年の予測値は、

$$\hat{y}_{2008} = SA_{2007} + T_{2007}$$
$$= 199,209 + (-29,696)$$
$$= 169,513 \text{億円}$$

東　OK。予測値169,513億円に対し、実績値261,930億円。90年代後半、赤字国債の発行額が上昇トレンドにあった時は、当てはまり具合はまずまずであったものの、2008年は実績と大きく乖離してしまっている（**図表9-12**）。なぜだろう？

ミライ　赤字国債発行額は、2003年にピークを迎えて以降、2007年まで一貫して減少してきたわ。この下降トレンドを反映して、2003年以降、Tも大幅に減少している。2007年のTは、−29,696億円なので、2008年の発行額を予測する際には、ベースの予測に対し、約30,000億円のマイナス調整が施されたけど……

東　でも実際には……

ミライ　でも実際には、2008年の発行額は一転して大幅な増加となったため、9兆円を超える誤差が出ることになった……

東　2008年の発行額が、せめて前年実績並みであれば、これほどの乖離は生じなかったんだろうね。でも、減少傾向に歯止めがかかるどころか、逆に急反発したため、これだけの誤差が発生してしまったということだね。2000年、2001年にも実績値と予測値の乖離が大きくなっている。ベクトルは逆だけど、同じメカニズムによるものだね。

ミライ　上昇トレンドや下降トレンドを予測に織り込むのが得意とされるホルト法も、データの急激な方向転換には脆弱ということなのね。

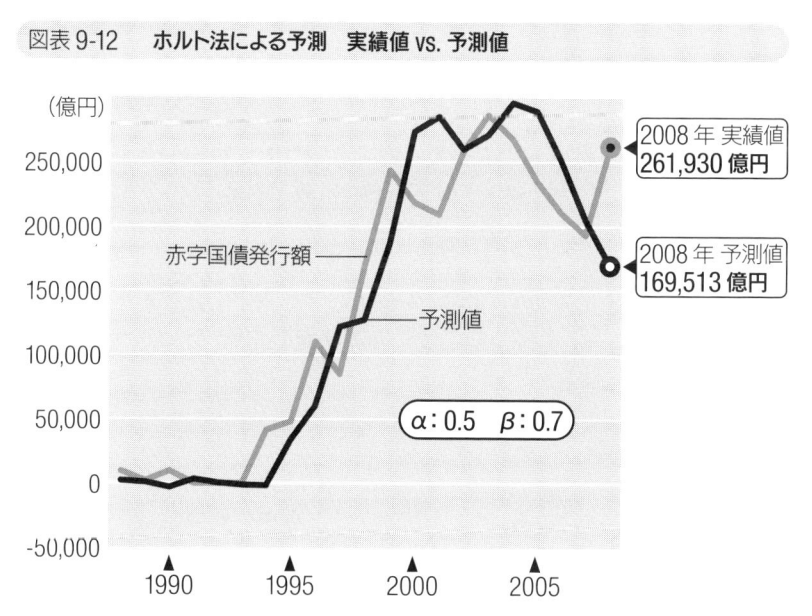

図表9-12　ホルト法による予測　実績値 vs. 予測値

(億円)

2008年 実績値
261,930億円

2008年 予測値
169,513億円

赤字国債発行額

予測値

$\alpha: 0.5 \quad \beta: 0.7$

1990　1995　2000　2005

出所：内閣府『経済財政白書〈平成21年版〉－危機の克服と持続的回復への展望』(日経印刷、2009年)より抜粋して作成

DAY 4　過去のデータから将来を予測する

❹ 線形近似、対数近似、多項式近似による予測

東　　最後に、その他の予測手法として、「線形近似による予測」「対数近似による予測」「多項式近似による予測」の3つを紹介しよう。ではまず線形近似による予測から。

（1）線形近似による予測

ミライ　この前、回帰分析のやり方について勉強した時に出てきた手法ね。最小2乗法によって、データの分布に最も当てはまるような直線 $y = a + bx$ を見つけるのね。

東　　そのとおり。この前一緒にやったように、回帰式のパラメータは電卓でも計算できるんだけど、今日はExcelにやってもらおう。データは、引き続き「赤字国債発行額」を使う。

ミライ　OK。まずは散布図を作るのね。

東　　うん。でも、xが1988、1989、……、2007、2008では数字が大きくて少しわかりづらいので、順に、1、2、……、20、21と呼ぶことにしよう。

ミライ　OK。1988年から2007年までのデータで散布図を作ればいいのね。

東　　Yes。さっきも言ったとおり、僕たちがやろうとしているのは、2007年までのデータを使ってモデルを作り、そのモデルで将来、つまり2008年を予測する、ということだからね。

ミライ　散布図は……こんな感じ。

東　　OK。あとは、〔近似曲線の追加〕で近似曲線——といっても線形近似の場合は近似「直」線だけど、回帰式を得ることができるね（**図表9-13**）。

ミライ　回帰式は $\hat{y} = 16{,}456x - 42{,}838$。

東　　Good。では、この回帰モデルを使って、たとえば2000年の赤字国債発行額を予測してみると？

図表 9-13　赤字国債発行額と時間の関係（線形近似）

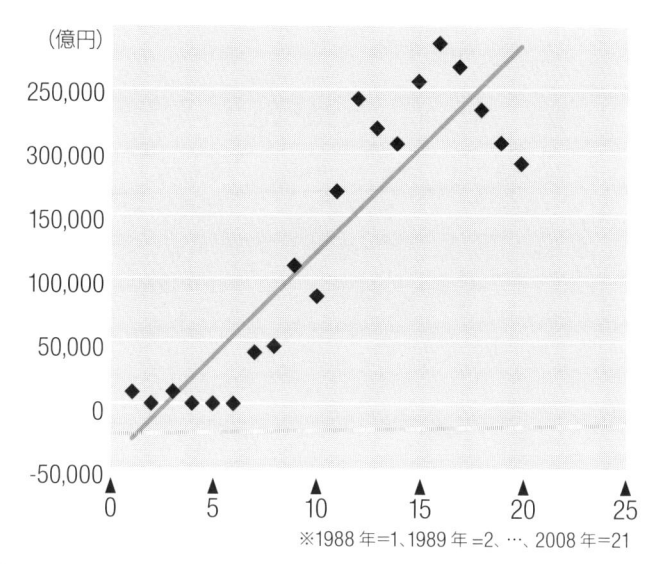

※1988年＝1、1989年＝2、…、2008年＝21

出所：内閣府『経済財政白書〈平成 21 年版〉－危機の克服と持続的回復への展望』（日経印刷、2009 年）より抜粋して作成

図表 9-14　線形近似による予測

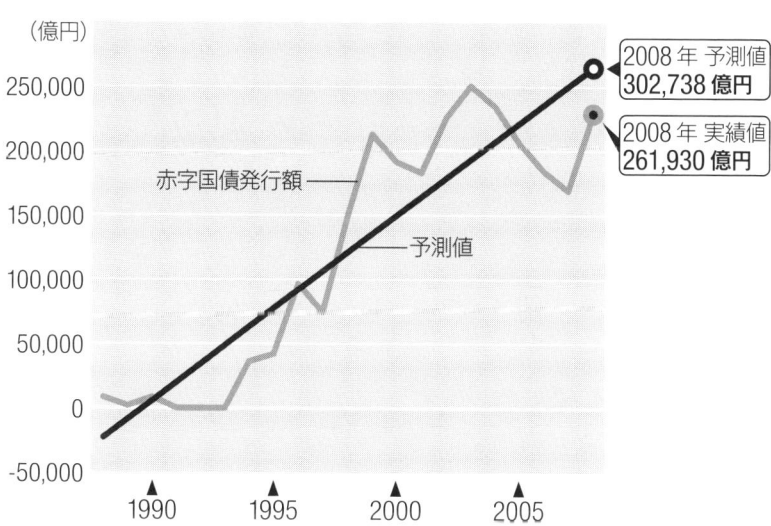

2008年 予測値
302,738 億円

2008年 実績値
261,930 億円

赤字国債発行額
予測値

出所：内閣府『経済財政白書〈平成 21 年版〉－危機の克服と持続的回復への展望』（日経印刷、2009 年）より抜粋して作成

DAY 4　過去のデータから将来を予測する

ミライ　xに2000年、この場合は「13」を代入すると、

$$\hat{y}_{2000}=16{,}456\times13-42{,}838$$
$$=171{,}090億円$$

東　そうだね。では2008年の予測値は？

ミライ　xに21を代入すると、$\hat{y}_{2008}=16{,}456\times21-42{,}838=302{,}738$億円で、約16％の上ブレ（**図表9-14**）。でも、仮に赤字国債発行額が、時間の経過とともにほぼ一定の割合で増加し続ける、もしくは減少し続ける、といった場合は、線形近似による予測でもそこそこの精度は期待できそうね。

(2) 対数近似による予測

東　まあ、そんなケースはむしろ稀だろうけどね。では次に、対数近似で2008年の発行額を予測してみよう。対数近似では、近似曲線は次のような数式で表される。

$$y=b+a\log_e(x)$$

eは、正規分布の説明でも出てきたけど、自然対数の底で約2.7。ようは、xをいったん対数に変換したうえで回帰分析を行うということだ。

ミライ　対数近似を行う場合も、Excelが回帰式を出してくれるんだよね。

東　うん。さっきやった線形近似でも、対数近似でも、このあと出てくる多項式近似の場合でも、要領はまったく同じだ。
復習しよう。

①散布図を作成する

②データ系列を指定したうえで右クリックして、〔近似曲線の追加(R)〕を選択する

③近似曲線のオプション（指数近似、線形近似、対数近似、多項式近似、累乗近似）の中から使用する近似曲線のタイプを選択する

④〔グラフに数式を表示する(E)〕と〔グラフにR-2乗値を表示する

　　　　（R)〕チェックボックスにチェックを入れる

　　　⑤〔閉じる〕ボタンをクリックする

　　　この5つの手順でOKだ。

ミライ　回帰式は、$\hat{y}=110{,}431\ln(x_t)-103{,}814$。ところで、この「ln」って何？

東　　底がeであるような対数、つまり、$\log_e(x)$のことをExcel等ではln(x)と表現するんだよ。

ミライ　なるほど。

東　　では、2008年の赤字国債発行額をさきほどのモデルで予測してみよう（**図表9-15**）。

ミライ　OK。

　　　$\hat{y}_{2008}=110{,}431\ln(21)-103{,}814$
　　　　　　$=232{,}396$億円

図表9-15　赤字国債発行額と時間の関係（対数近似）

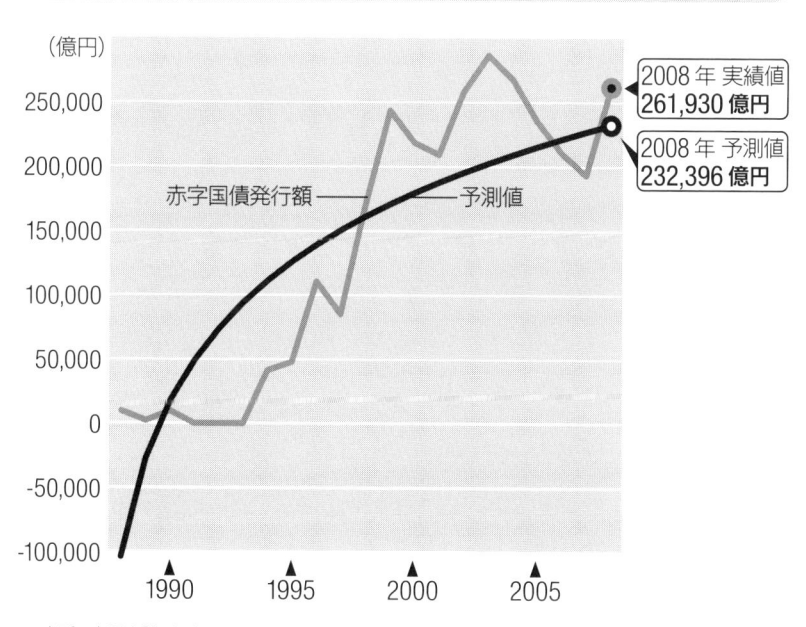

出所：内閣府『経済財政白書〈平成21年版〉－危機の克服と持続的回復への展望』（日経印刷、2009年）より抜粋して作成

東　　Good。近似曲線の形状から明らかなように、対数近似は、最初急角度で上昇したあと、その伸びが徐々に緩やかになるような時系列データを近似する際に有効だ。たとえば、先進国の人口等が、これに当てはまると言われている。

(3) 多項式近似による予測

東　　では、最後に多項式近似による予測にチャレンジしよう。多項式近似では、近似曲線は次のような数式で表される。

$$y = a + b_1 x + b_2 x^2 + b_3 x^3 + \cdots + b_k x^k$$

今回は3次の多項式により2008年の赤字国債発行額を予測してみよう。

ミライ　3次ということは、$\hat{y}_t = a + b_1 x_t + b_2 x_t^2 + b_3 x_t^3$ みたいなカタチね。Excelで回帰式を求めると、

$$\hat{y}_t = -265.05 x_t^3 + 7{,}884.5 x_t^2 - 45{,}643 x_t + 62{,}209$$

東　　Good。では2008年の予測値は？

ミライ　2008年は21番目のデータだから……

$$\hat{y}_{2008} = -265.05 \times 21^3 + 7{,}884.5 \times 21^2 - 45{,}643 \times 21 + 62{,}209$$
$$= 126{,}142 \text{億円}$$

2008年は大きくハズしたけど、それ以外の年はまずまずの精度で予測できていると思うけど（**図表9-16**）。R^2 も96％と、とても高いし……

東　　たしかに、2007年までは曲線の特徴をキレイに捉えているね。でも、これは「たまたま」だと考えた方がいい。予測値は、2003年にピークを迎え、あとは加速度的に減少していく。試しにこのモデルで、2030年の発行額を予測してみよう。

ミライ　2030年は2008年から22年後だから、21 + 22 = 43番目のデータ。回帰モデルのxに43を代入すると、

$$\hat{y}_{2030} = -265.05 \times 43^3 + 7{,}884.5 \times 43^2 - 45{,}643 \times 43 + 62{,}209$$
$$= -8{,}395{,}330 \text{億円}$$

東　マイナス800兆円になる。

ミライ　あり得ない……

東　このように、R^2が高いからといって、盲目的に多項式近似に飛びつくのはとても危険だ。そのデータが将来描くカーブのカタチを、よほど明確にイメージできない限り、多項式近似、特に4次以上の高次の多項式近似は避ける方が無難だろうね。

図表9-16　赤字国債発行額と時間の関係（多項式近似）

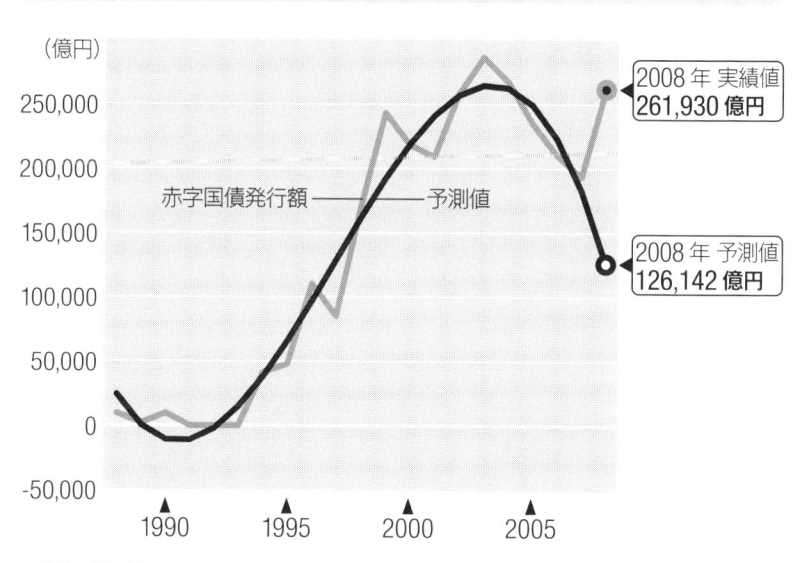

出所：内閣府『経済財政白書（平成21年版）－危機の克服と持続的回復への展望』（日経印刷、2009年）より抜粋して作成

❺ 時系列分析で意思決定の正確さとスピードを高める

東　以上、見てきたように、時系列分析にはいろいろなやり方がある。そして、各手法には、各々長所と短所、あるいは特有の「癖」のようなものがある。それらを理解することによって、また、予測が外れたとしてもあきらめることなく根気強くチャレンジし続けることによって、こんなタイプのデータの予測には移動平均法がベストとか、こんなタイプのデータの予測にはホルト法がピタッとハマる、といった勘所が必ず身についてくるはずだ。

今日はたまたま「赤字国債」を例に説明したけど、自社の製品・サービスに対する需要や在庫の水準であれ、売上高やキャッシュフローといった財務指標であれ、およそ時間の経過とともに変化するものであれば、それらはすべて時系列分析の対象となる。

時系列分析のスキルを磨くということは、すなわち、会社のさまざまな意思決定の正確さとスピードを向上させることにほかならない。なぜなら、会社は、時系列分析のアウトプット、すなわち将来予測を灯台の光として、それに向かって動いていくものだからね。

DAY 5

データの山から重要な情報を抽出する

多変量解析

10時間目
大量のデータから
重要な切り口を見つける

主成分分析

う～ん。これから東さんの授業かぁ……。さすがにマーケティングの研修とのダブルはちょっときついかも。あ、すでに来てる。さすが、東さん。

ミライ　今日、会社でマーケティングの研修を受けてきたの。最近、格安航空会社の勢いがいいでしょ？　それで、ケースでも航空業界を取り上げたんだけど、うちは完全に負け犬だわ……このままでは、LLCに負けちゃうかも。

東　それって、BCGモデルを使ったということ？

ミライ　そうそう。BCGモデルって書いてあった。

東　企業を比較する手法は、他にもたくさんあるから、BCGモデルで負け犬になったからといってダメとは限らない。BCGモデルは、市場シェアと成長率の2つの要素で判定するものだけど、他のツールだったら、違う結果になるかもしれないよ。たとえば、主成分分析なら、もっとたくさんの切り口を使って分析できるから、結果も違ってくるかもしれない。

ミライ　主成分分析？

❶ データの視界を良くする

東　主成分分析は、今までに登場したものと比べると、耳にする機会が少ないかもしれないね。これは、読んで字のごとく、データのエッセンスを明確にし、データの視界を高める手法のことなんだ。まずは、**図表10-1**を見てみて。この表は、関西圏の7つの企業

を、「規模」「収益性」「安全性」「成長性」、そして「技術力」という5つの切り口で評価したものだ。パッと見ての感想は?

ミライ 評価項目が5つもあって、ごちゃごちゃしてる。少し見づらいかな。

東 そうだね。では、あえてこの7社の中からナンバーワンの企業を選べと言われたら、ミライはどうする?

ミライ うーん。何をもって「ナンバーワン」とするのかがよくわからないけど……総資産の大きな企業を良い会社と呼ぶのかもしれないし、あるいは会社の大きさじゃなくって、ROA(Return on Assets;総資本事業利益率;事業利益を総資産で割ったもの)やROE(Return on Equity;株主資本利益率;税引後当期純利益を株主資本で割ったもの)等の利益率が高い企業こそが、良い会社なのかもしれないし……

図表10-1　企業を評価する

総合得点＝規模＋収益性＋安全性＋成長性＋技術力

	規模	収益性	安全性	成長性	技術力	総合得点
企業A	4	6	4	9	9	32
企業B	9	6	10	3	5	33
企業C	6	5	7	7	6	31
企業D	3	7	4	9	10	33
企業E	5	8	5	6	7	31
企業F	10	6	9	4	4	33
企業G	7	7	6	4	6	30

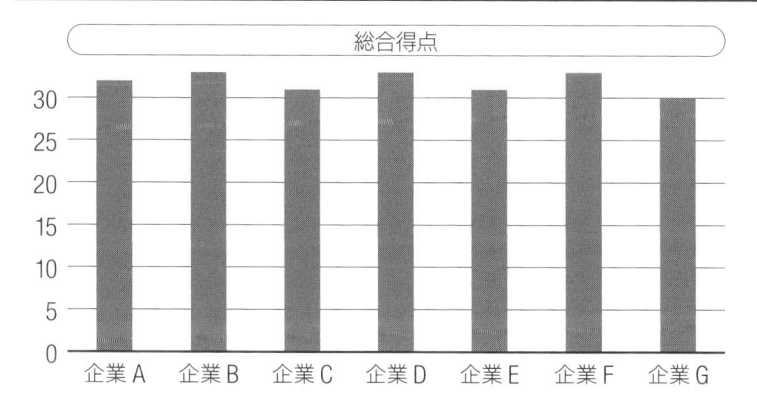

総合得点

でも、まずは、5つの評価項目の得点を足し算して、各企業の総合得点を計算してみる……かな。総合得点が一番高い企業が、とりあえず、一番良い会社とする。

東　　うん。たぶん、それが一番オーソドックスなやり方だろうね。じゃあ、やってみて。

ミライ　OK。では、まずA社から。A社の規模は4点、収益性は6点、安全性は4点、成長性は9点、技術力は9点だから、総合得点は、4＋6＋4＋9＋9は32点。同様に、B社、C社、D社、E社、F社、G社の総合得点は、順に、33点、31点、33点、31点、33点、30点。

東　　OK。ついでに総合得点をグラフにしてみよう。

ミライ　こんな感じかな？

東　　どう？

ミライ　どんぐりの背比べって感じ。これじゃあ、どの会社がナンバーワンなのか、よくわかんない。

東　　そうだね。このままでは、ミライが言ったとおり、7社の総合得点はほぼ横一線なので、評価しづらいね。では、たとえば成長性と技術力のウエイトを倍にすると、総合得点の分布はどうなるだろう？

ミライ　足し算する時、成長性と技術力の得点だけ倍にすればいいのね。A社の場合は、規模4点＋収益性6点＋安全性4点＋成長性9点×2＋技術力9点×2で50点。同様に、B社、C社、D社、E社、F社、G社の総合得点は、順に、41点、44点、52点、44点、41点、40点（**図表10-2**）。

東　　OK。またグラフにしてみて。

ミライ　こんな感じ。

東　　さっきと比べて、今度はどう？

ミライ　さっきは、7社が横並びの状態だったけど、今回は、A社とD社が頭1つ抜けているという感じ。C社とE社がそれに続き……G社は厳しい。でも、成長性と技術力のウエイトを倍にすること

によって、なんだか視界が良くなったというか、各企業の「顔」が少し見えてきた感じがする。

東　そうだね。他の項目、たとえば規模と安全性のウエイトを倍にすると、**図表10-3**のようになる。どちらもやったことといえば、ある特定の項目の比重を少し上げてやっただけなんだけど、それでもデータの見晴らしはずっと良くなった、というか、団子状態だった7社が、「バラけて」見えるようになったよね。実は、これこそが、主成分分析の目的なんだ。

ミライ　団子状態のデータが、できるだけバラけて見えるように？

東　そう。では、この写真を見てみて。どこかわかる（**図表10-4上**）？

図表10-2　成長性と技術力にウェイトをかけて評価する

総合得点＝規模＋収益性＋安全性＋成長性×2＋技術力×2

	規模	収益性	安全性	成長性	技術力	総合得点
企業A	4	6	4	18	18	50
企業B	9	6	10	6	10	41
企業C	6	5	7	14	12	44
企業D	3	7	4	18	20	52
企業E	5	8	5	12	14	44
企業F	10	6	9	8	8	41
企業G	7	7	6	8	12	40

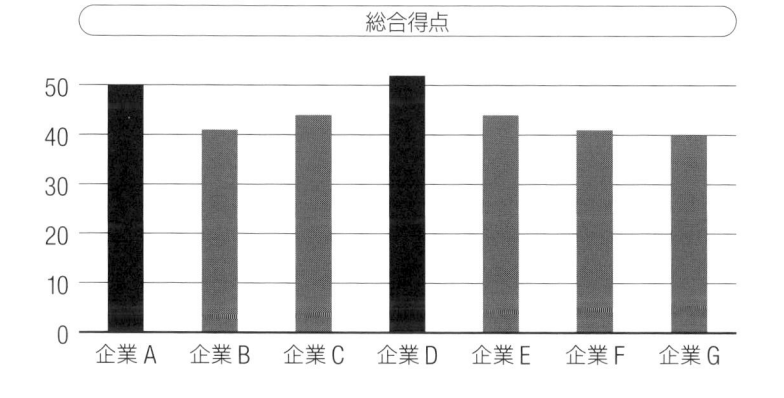

総合得点

ミライ　大阪梅田の高層ビル群ね。

東　　そうだ。東梅田の高層ビルから撮影したものだ。でも、この写真で、ビルの1つ1つの様子はわかる？

ミライ　うーん。結構重なってるから、後ろの方のビルは良く見えない。

東　　そうだね。では、こっちの写真（**図表10-4左下**）なら？

ミライ　たぶん、淀川の河川敷あたりから撮影したのね。これなら、ビルとビルがほとんど重なってないから、1つ1つが良く見えるわ！

東　　うん。これなら良く見えるね。主成分分析を使ってやろうとしているのも、概念的にはこれとまったく同じことなんだ。

ミライ　なんとなく、イメージが湧いてきた。

図表10-3　**規模と安全性にウェイトをかけて評価する**

総合得点＝規模×2＋収益性＋安全性×2＋成長性＋技術力

	規模	収益性	安全性	成長性	技術力	総合得点
企業A	8	6	8	9	9	40
企業B	18	6	20	3	5	52
企業C	12	5	14	7	6	44
企業D	6	7	8	9	10	40
企業E	10	8	10	6	7	41
企業F	20	6	18	4	4	52
企業G	14	7	12	4	6	43

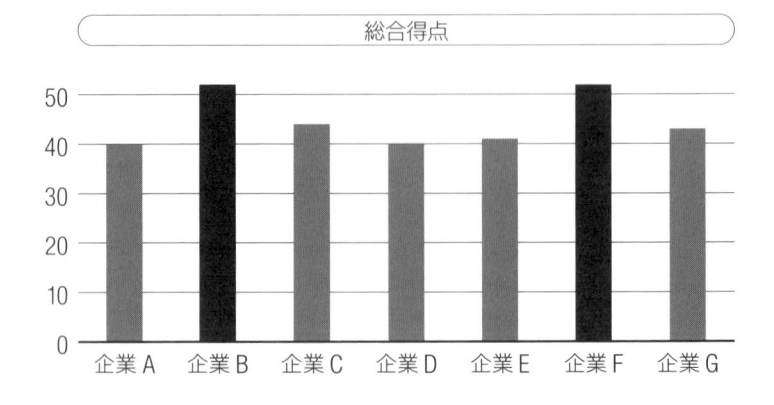

総合得点

企業	総合得点
企業A	40
企業B	52
企業C	44
企業D	40
企業E	41
企業F	52
企業G	43

❷ バラツキが最大になるような変数を合成する

東 　OK。では、さきほどの例を使って、少しだけ算数チックな話をしておこう。さっきの例では、ミライはどのようにして総合得点を計算したんだっけ？

ミライ　規模の得点、収益性の得点、安全性の得点、成長性の得点、そして技術力の得点を足し算して、総合得点を求めたよ。

東 　そうだね。規模をv、収益性をw、安全性をx、成長性をy、技術力をz、総合得点をuとすると、$u = v + w + x + y + z$と置いて、各得点を代入することによってu、すなわち総合得点を求めたんだったね。この式を一般化すると、こんな感じになる。

$$u = av + bw + cx + dy + ez$$

a、b、c、d、およびeは、順に規模（v）、収益性（w）、安全性

図表10-4　2つの異なる方角から梅田のビル群を望む

東梅田の高層ビルからの眺め
ビルとビルが重なって、
良く見えない

淀川河川敷からの眺め
1つ1つのビルが良く見える

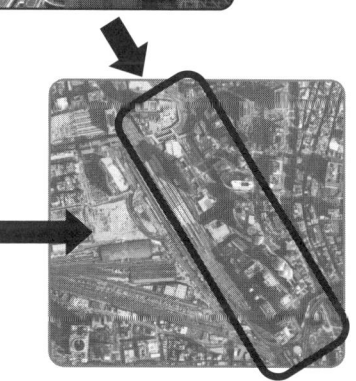

出所：Google Earth

（x）、成長性（y）、技術力（z）の比重だ。さっきの例だと、ミライが最初に総合得点を計算した時の各変数の係数は？

ミライ　最初に総合得点を計算した時は、単純に5つの変数を足し算しただけだから……係数は全部1。全部100でも、全部1,000でも同じことだけど。

東　OK。そのあと、成長性と技術力の比重を変えて総合得点を計算したよね。その時の係数は？

ミライ　その時は、成長性（y）と技術力（z）の比重だけ、他の変数の2倍にして総合得点を計算したんだよね。だから、dとeだけ2で、他は全部1。

東　そのとおり。成長性（y）と技術力（z）の係数をちょっぴり変えてやることにより、データの見晴らしがグッと良くなったんだね。このように、各個体、さきほどの例では、各個体とはA社からG社までの7社を指すんだけど、各個体ができるだけ「バラけて」見えるように、あるいは総合得点uのバラツキが最大になるように各変数の係数を決めてやる、というのが主成分分析のエッセンスなんだ（**図表10-5**）。

ミライ　uのバラツキが最大になるように？

東　そう。uのバラツキが最大になるように、a、b、c、d、eを決めてやるんだ。では、「uのバラツキが最大になる」を統計的に表現すると、どうなる？

ミライ　バラツキを表す指標は分散や標準偏差だから、uの分散や標準偏差が最大になるようにa、b、c、d、eを決めてやる……かな？

東　Very good!　「uの分散が最大になるように、a、b、c、d、eを決めてやる」。これこそが主成分分析だ。でも、技術的には、「$a^2 + b^2 + c^2 + d^2 + e^2 = 1$ のもとで」という条件がつく。

ミライ　なぜ？

東　さっき、僕が「各係数はいくらになる？」って聞いた時、ミライは、「全部1。全部100でも、全部1,000でも同じことだけど」って言ったよね。

図表10-5　**主成分分析の基本コンセプト**

主成分分析の考え方

	規模	収益性	安全性	成長性	技術力
企業A	4	6	4	9	9
企業B	9	6	10	3	5
企業C	6	5	7	7	6
企業D	3	7	4	9	10
企業E	5	8	5	6	7
企業F	10	6	9	4	4
企業G	7	7	6	4	6

規模　収益性　安全性　成長性　技術力　からなる**総合指標 u** を考える

u：合成変量　a、b、c、d、e：係数

u＝a× 規模 ＋b× 収益性 ＋c× 安全性 ＋d× 成長性 ＋e× 技術力

$a^2+b^2+c^2+d^2+e^2=1$ という条件のもと、
合成変量 u の分散 S_u^2 が最大になるような係数 a、b、c、d、e を求める。

**その時、すなわち合成変量 u の分散 S_u^2 が
最大になるような a、b、c、d、e を主成分負荷量、u を主成分と呼ぶ。**

(注1) u=ax+by+cz…のようなカタチを変数の線形結合という。
(注2) $a^2+b^2+c^2+d^2+e^2=1$ という条件を付すのは、
　　　a、b、c、d、e が際限なく大きくなってしまうのを防ぐためである。
(注3) $S_u^2 = \frac{1}{n}\{(u_1-\bar{u})^2+(u_2-\bar{u})^2+(u_3-\bar{u})^2+\cdots+(u_n-\bar{u})^2\}$　（ただし $\bar{u}$ は u の平均）
(注4) u は 1 つだけとは限らない。複数ある場合は、第 1 主成分、第 2 主成分……と呼ぶ。

u の意味合い を考える。

	企業のイメージ	指標名（例）
相対的に「成長性」や「技術力」の主成分負荷量が大きい場合	独創性と高い技術力を武器に急成長している IT 企業	イケイケ指標
相対的に「規模」や「安全性」の主成分負荷量が大きい場合	伝統があり、社会の評価も定着している名門企業	どっしり指標

DAY 5　データの山から重要な情報を抽出する

これは正しくって、「$a^2 + b^2 + c^2 + d^2 + e^2 = 1$」という条件をつけないと、係数がいくらでも大きくなってしまう。係数が大きくなればuの分散も大きくなるのは、当たり前だよね。それでは意味がないので、わざわざ、「$a^2 + b^2 + c^2 + d^2 + e^2 = 1$のもとで」という条件をつけるんだ。

ミライ　なるほど。$a^2 + b^2 + c^2 + d^2 + e^2 = 1$という条件のもとで、uの分散を最大にするa、b、c、d、eを求めるのね。

東　ここで、主成分分析特有の言葉を紹介しておこう。
まず、総合得点uのことを「主成分」と呼ぶ。ちなみに主成分は1つとは限らない。2つとか、3つあることもある。その場合、2番目の主成分を第2主成分、3番目の主成分を第3主成分と呼ぶ。一方、各変数の係数、この場合だとa、b、c、d、eのことを「主成分負荷量」と呼ぶ。

ミライ　uが主成分、a、b、c、d、eが主成分負荷量ね。OK。

東　さっきの例に戻ろう。主成分分析をやったところ、仮に、成長性と技術力の主成分負荷量の値がとても大きかったとすると、u、つまり主成分は、企業の「何」を表していると考えられる？

ミライ　5つの変数の中でも、特に成長性と技術力で差がつくってことよね。

東　成長性があって、高い技術力を持っている企業……ミライはどんな会社を思い浮かべる？

ミライ　比較的新しくって、社員もまだ若くって、総資産や売上げはまだそれほど大きくなくって、でも毎年右肩上がりで成長しているようなITベンチャーってとこかな？

東　なるほど。そんな感じだね。BCGモデルで言うと、「スター」みたいな感じかな。では、この総合指標uにあえて名前をつけるとすると？

ミライ　うーん。「イケイケ指標」とかどう？

東　Very nice!　では、同じく主成分分析をやった結果、規模と安全性の主成分負荷量の値が大きかったとすると、uが大きな企業はどんな会社である可能性が高いだろう？

ミライ　売上げや利益の成長率は、もはやそれほど高くなく、でも毎年安定した収益を上げている、自己資本の充実した老舗企業……そんなところかな？　BCGモデルで言うと、「キャッシュカウ」みたいな存在かしら。

東　　　同感。同じくuに名前をつけるとすると？

ミライ　「どっしり指標」みたいな。

❸ 主成分が１つの主成分分析をやってみよう

東　　　では、実際のデータを使って、主成分分析をやってみよう。**図表10-6**は、『データでみる県勢2009年版』（矢野恒太記念会）というデータブックから、1人あたり県民所得（単位：千円）、従業者1人あたり製造品出荷額等（単位：万円）、1従業者あたり小売業年間商品販売額（単位：万円）、$1km^2$あたり人口密度（単位：人）、第3次産業の有業者割合（単位：％）、1住宅あたり延べ面積（単位：m^2）、下水道普及率（単位：％）、ブロードバンドサービス普及率（単位：％）、10万人あたり病床数（単位：床）、農家1戸あたり生産農業所得（単位：千円）の統計指標を、都道府県別に拾ったものだ。

ミライ　うわっ、数字ばっか。

東　　　数字は全部生データなんだけど、円やら、人やら、％やら、m^2やら、単位がごちゃごちゃで比較しにくいよね。だから、まずはデータを標準化することから始めよう。「標準化」はこれまでにも何度か出てきたね。覚えてる？

ミライ　各データと平均の差を、標準偏差で割ればいいのよね。こうすることによって、すべてのデータを同じ土俵の上で比べることができるようになる。

東　　　そのとおり。じゃあ、試しに「1人あたり県民所得」を標準化してみよう。

ミライ　OK。まずは、県民所得の47都道府県の平均を求めると2,752千円。標準偏差は450千円。なので、たとえば北海道の1人あ

たり県民所得を標準化するには、北海道の県民所得2,577千円と平均2,752千円の差－175千円を、標準偏差450千円で割ればいいから－0.38867。こんな感じかな。

東　Very good。同様に、東京の県民所得を標準化すると、（4,778－2,752）÷450≒4.50033になる。さすがに大きいね。で、すべてのデータを標準化すると、こんな感じになる（**図表10-7 Step1**）。

ミライ　準備OKね。でも、主成分分析って、たぶんすごく複雑な計算が必要になるんでしょ？

図表10-6　**都道府県別データ**

	1人あたり県民所得	従業者1人あたり製造品出荷額等	1従業者あたり小売業年間商品販売額	ブロードバンドサービス普及率	10万人あたり病床数	農家1戸あたり生産農業所得
	単位：千円	単位：万円	単位：万円	単位：%	単位：床	単位：千円
北海道	2,577	3,072	1,822	41.0	1,851.7	6,333
青森	2,184	2,576	1,630	35.1	1,355.7	1,994
岩手	2,363	2,389	1,598	39.8	1,436.9	962
宮城	2,620	2,951	1,623	52.1	1,141.6	1,012
秋田	2,295	2,011	1,582	41.3	1,495.5	916
山形	2,427	2,540	1,642	49.3	1,268.9	1,429
福島	2,728	3,097	1,624	41.7	1,429.9	1,016
佐賀	2,507	2,643	1,510	39.5	1,800.0	993
長崎	2,222	2,463	1,558	37.6	1,899.3	899
熊本	2,384	2,803	1,541	39.8	1,966.7	1,405
大分	2,608	5,374	1,564	43.1	1,739.9	799
宮崎	2,212	2,183	1,576	37.0	1,721.4	1,898
鹿児島	2,272	2,321	1,522	31.0	2,035.9	1,462
沖縄	2,021	1,968	1,381	39.1	1,439.3	1,843

出所：矢野恒太記念会『データでみる県勢2009年版』（矢野恒太記念会、2008年）より抜粋

東　　たしかに手計算では厳しい。SPSS、SAS、JMP、MiniTab等、主成分分析をやってくれる統計ソフトもいくつかあるんだけど、今回はExcelのソルバーを使って解いてみよう。

ミライ　ソルバー？

東　　ソルバーは、最適化問題等を解くことができる、Excelのアドインツールだ。

ミライ　なるほど。いろいろ使えそうね。じゃあ、まずは何からスタートすればいい？

東　　まずは、主成分を線形結合、つまり、$y = ax_1 + bx_2 + cx_3$ みたいなカタチで表現してみよう。
　　　主成分をu、1人あたり県民所得の主成分負荷量をa、従業者1人あたり製造品出荷額等の主成分負荷量をb、1従業者あたり小売業年間商品販売額の主成分負荷量をc、$1km^2$あたり人口密度の主成分負荷量をd、第3次産業の有業者割合の主成分負荷量をe、1住宅あたり延べ面積の主成分負荷量をf、下水道普及率の主成分負荷量をg、ブロードバンドサービス普及率の主成分負荷量をh、10万人あたり病床数の主成分負荷量をi、農家1戸あたり生産農業所得の主成分負荷量をjとすると、主成分uはどのように表現することができる？

ミライ　すごく長くなるけど……

　　　$u = a \times 1$人あたり県民所得
　　　　$+ b \times 1$従業者1人あたり製造品出荷額等
　　　　$+ c \times 1$従業者あたり小売業年間商品販売額
　　　　$+ d \times 1km^2$あたり人口密度
　　　　$+ e \times$第3次産業の有業者割合
　　　　$+ f \times 1$住宅あたり延べ面積
　　　　$+ g \times$下水道普及率
　　　　$+ h \times$ブロードバンドサービス普及率
　　　　$+ i \times 10$万人あたり病床数
　　　　$+ j \times$農家1戸あたり生産農業所得

　　　こうかな。

東　　そのとおり。この計算を、北海道から沖縄まで、すべての都道府

県について行うわけだ。

ミライ OK。でも、主成分負荷量はまだわからないよね。

東 うん。各変数の主成分負荷量が、主成分分析の最も重要な成果物だからね。主成分負荷量は、あとでExcelソルバーに解かせよう。今は、とりあえず、初期値として適当に数字を放り込んでおけばいいよ。

ミライ 全部0.5くらいでどう？

東 OK。とりあえず、全変数とも0.5でいこう（**図表10-7 Step2**）。では、試しに北海道の主成分を計算してみようか。

ミライ はい。主成分負荷量は、全部0.5で仮置きだから……

$$\text{北海道の主成分} = (-0.38867) \times 0.5 \\ + (-0.27293) \times 0.5 + \cdots \\ + 5.93294 \times 0.5 \\ = 4.17041$$

東 Very good。同じことを、青森にも、岩手にもやればいいわけだ（**図表10-7 Step3**）。ちなみに、今、ミライが計算した主成分4.17041を「主成分得点」とも呼ぶ。
では、各都道府県の主成分得点が計算できたところで、それらの分散を計算する式を入力しておこう。

ミライ Excelで分散を求めるには……この場合は、分散は分散でも母分散だから「VAR.P」でいいのね（**図表10-7 Step4**）。そして、そうやって計算した分散が最大になるように、主成分負荷量を決めてやる、と。

東 そのとおり。主成分の分散が最大になるような主成分負荷量を見つけてやる。これこそが主成分分析のエッセンスだからね。
いよいよ、最後の下準備だ。1つ制約条件があるっていう話をしたけど、覚えてる？

ミライ 分散が最大になるように、主成分負荷量を決めてやる。ただし、これだけだと主成分負荷量がいくらでも大きくなってしまうから、それを防ぐために、各主成分負荷量を2乗したものの総和が1になるっていう制約条件をつけてやる。だったかな？

東　　そうだね。この場合はどうなる？

ミライ　1人あたり県民所得の主成分負荷量の2乗
　　　　　　＋従業者1人あたり製造品出荷額等の主成分負荷量の2乗
　　　　　　＋1従業者あたり小売業年間商品販売額の主成分負荷量の2乗
　　　　　　＋1km^{2}あたり人口密度の主成分負荷量の2乗
　　　　　　＋第3次産業の有業者割合の主成分負荷量の2乗
　　　　　　＋1住宅あたり延べ面積の主成分負荷量の2乗
　　　　　　＋下水道普及率の主成分負荷量の2乗
　　　　　　＋ブロードバンドサービス普及率の主成分負荷量の2乗
　　　　　　＋10万人あたり病床数の主成分負荷量の2乗
　　　　　　＋農家1戸あたり生産農業所得の主成分負荷量の2乗
　　　　＝1
　　　　これが制約条件。ふぅ、疲れた（**図表10-7 Step5**）。

東　　OK。これで準備完了だ。では、実際にExcelソルバーを回してみよう。
　　　〔データ〕→〔ソルバー〕を選択して、〔ソルバーのパラメーター〕ダイアログボックスを開く。〔目的セルの設定（T）〕には、「主成分得点の分散」が入力されているセルの場所を入力して、〔目標値〕には〔最大値（M）〕を選ぶ。だって、僕たちは、主成分の分散を最大にしたいんだからね。〔変数セルの変更（B）〕には、各変数の主成分負荷量を指定する。〔制約条件の対象（U）〕には、今、ミライが言ってくれたとおり、つまり、主成分負荷量の2乗をすべて足し算したものイコール1なので、「主成分負荷量の平方和が入力されているセルの場所＝1」と入力する（**図表10-7 Step6**）。これでOK。
　　　最後に、〔解決〕ボタンをクリックすると……ほら、1人あたり県民所得の主成分負荷量が0.41001、従業者1人あたり製造品出荷額等の主成分負荷量が0.12990といった具合に、各変数の主成分負荷量を計算してくれる（**図表10-7 Step7**）。

ミライ　なるほど……で、分散は4.44635。最大値ってことね。

東　　Yes。ここで、「寄与率」について説明しておこう。

ミライ　寄与率？

東　　寄与率とは、今作った主成分uが、データが持つすべての情報

図表 10-7　Excel 2010 で主成分分析を実行する手順

Step 1 各変数の平均と標準偏差を計算し、（各変数を）標準化する。

	1人あたり県民所得 A	従業者1人あたり製造品出荷額等 B	1小売業者年間商品販売額 C	〜	10万人あたり病床数 I	農家1戸あたり生産農業所得 J
	単位：千円	単位：万円	単位：万円		単位：床	単位：千円
北海道	2,577	3,072	1,822		1,851.7	6,333
青森	2,184	2,576	1,630		1,355.7	1,994
岩手	2,363	2,389	1,598		1,436.9	962
宮崎	2,212	2,183	1,576		1,721.4	1,898
鹿児島	2,272	2,321	1,522		2,035.9	1,462
沖縄	2,021	1,968	1,381		1,439.3	1,843

標準化変量の求め方（例：北海道の1人あたり県民所得）

1人あたり県民所得の47都道府県の平均：2,752 千円

標準偏差：450 千円

北海道の1人あたり県民所得の標準化変量
= （北海道の1人あたり県民所得 − 平均）÷ 標準偏差
= （2,577 − 2,752）÷ 450
= −0.38867

	A	B	C	〜	I	J
北海道	−0.38867	−0.27293	1.05379		1.20791	5.93294
青森	−1.26163	−0.71455	−0.35668		−0.22576	1.04005
岩手	−0.86402	−0.88105	−0.59176		0.00895	−0.12368
宮崎	−1.19944	−1.06447	−0.75338		0.83128	0.93180
鹿児島	−1.06616	−0.94160	−1.15007		1.74034	0.44014
沖縄	−1.62370	−1.25590	−2.18589		0.01589	0.86978

Step2 主成分負荷量を入力する欄を作り、初期値（適当で OK）をセットする。

「0.5」をセット

	A	B	C	〜	I	J
主成分負荷量	0.50000	0.50000	0.50000		0.50000	0.50000
北海道	−0.38867	−0.27293	1.05379		1.20791	5.93294
青森	−1.26163	−0.71455	−0.35668		−0.22576	1.04005
岩手	−0.86402	−0.88105	−0.59176		0.00895	−0.12368
宮崎	−1.19944	−1.06447	−0.75338		0.83128	0.93180
鹿児島	−1.06616	−0.94160	−1.15007		1.74034	0.44014
沖縄	−1.62370	−1.25590	−2.18589		0.01589	0.86978

Step3 主成分得点（第1主成分 u）の計算式をセットする。

	A	B	〜	I	J	第1主成分 u
主成分負荷量	0.50000	0.50000		0.50000	0.50000	
北海道	−0.38867	−0.27293		1.20791	5.93294	4.17041
青森	−1.26163	−0.71455		−0.22576	1.04005	−1.71689
岩手	−0.86402	−0.88105		0.00895	−0.12368	−2.39652
宮崎	−1.19944	−1.06447		0.83128	0.93180	−2.26202
鹿児島	−1.06616	−0.94160		1.74034	0.44014	−2.69953
沖縄	−1.62370	−1.25590		0.01589	0.86978	−2.22518

図表10-7　Excel 2010で主成分分析を実行する手順

Step 4 第1主成分 u の分散を計算する欄を作り、計算式をセットする。

	Ⓐ	Ⓑ	〜	Ⓘ	Ⓙ	第1主成分 u
主成分負荷量	0.50000	0.50000		0.50000	0.50000	
北海道	−0.38867	−0.27293		1.20791	5.93294	4.17041
青森	−1.26163	−0.71455		−0.22576	1.04005	−1.71689
岩手	−0.86402	−0.88105		0.00895	−0.12368	−2.39652
宮崎	−1.19944	−1.06447		0.83128	0.93180	−2.26202
鹿児島	−1.06616	−0.94160		1.74034	0.44014	−2.69953
沖縄	−1.62370	−1.25590		0.01589	0.86978	−2.22518
第1主成分 u の分散（Excel 2010 の関数＝VAR.P）(Excel 2007 の関数＝VARP)						3.96012

Step 5 シミュレーションを実行するにあたっての制約条件を入力する欄を作り、計算式をセットする。

制約条件＝各変数の主成分負荷量の平方和＝1

	Ⓐ	Ⓑ	〜	Ⓘ	Ⓙ	第1主成分 u
主成分負荷量	0.50000	0.50000		0.50000	0.50000	2.50000
北海道	−0.38867	−0.27293		1.20791	5.93294	4.17041
青森	−1.26163	−0.71455		−0.22576	1.04005	−1.71689
岩手	−0.86402	−0.88105		0.00895	−0.12368	−2.39652
宮崎	−1.19944	−1.06447		0.83128	0.93180	−2.26202
鹿児島	−1.06616	−0.94160		1.74034	0.44014	−2.69953
沖縄	−1.62370	−1.25590		0.01589	0.86978	−2.22518
（注）現段階では、まだシミュレーションを実行していないため、1ではない数字が入っている						3.96012

Step6 〔ソルバーのパラメーター〕ダイアログボックスの〔目的セルの設定（T）〕に
「主成分得点の分散」が入力されているセルの場所を入力し、
〔目標値〕の〔最大値（M）〕をオンにする。
〔変数セルの変更（B）〕は、各変数の主成分負荷量を指定、
〔制約条件の対象（U）〕には
「主成分負荷量の平方和が入力されているセルの場所=1」と入力し、
〔解決〕ボタンをクリックする。

〔データ〕タブに〔ソルバー〕が表示されていない時には、
〔ファイル〕→〔オプション〕→〔アドイン〕→で〔アドイン〕ページを開き、
〔管理（A）〕から〔Excel アドイン〕を選択、〔設定〕ボタンをクリックする。
〔アドイン〕ダイアログボックスの一覧で
「ソルバーアドイン」チェックボックスにチェックを入れ、
〔OK〕ボタンをクリックして、アドインを有効にする。

Step7 ソルバーによるシミュレーション結果が出力される。

	A	B	I	J	第1主成分 U
主成分負荷量	0.41001	0.12990	−0.32603	−0.05820	1.00000
北海道	−0.38867	0.27293	1.20791	5.93294	−0.08307
青森	−1.26163	−0.71455	−0.22576	1.04005	−1.99556
岩手	−0.86402	−0.88105	0.00895	−0.12368	−1.93100
宮崎	−1.19944	−1.06447	0.83128	0.93180	−2.10769
鹿児島	−1.06616	−0.94160	1.74034	0.44014	−2.78218
沖縄	−1.62370	−1.25590	0.01589	0.86978	−1.37437
					4.44635

量のうちどれくらいの割合を説明しているかを表す指標のことだ。これは、主成分uの分散を、各変数の分散の和で割ることで求めることができる。

ミライ　この場合、主成分uの分散は4.44635、各変数の分散は……何かしら？

東　　一番最初に、データを標準化したことを思い出して。

ミライ　あ、そうか。すべてのデータを標準化したから……分散は各変数とも1ね。

東　　OK。だから寄与率は？

ミライ　4.44635÷（1+1+1+1+1+1+1+1+1+1）
　　　　＝0.444635……
　　　　だいたい44%くらいね。

東　　そうだね。僕たちが作った主成分uによって、すべてのデータの約半分が説明できていることになる。

ミライ　たった1個の主成分で半分も説明できている、と言うべきか、まだ半分しか説明できてない、と言うべきか。迷うわね。

東　　そうだね。もう少し説明力を上げたいね。なので、主成分uに加え、もう1個、別の主成分——これを主成分vと呼ぶとして、作ってみよう。

ミライ　主成分uと主成分vね。

❹ 主成分を2つに増やして説明力を上げる

東　　うん。主成分uを第1主成分、主成分vのことを第2主成分なんて呼んだりもする。では、第2主成分vについて、主成分負荷量を求めよう。

ミライ　第1主成分uを計算した時と同じ手順を踏めばいいの？

東　　うん。でも、ソルバーを回す前に、1つだけやらなきゃいけないことがある。それは、「第1主成分uを取り除いたあとの」各変

数の標準化変量を計算しなければならないんだ。

これから僕たちがやろうとしているのは、第1主成分uでは説明しきれない、でも、ひょっとしたら第2主成分vでなら説明できるかもしれない部分を探す、ということだよね。なので、第2主成分vに関する分析をする前に、もともとのデータから、「第1主成分uによって説明される部分」を取り除く必要があるんだ。

ミライ なるほど。でも、具体的にはどう計算するの？

東 たとえば、北海道の1人あたり県民所得の標準化変量は、もともとは−0.38867だったよね。これから第1主成分uを取り除くには、−0.38867から、北海道の第1主成分得点、つまり−0.08307に県民所得の主成分負荷量0.41001を掛けたものを引いてやればいい。

ミライ つまり、

$$-0.38867-(-0.08307)\times 0.41001 = -0.35461$$

これが、北海道の県民所得の標準化変量から第1主成分uによって説明される部分を除いたものになるのね（**図表10-8**）。

図表10-8 **第1主成分uを取り除いたあとの各変数の標準化変量を計算する**

	Ⓐ	Ⓑ	Ⓒ	Ⓘ	Ⓙ	第2主成分 v
主成分負荷量	0.50000	0.50000	0.50000	0.50000	0.50000	2.50000
北海道	−0.35461	−0.26214	1.08674	1.18083	5.92810	4.24090
青森	−0.44343	−0.45532	0.43483	−0.87637	0.92391	−0.02358
岩手	−0.07229	−0.63021	0.17414	−0.62061	−0.23607	−0.75798
宮城	−0.45906	−0.43323	−0.56860	−0.71268	−0.04375	−0.81531
秋田	−0.16734	−0.94903	0.11078	−0.49576	−0.29589	−0.10403
熊本	−0.04799	−0.26867	−0.26620	0.92852	0.26665	0.41118
大分	0.17943	1.93489	−0.35857	0.48777	−0.37836	0.40933
宮崎	−0.33526	−0.79067	0.08261	0.14412	0.80913	−0.47356
鹿児島	0.07456	−0.58018	−0.04656	0.83327	0.27822	−0.33874
沖縄	−1.06010	1.07730	−1.64077	−0.43220	0.78979	−1.05897
						0.76034

東　そういうことだ。あとは、さっき第1主成分 u の主成分負荷量を求めた時とまったく同じで、第2主成分 v の分散が最大になるように、ソルバーで、各変数の主成分負荷量を求めてやればいい。計算結果は、こんな感じになる（**図表 10-9**）。主成分が1つの場合と比べて説明力は上がったかな？　累積寄与率を見てみよう。

ミライ　「累積」寄与率？

東　さっきは、第1主成分 u がデータ全体のどれくらいを説明するか、を計算したんだよね。そして、それを寄与率と呼んでいた。今から調べるのは、「第1主成分 u と第2主成分 v を合わせて」全体のどれくらいを説明できているか、だ。なので、「累積」寄与率と呼ぶんだ。

ミライ　なるほど。寄与率は、第1主成分 u の分散を各変数の分散——この場合は全部1だったけど、を足し算したもので割ったから、累積寄与率は、分子を第1主成分 u の分散と第2主成分 v の分散の和にすればいいのかしら。

東　そのとおり。いくつになる？

図表 10-9　**第2主成分 v のシミュレーション結果**

	A	B	C	I	J	第2主成分 v
主成分負荷量	−0.17081	−0.13001	−0.09340	0.29473	0.36424	1.00000
北海道	−0.35461	−0.26214	1.08674	1.18083	5.92810	4.14866
青森	−0.44343	−0.45532	0.43483	−0.87637	0.92391	0.26789
岩手	−0.07229	−0.63021	0.17414	−0.62061	−0.23607	−0.65227
宮城	−0.45906	−0.43323	−0.56860	−0.71268	−0.04375	0.36780
秋田	−0.16734	−0.94903	0.11078	−0.49576	−0.29589	−0.73478
熊本	−0.04799	−0.26867	−0.26620	0.92852	0.26665	1.25173
大分	0.17943	1.93489	−0.35857	0.48777	−0.37836	0.25860
宮崎	−0.33526	−0.79067	0.08261	0.14412	0.80913	1.35553
鹿児島	0.07456	−0.58018	−0.04656	0.83327	0.27822	1.95828
沖縄	−1.06019	−1.07736	−1.64077	−0.43220	0.78979	3.36601
						1.95849

ミライ　第2主成分vの分散は1.95849。もちろん、MAXになってるのよね。なので、

第1主成分uの分散＋第2主成分vの分散
　＝4.44635＋1.95849
　＝6.40484

これを各変数の分散の和、つまり10で割ればいいのね。ということは、累積寄与率は約64％ってところかしら。

東　そうだね。まだ十分高いとは言えないけど、第1主成分uだけだった時に比べると、たしかに説明力は上がっているね。
では、締めくくりに、第1主成分uと第2主成分vがどのような意味合いを持つのか、僕たちなりに解釈してみよう。

ミライ　各主成分が、各都道府県のどのような特徴を表しているのか……冒頭の例で言うと、イケイケ指標やどっしり指標に相当するようなものを考えてみるってことね。

❺ 複雑なデータを2次元で切る──変量プロットと主成分得点プロット

東　そうだ。ここで、2つのツールを紹介しよう。「変量プロット」と「主成分得点プロット」だ。まずは、変量プロットから。
変量プロットは、横軸を第1主成分u、縦軸を第2主成分vの座標軸として、各主成分の主成分負荷量を、変数ごとに座標としてプロットしたものだ。
たとえば、1人あたり県民所得なら、1人あたり県民所得（第1主成分uの1人あたり県民所得の主成分負荷量：第2主成分vの1人あたり県民所得の主成分負荷量）、といった具合にね。10個の変数を、第1主成分uと第2主成分vを座標軸とする平面上にプロットすると……こんな感じになる（**図表10-10**）。この変量プロット、ミライならどう解釈する？

ミライ　横軸が第1主成分uを表すのね。これを見ると……右の方、つまりプラス側には、人口密度とか、1人あたり県民所得とか、ブロードバンド普及率とか、「都市化の度合い」を表すような指標がズラリと並んでいる。逆に、マイナス側には、10万人あたり

病床数とか、農家1戸あたりの生産農業所得とか、1住宅あたり延べ面積とか、たぶん、田舎の方が高いんだろうな、と思われるような指標が並んでる。

東　そうだね。横軸、つまり第1主成分は、ミライが言うとおり、「都市化の度合い」を表している、と言っても大丈夫そうだ。じゃあ、縦軸はどうだろう？

ミライ　縦軸は……横軸と比べると、ちょっと解釈が難しいかなぁ。

東　大きい値をとっているのが、第3次産業の有業者割合や農家1戸あたりの生産農業所得……うん、たしかに関連性が読みづらいね。では、ここで、もう1つのツール「主成分得点プロット」を作ってみよう。主成分得点プロットは、各都道府県の第1主成分 u と第2主成分 v の値を、変量プロットと同じく、横軸を第1主成分 u、縦軸を第2主成分 v とするような座標平面上にプロットしたものだ。これは**図表10-11**みたいな感じになる。

図表10-10　変量プロット

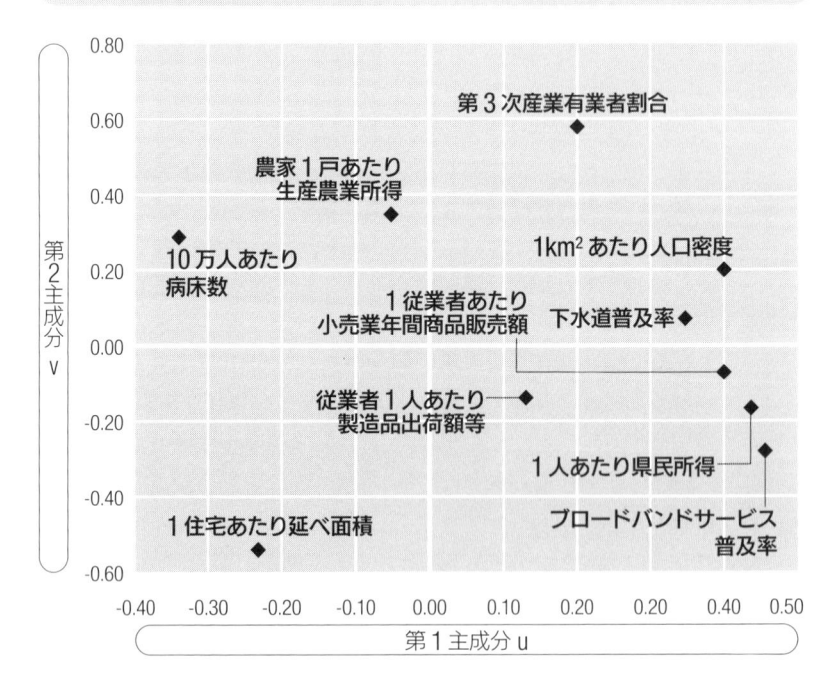

ミライ　横軸は……東京、神奈川、大阪等が右の方にきている。大都市を抱えているところばかりね。一方、左の方には四国、九州、山陰……自然が豊かな地域ね。

東　うん。僕たちの仮説、「横軸、つまり第1主成分は都市化の度合いを表す」は、どうやら正しいようだね。問題は縦軸だね。

ミライ　これを見ると、北海道とか、沖縄とか、高知とか、豊富な観光資源を抱える自治体が上の方にきているような気がするんだけど。

東　観光の盛んな地域の第3次産業の比率は、そうでないところと比べて、高いと思う？　低いと思う？

ミライ　観光は、サービス産業に含まれるだろうから、第3次産業の有業者割合は相対的に高くなるのかな……

東　その可能性が高いね。それが、北海道、沖縄、高知あたりを押

図表10-11　**主成分得点プロット**

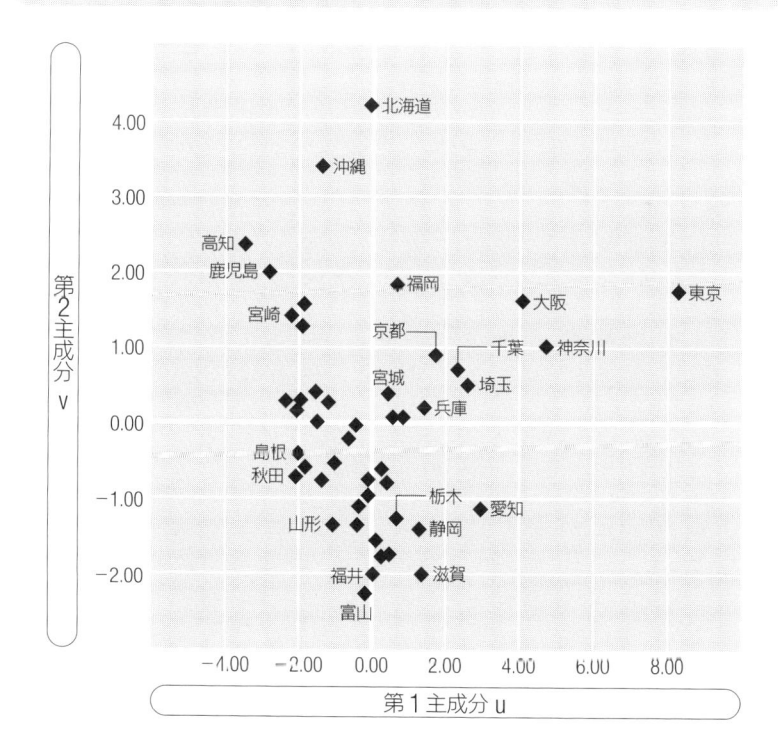

ミライ　でも、それにしては東京もまあまあ高いところにあるね。ちょっと意外。

東　そうだね。でも、2010年の「観光に行ってよかった都市ランキング」で、東京は、モルディブに次いで2位だったそうなので、東京は、日本人が思っている以上に、「観光都市」なのかもしれない。
それに、観光だけが第3次産業というわけではないからね。同じサービス業でも、金融とかエンターテインメントとか、大都会特有の産業の割合が高いのかもしれない。

ミライ　あと、北海道がダントツで高い位置にあるのは、第3次産業の有業者割合もさることながら、たぶん、農業所得が効いているのね。

東　そのようだね。縦軸、つまり第2主成分 v が何を表しているのか、だいぶ、イメージが湧いてきたね。

ミライ　うん。豊富な観光資源を抱える地域、もしくは農業の盛んな地域が、相対的に上の方にきている……そんな感じかしら。

東　観光を始めとする第3次産業や、農業、すなわち第1次産業が盛んな都道府県が上の方に来ているということは……

ミライ　裏を返せば、下の方には、製造業等、第2次産業のウエイトが高い都道府県が来てるってことかしら？

東　理論的には、そうなるよね。

ミライ　富山、福井、滋賀、静岡、栃木、愛知……

東　どれどれ……データブックで、それらの県の産業別の有業者割合を見てみると……いずれの県も、第2次産業の有業者割合が30%超と、非常に高い値になっている。

ミライ　縦軸は、「産業構造」が重要なドライバーになっている、と言ってよさそうね。

東　そうだね。このように、たくさんある変数を組み合わせて、少数の、でも、各個体の個性をくっきりと浮かび上がらせてくれるような変数、つまり主成分を合成する、これが主成分分析だ。

ミライ　この例でも、最初は、1人あたり県民所得とか、従業者1人あたり製造品出荷額等とか、難しそうなデータがただ羅列されているだけだったのよね。
　　　それが、主成分分析を行うことによって、北海道から沖縄まで、「都会か、そうでないか」「盛んな産業は何か」という2つの切り口で評価できるようになったのね。しかも、累積寄与率が64％ということは、この2つの評価軸だけで、データ全体が持つ情報量の6割強を説明してくれている。

東　　そうだね。ビジネスの現場にもたくさんのデータがあふれている。経済関連のデータ、経営関連のデータ、金融関連のデータ、会計関連のデータ、財務関連のデータ、マーケティング関連のデータ、製造や品質管理に関するデータ……。これらをただ漫然と眺めていても、有益な示唆は得られないし、宝の持ち腐れだ。
　　　たくさんあるデータを、企業でも、部門でも、人でも、何でもいい——それらの「個性」が際立つように構成し直すことによって、データの見晴らしが良くなると同時に、今まで見えなかったものが見えてくる可能性もある。そうするうえで、主成分分析は、きっと僕たちを強力にサポートしてくれると思うよ。

DAY 5 データの山から重要な情報を抽出する

11時間目
データの背後にある要因を探る

　　　　　　　　　　　　　　　　　　　　　　　　因子分析

東　　さっきの主成分分析では、たくさんのデータを使って分析をしたよね。このように多くのデータを使って分析する手法のことを「多変量解析」と言うんだ。

ミライ　うちは、全社中のデータが集中する部署だから。

東　　そうだね。じゃ、ここで1つ質問だ。ミライがいる部署のように多くのデータが存在する場合、気をつけることがある。それは何かな？

ミライ　うーん。データとデータの因果関係を見つけることかな？

東　　もちろん、それも大切なことだね。他には？

ミライ　どのデータを使うか、かしら。それに、データの山に埋もれてしまわないようにすることも大切かも。

東　　そうだね。それもとても大切なポイントだね。すごいね。そういう意識が芽生えたってことは、それだけミライが進歩したことの証だからね。ということで、次にやることは、今ミライが言ったように、データの山に埋もれがちな重要な要因を見つけ出そう、ということなんだ。これは、因子分析と呼ばれる分析手法を使う。

❶ データに影響を及ぼす少数の重要な要因を見つけ出す

ミライ　因子分析？

東　　因子分析とは、たくさんある変数の動きを、1つとか、2つとか、少数の要因によって説明しようとする分析手法のことだ。たとえ

ば、x、y、zという3つの変数があるとしよう。

これらx、y、zの動きから、それらすべてに、多かれ少なかれ影響を及ぼしている因子Fを探し出すのが因子分析だ。**図表11-1**のFのように、すべての変数に多かれ少なかれ影響を及ぼしているような因子のことを「共通因子」と呼んでいる。

ミライ すべての変数に共通する因子、という意味ね。

東 Yes。一方、e_x、e_y、e_zのように、特定の変数にのみ影響を及ぼす因子のことを「独自因子」と呼ぶ。

ミライ ある変数に独自に影響を及ぼす、という意味ね。

東 Yes。あるいは、「独自因子とは、ある変数の動きのうち、共通因子では説明しきれない部分」とも言える。

ではここで、共通因子が1つの場合の因子分析の基本式を導き出してみよう。x、y、zという3つの変数に影響を及ぼす因子、すなわち共通因子をFとすると、x、y、zは、各々以下のような1次式で表すことができる。また、x、y、zはいずれも標準化されているものと仮定しよう。

$$x = aF + e_x \qquad y = bF + e_y \qquad z = cF + e_z$$

図表 11-1　**共通因子が1つの場合の因子分析**

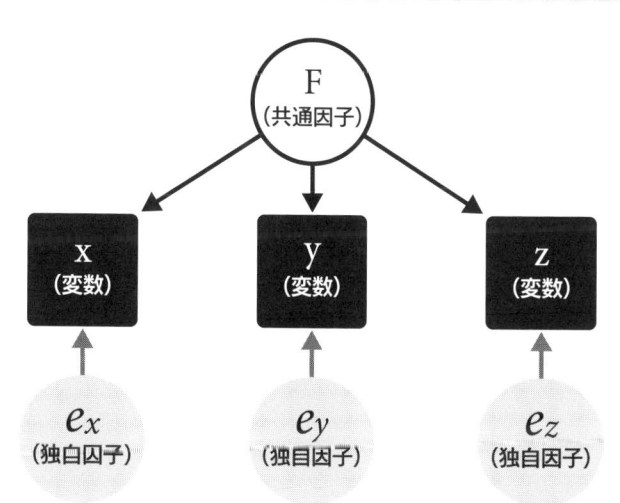

ミライ　e_x、e_y、e_zは独自因子ね。では、a、b、cは？

東　a、b、cは「因子負荷量」と呼ばれる係数で、各変数と共通因子の関係の強さを表す。ここから少し数式が並ぶけど、決して難しいことをやっているわけではないので安心してね。

ミライ　OK。

東　まず、1日目に勉強したとおり、xの分散（S_x^2）は以下の式で表される。

$$S_x^2 = \frac{1}{n}\{(x_1-\bar{x})^2 + (x_2-\bar{x})^2 + \cdots\cdots + (x_n-\bar{x})^2\}$$

（ただし、$\bar{x}$は x の平均）

ここで、xを$aF+e_x$に置き換えると、

$$S_x^2 = \frac{1}{n}\{(aF_1+e_{x_1}-\bar{x})^2 + (aF_2+e_{x_2}-\bar{x})^2 \\ + \cdots\cdots + (aF_n+e_{x_n}-\bar{x})^2\}$$

しかし、xは標準化されているので$\bar{x}=0$。よって、

$$S_x^2 = \frac{1}{n}\{(aF_1+e_{x_1})^2 + (aF_2+e_{x_2})^2 + \cdots\cdots + (aF_n+e_{x_n})^2\}$$

$$= \frac{1}{n}\{a^2F_1^2 + 2aF_1e_{x_1} + e_{x_1}^2 + a^2F_2^2 + 2aF_2e_{x_2} + e_{x_2}^2 \\ + \cdots\cdots + a^2F_n^2 + 2aF_ne_{x_n} + e_{x_n}^2\}$$

$$= \frac{1}{n}\{a^2(F_1^2+F_2^2+\cdots+F_n^2) \\ + 2a(F_1e_{x_1}+F_2e_{x_2}+\cdots+F_ne_{x_n}) \\ + (e_{x_1}^2+e_{x_2}^2+\cdots+e_{x_n}^2)\}$$

$$= a^2\frac{1}{n}(F_1^2+F_2^2+\cdots+F_n^2) \\ + 2a\frac{1}{n}(F_1e_{x_1}+F_2e_{x_2}+\cdots+F_ne_{x_n}) \\ + \frac{1}{n}(e_{x_1}^2+e_{x_2}^2+\cdots+e_{x_n}^2) \quad\cdots\cdots①$$

ところで、Fの分散S_F^2の計算式は？

ミライ　$S_F^2 = \dfrac{1}{n}\{(F_1-\overline{F})^2+(F_2-\overline{F})^2+ \cdots\cdots +(F_n-\overline{F})^2\}$

東　OK。ここで、Fも標準化されているとすると、$\overline{F}$は？

ミライ　ゼロ。

東　なので、今ミライが言った式は、

$$S_F^2 = \dfrac{1}{n}(F_1^2+F_2^2+ \cdots\cdots +F_n^2)$$

のように書き換えることができる。よって、①式の最初の項は$a^2S_F^2$になる。

ミライ　なるほど。

東　次に、Fとe_xの共分散S_{Fe_x}の計算式は以下のように表される。

$$S_{Fe_x} = \dfrac{1}{n}\{(F_1-\overline{F})(e_{x_1}-\overline{e_x}) + (F_2-\overline{F})(e_{x_2}-\overline{e_x}) \\ + \cdots\cdots + (F_n-\overline{F})(e_{x_n}-\overline{e_x})\}$$

ミライ　共分散？

東　共分散とは、2組の対応するデータ、たとえばXとYの偏差の積の平均で、XとYの間に対応関係があるかどうかを表す指標だ。なお、この場合は、Fもe_xも標準化されているので、共分散は相関係数に等しくなる。

ミライ　なるほど。で、Fは標準化されているので、$\overline{F}$はゼロね。

東　Yes。さらに、$\overline{e_x}$もゼロだと仮定すると、S_{Fe_x}は、

$$S_{Fe_x}= \dfrac{1}{n}(F_1e_{x_1}+F_2e_{x_2}+\cdots+F_ne_{x_n})$$

となる。よって、①式の2番目の項は……

ミライ　$2aS_{Fe_x}$のように書き換えることができる。

東　OK。では、e_xの分散の計算式は？

ミライ　$S_{e_x}^2 = \dfrac{1}{n}\{(e_{x_1}-\overline{e_x})^2+(e_{x_2}-\overline{e_x})^2+ \cdots\cdots + (e_{x_n}-\overline{e_x})^2\}$

でも、$\overline{e_x}=0$ と仮定されているので、

$$S_{e_x}^2 = \frac{1}{n}(e_{x_1}^2 + e_{x_2}^2 + \cdots\cdots + e_{x_n}^2)$$

東 Good。なので、①式の3番目の項は $S_{e_x}^2$ となる。以上により、①式は、

$$S_x^2 = a^2 S_F^2 + 2aS_{Fe_x} + S_{e_x}^2$$

のように整理することができる。前述のとおり、Fは標準化されているので、

$$S_F^2 = 1$$

また、その定義から、共通因子と独自因子は無相関であると考えられるので、

$$S_{Fe_x} = 0$$

さらに、xも標準化されているので、

$$S_x^2 = 1$$

以上により、

$$S_x^2 = a^2 + S_{e_x}^2 = 1$$

を得る。また、同様の計算により、

$$S_y^2 = b^2 + S_{e_y}^2 = 1$$

$$S_z^2 = c^2 + S_{e_z}^2 = 1$$

を得る。これらが、因子分析の基本式の1つとなる。

ミライ ずいぶんスッキリしたわね。

東 そして、xとyの共分散の計算式は、次のように表されるんだったね。

$$S_{xy} = \frac{1}{n}\{(x_1-\overline{x})(y_1-\overline{y}) + (x_2-\overline{x})(y_2-\overline{y}) + \cdots\cdots + (x_n-\overline{x})(y_n-\overline{y})\}$$

この式に、$x = aF + e_x$ および $y = bF + e_y$ を代入すると……

$$S_{xy} = \frac{1}{n}\{(aF_1+e_{x_1}-\bar{x})(bF_1+e_{y_1}-\bar{y})$$
$$+ (aF_2+e_{x_2}-\bar{x})(bF_2+e_{y_2}-\bar{y})$$
$$+ \cdots\cdots + (aF_n+e_{x_n}-\bar{x})(bF_n+e_{x_n}-\bar{y})\}$$

ここで、$\bar{x}$、$\bar{y}$ はゼロなので、

$$S_{xy} = \frac{1}{n}\{(aF_1+e_{x_1})(bF_1+e_{y_1}) + (aF_2+e_{x_2})(bF_2+e_{y_2})$$
$$+ \cdots\cdots + (aF_n+e_{x_n})(bF_n+e_{y_n})\}$$

$$= \frac{1}{n}(abF_1^2+aF_1e_{y_1}+bF_1e_{x_1}+e_{x_1}e_{y_1}$$
$$+abF_2^2+aF_2e_{y_2}+bF_2e_{x_2}+e_{x_2}e_{y_2}$$
$$+ \cdots\cdots +abF_n^2+aF_ne_{y_n}+bF_ne_{x_n}+e_{x_n}e_{y_n})$$

$$= \frac{1}{n}\{ab(F_1^2+F_2^2+\cdots+F_n^2)+a(F_1e_{y_1}+F_2e_{y_2}+\cdots+F_ne_{y_n})$$
$$+b(F_1e_{x_1}+F_2e_{x_2}+\cdots+F_ne_{x_n})$$
$$+(e_{x_1}e_{y_1}+e_{x_2}e_{y_2}+\cdots+e_{x_n}e_{y_n})\}$$

$$=ab\frac{1}{n}(F_1^2+F_2^2+\cdots+F_n^2)+a\frac{1}{n}(F_1e_{y_1}+F_2e_{y_2}+\cdots+F_ne_{y_n})$$
$$+b\frac{1}{n}(F_1e_{x_1}+F_2e_{x_2}+\cdots+F_ne_{x_n})$$
$$+\frac{1}{n}(e_{x_1}e_{y_1}+e_{x_2}e_{y_2}+\cdots+e_{x_n}e_{y_n})$$

そして、さきほどと同様のロジックにより、この式は、

$$S_{xy}=abS_F^2+aS_{Fey}+bS_{Fex}+S_{exey}$$

のように表すことができる。さらに、Fは標準化されているので、

$$S_F^2=1$$

また、共通因子と独自因子の間、ある独自因子と別の独自因子の間に相関はないと考えられるので、

$$S_{Fey}=S_{Fex}=S_{exey}=0$$

よって、さきほどの式は、さらに、

$S_{xy} = ab$

のように簡略化することができる。

ミライ　あの長い式がこんなにコンパクトになったのね。

東　Yes。同様に、

$S_{yz} = bcS_F^2 + bS_{Fey} + cS_{Fez} + S_{e_y e_z}$
　　$= bc$

$S_{zx} = caS_F^2 + cS_{Fex} + aS_{Fez} + S_{e_z e_x}$
　　$= ca$

を得る。

これら6本の方程式、つまり、

$S_x^2 = a^2 + S_{ex}^2 = 1$　　$S_y^2 = b^2 + S_{ey}^2 = 1$　　$S_z^2 = c^2 + S_{ez}^2 = 1$
$S_{xy} = ab$　　　　　　　$S_{yz} = bc$　　　　　　　$S_{zx} = ca$

が共通因子が1つの場合の因子分析の基本式になる。なお、x、y、zとも標準化されているので、共分散S_{xy}はxとyの、S_{yz}はyとzの、S_{zx}はzとxの相関係数に等しくなる。

ながながと計算が続いたけれども、ようは、各変数を共通因子と独自因子を含む1次式で表現し、それらを分散や共分散の定義式に代入して整理しただけなんだよ。

ミライ　じゃあ、さっきの基本式と、それらを導き出す大まかな手順さえ理解しておけば大丈夫？

❷ 共通因子が1つの因子分析をやってみる

東　大丈夫。では、比較的単純な例で、実際に1因子の因子分析をやってみよう。**図表11-2**は、1998年から2008年にかけての業種別企業倒産件数の推移だ。

ミライ　いずれの業種も、2000年代前半は減少傾向にあったものの、また増えてきている……

東　そうだね。3業種とも、きわめて似た動きをしている。ということは、これらの業種に広く作用を及ぼしている「何か」が存在する、ということを示唆しているね。では、これから、因子分析によって、その「何か」を突き止めてみよう。

図表 11-2　中小企業倒産件数の推移（日本）

	生データ				標準化後		
	建設業(件)(x)	製造業(件)(y)	商業(件)(z)		建設業(件)(x)	製造業(件)(y)	商業(件)(z)
1998	5,668	3,710	5,884	1998	0.83678	1.30893	1.60880
1999	4,650	2,891	4,427	1999	−0.27239	0.15544	−0.16722
2000	6,214	3,529	5,448	2000	1.13167	1.05401	1.07733
2001	6,154	3,670	5,535	2001	1.36630	1.25260	1.18338
2002	5,976	3,615	5,411	2002	1.17236	1.17513	1.03223
2003	5,113	2,787	4,573	2003	0.23207	0.00896	0.01075
2004	4,002	2,195	3,811	2004	−0.97842	−0.82482	−0.91809
2005	3,783	1,971	3,512	2005	−1.21703	−1.14031	−1.28256
2006	3,855	1,856	3,664	2006	−1.13858	−1.30227	−1.09728
2007	4,018	2,022	3,893	2007	−0.96098	−1.06848	−0.81814
2008	4,467	2,341	4,048	2008	−0.47178	−0.61919	−0.62920
平均	4,900	2,781	4,564				
標準偏差	918	710	820				

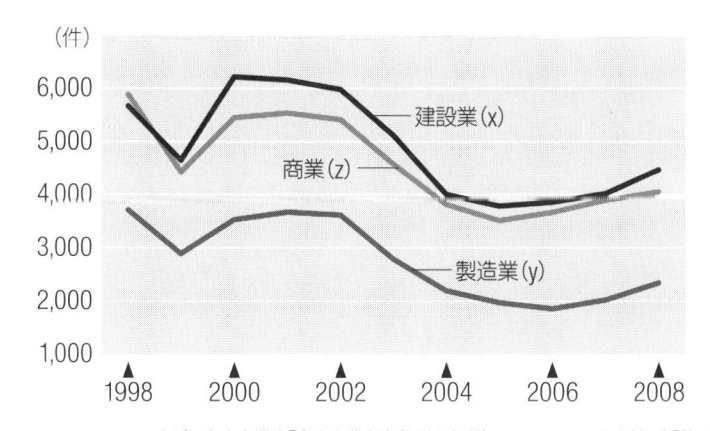

出所：中小企業庁『中小企業白書〈2009年版〉イノベーションと人材で活路を開く』（経済産業調査会、2009年）より抜粋

ミライ　さきほどの式を使うのね。

東　Yes。建設業の企業倒産件数をx、製造業の企業倒産件数をy、商業の企業倒産件数をzとすると、x、y、zは、各々以下のように表すことができる。

$x = aF + e_x$
$y = bF + e_y$
$z = cF + e_z$

ミライ　Fが共通因子、すなわち、建設業、製造業、商業の倒産件数すべてに影響を及ぼしている「何か」ね。

東　そのとおり。そして、e_x、e_y、e_zは、x、y、zの独自因子、すなわち、共通因子Fでは説明しきれない部分だ。

ミライ　つまり、建設業、製造業、商業に固有の要因ということね。

東　Yes。また、a、b、cは、因子負荷量とも呼ばれるのだったね。

ミライ　建設業、製造業、商業の企業倒産件数と共通因子Fの関係の強さを表す指標ね。

東　Good。そして、さきほど、少し苦労したけれども、1因子の因子分析の基本モデルは、以下の式で表されることを証明した。

$S_x^2 = a^2 + S_{e_x}^2 = 1$　　$S_y^2 = b^2 + S_{e_y}^2 = 1$　　$S_z^2 = c^2 + S_{e_z}^2 = 1$
$S_{xy} = ab$　　　　　　$S_{yz} = bc$　　　　　　$S_{zx} = ca$

ここで、S_{xy}、S_{yz}、S_{zx}は、各々xとy、yとz、zとxの相関係数を表すのだったから……

ミライ　xとyの相関係数は、ExcelのCORREL関数を使って求めると0.96814、同様に、yとzの相関係数は0.98393、zとxの相関係数は0.95957。

東　OK。よって、さきほどの一連の式は、以下のように整理することができる。

$S_{xy} = ab = 0.96814$
$S_{yz} = bc = 0.98393$
$S_{zx} = ca = 0.95957$

これらの式から因子負荷量a、b、cを求めると、

a=0.97168　　b=0.99636　　c=0.98753

を得る。よって、x、y、zは、各々以下の式で表すことができる。

$x = 0.97168F + e_x$
$y = 0.99636F + e_y$
$z = 0.98753F + e_z$

因子負荷量は、いずれも1に近い数字になっている。このことから、3業種の倒産件数x、y、zと共通因子Fの間には、きわめて強い相関があることがうかがえるね（**図表11-3**）。

ミライ 共通因子Fが、3業種の倒産件数の動向に非常に強い影響を及ぼしている、ということね。

東 そうだね。では、その、x、y、zのすべてに強い影響を及ぼしている「何か」とは何だろう？

ミライ 因子分析は、x、y、zのすべてに影響を及ぼしている「何かが存在する」、ということを教えてくれる。でも、「それが何なのか」については教えてくれない、のね。

図表11-3　**共通因子Fと3業種の倒産件数の間にはきわめて強い相関がある**

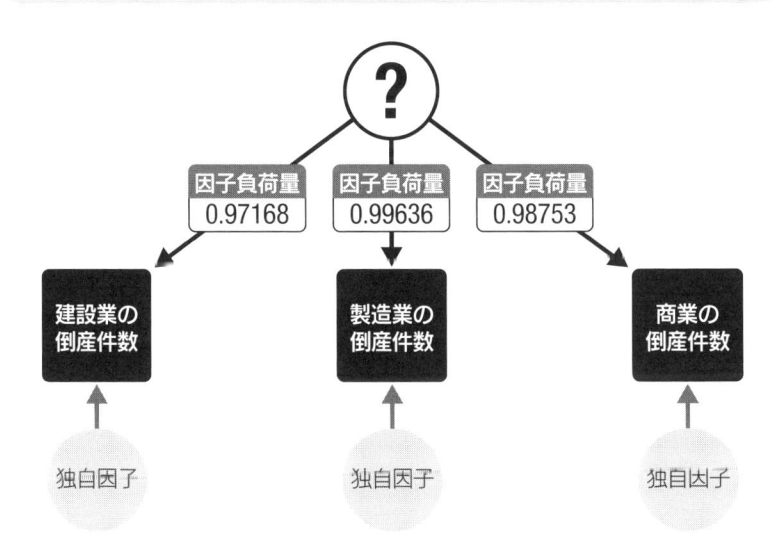

東	Yes。「それが何なのか」は、分析者が、自身の知識や経験にもとづいて判断しなければならないということだ。
ミライ	なぜ企業が倒産するかと言うと……利益が減るからかしら？
東	利益の減少が、必ずしも倒産に結び付くわけではない。今は、多くの企業の業績が悪化しているわけだが、もし業績の悪い会社が倒産してしまうのであれば、それらはみんなつぶれてしまうことになる。でも、実際には、利益、もっと言うと税引後当期純利益がマイナスでも、存続している会社は山ほどあるわけだ。企業にとって恐ろしいのは、業績が赤字になることではなくて、資金繰りができなくなることなんだ。資金繰りが困難になると、仮に黒字でも倒産してしまう。
ミライ	「黒字倒産」というやつ？
東	そのとおり。いわゆる、「勘定合って銭足らず」という状況だ。たとえば、企業Ａが企業Ｂにある商品を１億円で販売したとしよう。損益計算上は、Ａ社には今月１億円の売上げが立つよね。
ミライ	予想以上にコストがかさまない限り、損益計算上は、おそらく黒字ね。
東	おそらく。しかし、企業間の取引は、通常、現金ではなく掛けで行われる。この場合も、実際にＢ社からＡ社に商品の販売代金が支払われるのは１カ月後だとしよう。
ミライ	掛けとは、ようは「ツケ」のことね。
東	そのとおり。で、企業Ａが実際に販売代金を回収できるのは１カ月後だ。しかし、その間にも、人件費や仕入代金等、さまざまな経費を支払わなければならない。仮に、企業Ａの手元にそれらを支払うのに十分な現金──難しい言葉で言えば「流動性」と呼ぶが、流動性がなければ……
ミライ	従業員に給料を支払うことができないし、仕入先に代金を支払うこともできない……
東	そうだね。なお、企業Ａも、仕入先からは手形を振り出す等して、掛けで商品を仕入れている可能性が高いよね。でも、現金がなければ、支払期日が来ても代金を支払うことができない。すなわ

	ち、不渡りを出してしまう。そうなると、銀行取引停止という非常に厳しい処分が待っている。
ミライ	銀行取引停止？
東	当座取引ができなくなるほか、融資等も制限されてしまうんだ。
ミライ	そうなれば、営業を停止するしかないわね。
東	そのとおり。事実上、倒産だ。このように、利益とキャッシュフローは別物だということを、しっかり理解する必要がある。
ミライ	近年、日本でもキャッシュフローがきわめて重要視されるようになってきたのも、「利益とキャッシュフローは別物」という考えが浸透してきたためなのね。
東	そうだね。とはいえ、キャッシュフローの最大の源泉は、言うまでもなく、売上げだ。その意味では、業績の悪化と資金繰りの悪化は、同根というか、密接に連関していると言える。 特に、ここ数年における中小企業の資金繰りの悪化は、不況に

図表 11-4　業況悪化にともなう「資金繰りの悪化」が共通因子

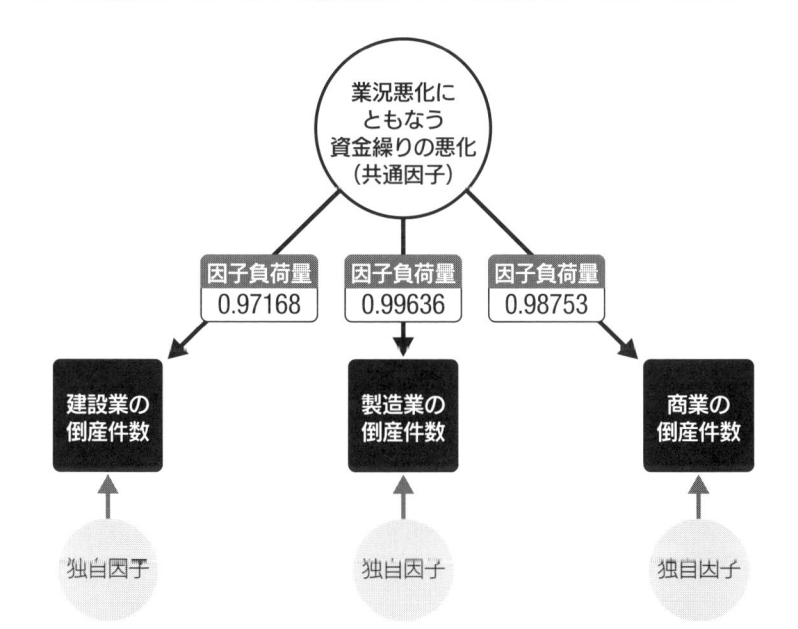

業況悪化にともなう資金繰りの悪化（共通因子）

- 因子負荷量 0.97168 → 建設業の倒産件数 ← 独自因子
- 因子負荷量 0.99636 → 製造業の倒産件数 ← 独自因子
- 因子負荷量 0.98753 → 商業の倒産件数 ← 独自因子

よる売上げの減少、原油や原材料価格の高騰といった要因によるものだと言われている。さらに、不況下では銀行も貸し渋りするから、資金繰りの悪化に拍車をかける。資金繰りの悪い会社には、銀行も融資しないだろうから、さらなる悪循環に陥るケースも多いだろうね。

ミライ　じゃあ、x、y、zすべてに影響を及ぼしている「何か」を一言で表すとすれば、「資金繰りの悪化」ということになるのかしら?

東　そうだね。資金繰りの悪化が共通因子Fの正体である可能性は高いと言えるね（**図表11-4**）。
　ところで、ミライ。資金繰りの悪化だけで倒産が増えていると言い切ってしまっていいと思うかい? もしかしたら、他にも原因があるかもしれない。

ミライ　そうかもしれない……

東　ビジネスに限らないけど、原因が1つだけというのはあまりない。ほとんどがいくつもの原因が絡み合っていることが多い。ということで、次に要因が2つ以上ある場合のことも考えてみよう。いきなり、3つも4つもあると大変だから、今回は2つでやってみようか。
　それじゃ**図表11-5**を見てみて。これは、2006年7－9月期から2009年1－3月期にかけてのわが国の中小企業の地域別業況判断DIの推移をグラフにしたものだ。

❸ 共通因子をが1つとは限らない

ミライ　業況判断DI?

東　業況判断DIとは、企業が、現在および将来の景気についてどのように見ているかを示す指標のことだ。「良い」と答えた企業の割合から、「悪い」と答えた企業の割合を引くことで求める。
　わが国の中小企業の業況判断DIは、いずれの地域も、2006年以降ずっとマイナスで、かつ、さらに下落している。ということは……?

図表11-5　中小企業 業況判断DIの推移（日本）

	北海道	東北	関東	中部	近畿	中国	四国	九州・沖縄
2006年 7-9月	−20.7	−22.8	−17.0	−18.6	−21.0	−22.4	−25.2	−20.8
2006年 10-12月	−22.1	−24.4	−16.9	−20.2	−18.6	−25.2	−26.0	−20.8
2007年 1-3月	−21.8	−25.1	−17.7	−21.6	−21.4	−24.6	−26.2	−22.6
2007年 4-6月	−25.6	−26.4	−21.0	−20.9	−21.7	−24.5	−30.1	−24.0
2007年 7-9月	−25.9	−26.9	−20.1	−22.4	−23.4	−26.8	−29.2	−25.2
2007年 10-12月	−28.3	−30.6	−23.7	−24.2	−25.1	−28.1	−29.4	−29.0
2008年 1-3月	−32.0	−33.4	−27.3	−29.1	−28.5	−34.1	−33.4	−30.6
2008年 4-6月	−31.8	−36.2	−31.1	−31.1	−30.6	−34.9	−35.1	−32.6
2008年 7-9月	−35.2	−40.3	−33.6	−35.8	−35.1	−35.8	−36.5	−36.2
2008年 10-12月	−40.5	−42.7	−41.6	−44.1	−42.0	−42.7	−41.7	−40.0
2009年 1-3月	−39.1	−52.5	−51.0	−53.0	−51.6	−52.1	−46.1	−46.5

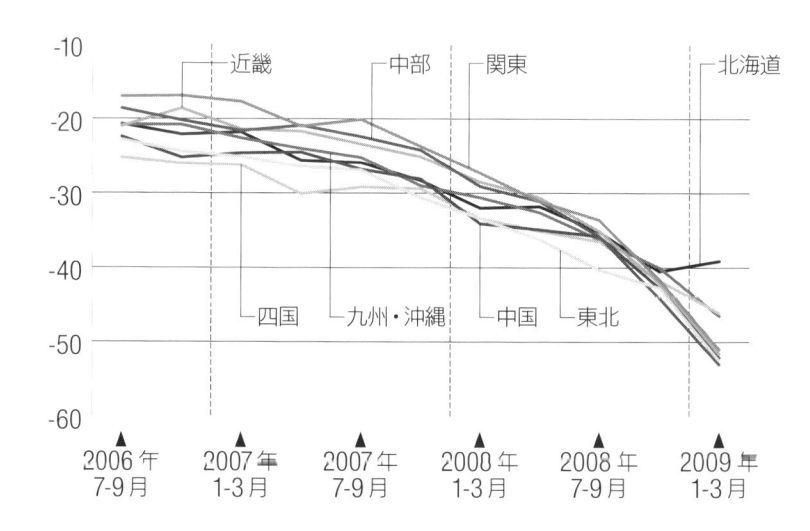

出所：中小企業庁『中小企業白書〈2009年版〉イノベーションと人材で活路を開く』（経済産業調査会、2009年）より抜粋

ミライ 「良い」と考えている企業よりも、「悪い」と考えている企業の方が多い。しかも、相対的に「悪い」と考えている企業が増えている。

東 そうだね。景気に関しては、いずれの地域においても悲観的な見方が支配的だと言うことだね。

ミライ 北海道から九州・沖縄までの8つの地域の業況判断DIに、広く影響を及ぼしている因子があるのか、あるとすればそれは何なのかを、因子分析によって見極めるのね。

東 Yes。かつ、さきほどの例では、共通因子は1つだけ——資金繰りの悪化だけだったが、今回は、共通因子が2つあると仮定してやってみよう（**図表11-6**）。

ミライ 「何か」が各地域の業況判断DIに影響を与えている。そして、その「何か」が今回は2つあるということね。

東 Yes。北海道、東北、関東、中部、近畿、中国、四国、九州・沖縄の業況判断DIを、順にs、t、u、v、w、x、y、zとすると、それらは以下の式で表すことができる。ただし、F、Gは共通因子、$e_s \sim e_z$は独自因子、a、bは因子負荷量だ。

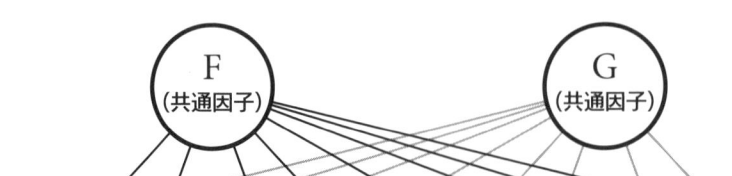

図表11-6　**共通因子が2つの場合の因子分析**

$$s=a_sF+b_sG+e_s \qquad t=a_tF+b_tG+e_t$$
$$u=a_uF+b_uG+e_u \qquad v=a_vF+b_vG+e_v$$
$$w=a_wF+b_wG+e_w \qquad x=a_xF+b_xG+e_x$$
$$y=a_yF+b_yG+e_y \qquad z=a_zF+b_zG+e_z$$

たとえば、北海道の業況判断DI、sは北海道から九州・沖縄までのすべての地域のDIに影響を及ぼす共通因子F・G、および北海道固有の要因e_sによって決まってくる、ということだね。

これらを、1因子の因子分析の基本式を求めた時と同様、分散や共分散を求める式に代入し、さらに、因子間に相関はない等の仮定を置いたうえで整理すると……少しややこしいが、次のような式を得る。

$$S_s^2=a_s^2+b_s^2+S_{e_s}^2=1 \qquad S_t^2=a_t^2+b_t^2+S_{e_t}^2=1$$
$$S_u^2=a_u^2+b_u^2+S_{e_u}^2=1 \qquad S_v^2=a_v^2+b_v^2+S_{e_v}^2=1$$
$$S_w^2=a_w^2+b_w^2+S_{e_w}^2=1 \qquad S_x^2=a_x^2+b_x^2+S_{e_x}^2=1$$
$$S_y^2=a_y^2+b_y^2+S_{e_y}^2=1 \qquad S_z^2=a_z^2+b_z^2+S_{e_z}^2=1$$

$$a_sa_t+b_sb_t=r_{st} \qquad a_sa_u+b_sb_u=r_{su} \qquad a_sa_v+b_sb_v=r_{sv}$$
$$a_sa_w+b_sb_w=r_{sw} \qquad a_sa_x+b_sb_x=r_{sx} \qquad a_sa_y+b_sb_y=r_{sy}$$
$$a_sa_z+b_sb_z=r_{sz}$$
$$a_ta_u+b_tb_u=r_{tu} \qquad a_ta_v+b_tb_v=r_{tv} \qquad a_ta_w+b_tb_w=r_{tw}$$
$$a_ta_x+b_tb_x=r_{tx} \qquad a_ta_y+b_tb_y=r_{ty} \qquad a_ta_z+b_tb_z=r_{tz}$$
$$a_ua_v+b_ub_v=r_{uv} \qquad a_ua_w+b_ub_w=r_{uw} \qquad a_ua_x+b_ub_x=r_{ux}$$
$$a_ua_y+b_ub_y=r_{uy} \qquad a_ua_z+b_ub_z=r_{uz}$$
$$a_va_w+b_vb_w=r_{vw} \qquad a_va_x+b_vb_x=r_{vx} \qquad a_va_y+b_vb_y=r_{vy}$$
$$a_va_z+b_vb_z=r_{vz}$$
$$a_wa_x+b_wb_x=r_{wx} \qquad a_wa_y+b_wb_y=r_{wy} \qquad a_wa_z+b_wb_z=r_{wz}$$
$$a_xa_y+b_xb_y=r_{xy} \qquad a_xa_z+b_xb_z=r_{xz} \qquad a_ya_z+b_yb_z=r_{yz}$$

数式がたくさんあってなかなか複雑だが、これらの式を行列で表現したうえで、Excelのソルバー機能を用いて解くと、

$$s = 0.53149F + 0.84655G + e_s$$
$$t = 0.75662F + 0.64484G + e_t$$
$$u = 0.77133F + 0.63445G + e_u$$
$$v = 0.79341F + 0.60332G + e_v$$
$$w = 0.80089F + 0.59188G + e_w$$
$$x = 0.78425F + 0.60653G + e_x$$
$$y = 0.71759F + 0.68554G + e_y$$
$$z = 0.71810F + 0.68887G + e_z$$

を得る。

1因子の因子分析のところで述べたように、式中の0.53149や0.84655は因子負荷量と呼ばれるもので、共通因子F・Gと各地域の業況判断DIの関係の強さを示している。

これらの式を見る限り、因子負荷量はF・Gとも0.5から0.8程度であり、各地域のDIの動きをおおむねうまく捉えていると言えそうだ（**図表11-7**）。

ミライ　共通因子F・Gが、北海道から九州・沖縄まで、すべての地域のDIに少なからぬ影響を及ぼしているということね。

図表 11-7　**共通因子が2つの場合の因子分析**

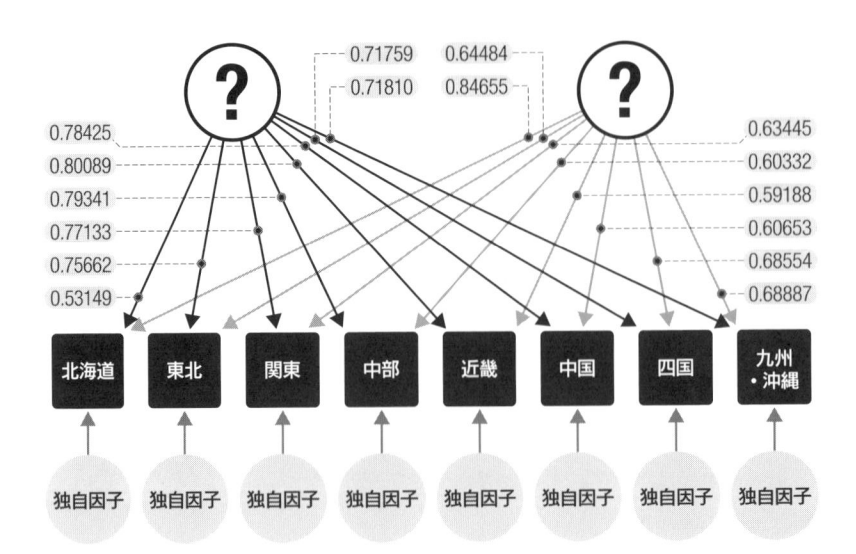

でも、因子分析が教えてくれるのはここまでで、FやGが何なのかは、やっぱり私たち分析者自身が考えなくてはならないのよね?

東　そのとおり。では、FやGの正体は、いったい何なのだろう?

❹ 2つの共通因子の正体とは?

ミライ　特定の地域だけではなく、多かれ少なかれ、わが国全体の中小企業経営者のマインドに影響を及ぼしているということは、景気の減速とか、マクロ経済に関連する要因じゃないかしら?

東　そう考えるのが自然だろうね。ここで、改めてさきほどの計算結果を見てみると、F・Gとも、地域間でかなりのバラツキがあるのがわかる。
たとえば、Fを見ると……w（近畿）、v（中部）、x（中国）、u（関東）の因子負荷量は、順に、0.80089、0.79341、0.78425、0.77133と、比較的大きな値となっている。一方、s（北海道）、y（四国）、z（九州・沖縄）等の因子負荷量は、順に、0.53149、0.71759、0.71810と、比較的低い値にとどまっている。一方、Gは……

ミライ　Gは……逆に、北海道、九州・沖縄、四国等の因子負荷量が、順に、0.84655、0.68887、0.68554と、比較的高い数字になっているのに対し、近畿、中部、中国等の因子負荷量が、順に、0.59188、0.60332、0.60653と、相対的に低くなっている……

東　そうだね。Fはどちらかと言うと大都市圏の中小企業に、Gは地方の中小企業により強い影響を与えているようだね。

ミライ　大都市圏と地方を分けるもの?

東　**図表11-8**は、各地域の、製造品出荷額の産業別構成比を円グラフにしたものだ。厳密に言うと、元となるデータには、中小企業だけではなく大企業も含まれているんだが、ある地域に存在する中小企業は、その地域に存在する大企業の影響下にある可能

図表 11-8　地域別製造品出荷額の産業別構成

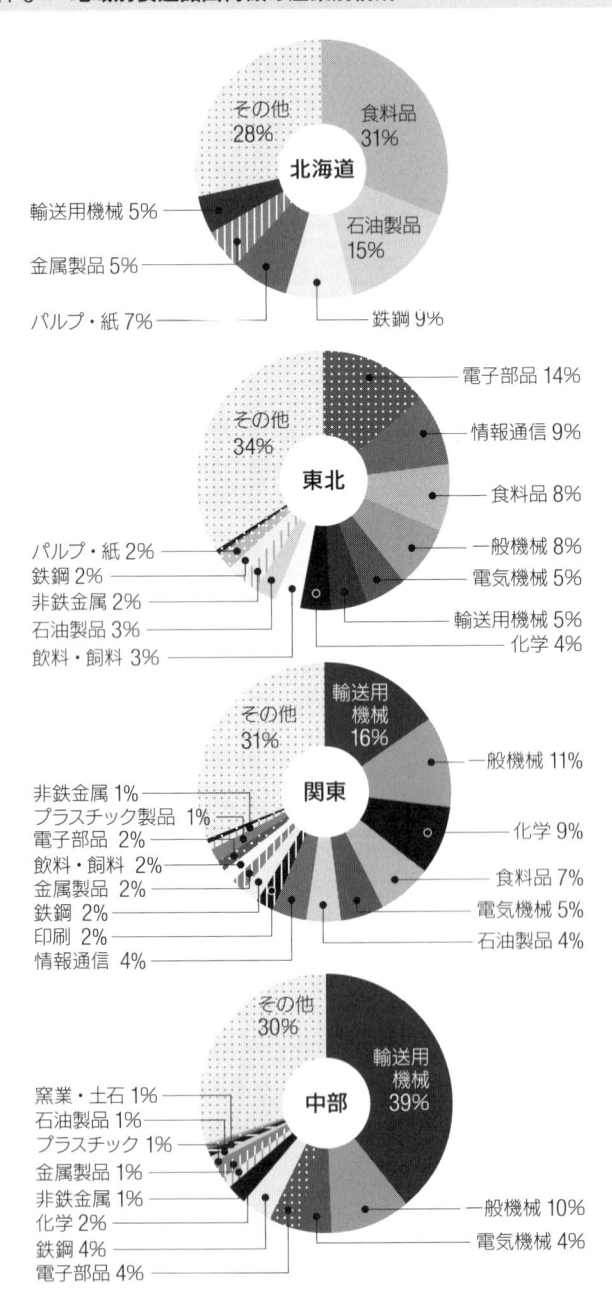

北海道
- 食料品 31%
- その他 28%
- 石油製品 15%
- 鉄鋼 9%
- パルプ・紙 7%
- 金属製品 5%
- 輸送用機械 5%

東北
- その他 34%
- 電子部品 14%
- 情報通信 9%
- 食料品 8%
- 一般機械 8%
- 電気機械 5%
- 輸送用機械 5%
- 化学 4%
- 飲料・飼料 3%
- 石油製品 3%
- 非鉄金属 2%
- 鉄鋼 2%
- パルプ・紙 2%

関東
- その他 31%
- 輸送用機械 16%
- 一般機械 11%
- 化学 9%
- 食料品 7%
- 電気機械 5%
- 石油製品 4%
- 情報通信 4%
- 印刷 2%
- 鉄鋼 2%
- 金属製品 2%
- 飲料・飼料 2%
- 電子部品 2%
- プラスチック製品 1%
- 非鉄金属 1%

中部
- 輸送用機械 39%
- その他 30%
- 一般機械 10%
- 電気機械 4%
- 電子部品 4%
- 鉄鋼 4%
- 化学 2%
- 非鉄金属 1%
- 金属製品 1%
- プラスチック 1%
- 石油製品 1%
- 窯業・土石 1%

近畿

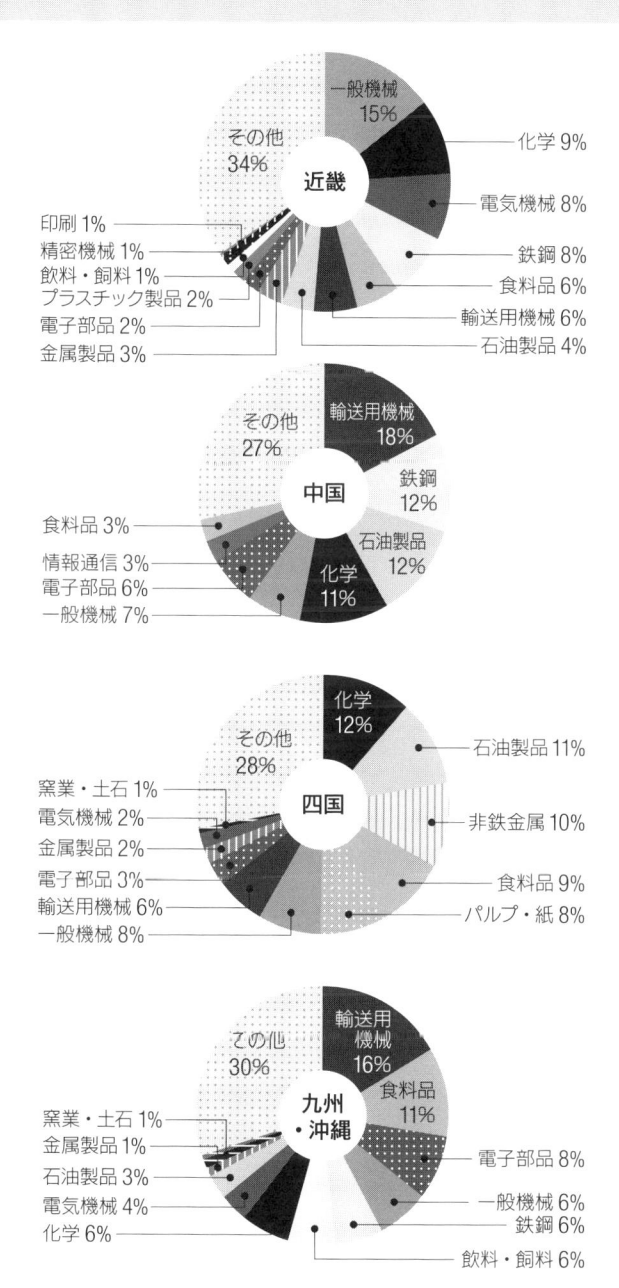

- 一般機械 15%
- 化学 9%
- 電気機械 8%
- 鉄鋼 8%
- 食料品 6%
- 輸送用機械 6%
- 石油製品 4%
- 金属製品 3%
- 電子部品 2%
- プラスチック製品 2%
- 飲料・飼料 1%
- 精密機械 1%
- 印刷 1%
- その他 34%

中国

- 輸送用機械 18%
- 鉄鋼 12%
- 石油製品 12%
- 化学 11%
- 一般機械 7%
- 電子部品 6%
- 情報通信 3%
- 食料品 3%
- その他 27%

四国

- 化学 12%
- 石油製品 11%
- 非鉄金属 10%
- 食料品 9%
- パルプ・紙 8%
- 一般機械 8%
- 輸送用機械 6%
- 電子部品 3%
- 金属製品 2%
- 電気機械 2%
- 窯業・土石 1%
- その他 28%

九州・沖縄

- 輸送用機械 16%
- 食料品 11%
- 電子部品 8%
- 一般機械 6%
- 鉄鋼 6%
- 飲料・飼料 6%
- 化学 6%
- 電気機械 4%
- 石油製品 3%
- 金属製品 1%
- 窯業・土石 1%
- その他 30%

出所：矢野恒太記念会『データでみる県勢 2009 年版』(矢野恒太記念会、2008 年)のデータを加工して作成

DAY 5 データの山から重要な情報を抽出する

性が高いと思われるから、ある地域の産業を大まかに把握する、という趣旨からすると、十分、役立つデータだと言えるだろう。

ミライ 大企業の下請けとか、孫請けとか……「企業城下町」という言葉があるくらいだものね。

東 Yes。また、たとえば、東北地方の業種別構成比は、青森県、岩手県、宮城県、秋田県、山形県、福島県の業種別構成比を、各県の製造品出荷額で加重平均することによって計算している。なので、あらかじめ断っておくが、「かなり」ラフな数字だよ。

ミライ 了解。で、グラフを見てみると……産業構造って、地域によってかなり違うものなのね。

東 たしかに、各地域のカラーが良く出ていると言えるね。ここで、Fの因子負荷量が大きな地域、つまり、近畿、中部、中国、関東のグラフを見て、何か気づくことはないかい？

ミライ いろんな業種があるので少しわかりにくいけど……それらの地域は、機械関連の業種が比較的多いのかしら。

東 それはあるね。地域別の機械関連の比率——具体的には、輸送用機械、一般機械、電気機械、精密機械の比率を合算したものを計算すると、北海道4.8％、東北18.1％、関東33.0％、中部53.8％、近畿29.0％、中国24.9％、四国16.0％、九州・沖縄26.5％となる。

ミライ 機械関連の比率が最も高いのが中部、2番目に高いのが関東、3番目が近畿、次いで九州・沖縄、中国なので、やはり機械関連の比率の高い地域のFの因子負荷量が相対的に大きいと言ってよさそう。

東 そうだね。ちなみに、各地域における、製造業全体に占める機械関連の比率をX、Fの因子負荷量をYとして回帰分析を行うと、決定係数R^2は0.5142と、強いとまでは言えないが、両者には正の相関があると言えそうだ。

ミライ では、仮に、Fの因子負荷量が機械関連の比率に比例するのであれば、機械関連の比率と業況判断DIの間には、どのような関係が存在するのかしら……

東 　機械関連は、輸出のウエイトが高いので、世界経済の好不調の影響を最も受けやすい業種の1つであると言われている。このあたりが、Fの正体が何なのかを解き明かすヒントになるかもしれない。

ミライ 　〔世界経済の減速〕→〔機械関連の輸出の減少〕→〔機械関連のウエイトが高い地域の業績の悪化〕→〔それらの地域の中小企業経営者のマインドの冷え込み〕→〔それらの地域の業況判断DIの悪化〕……という感じなのかな？

東 　必ずしもこの仮説が正しいとは限らないが、少なくとも、著しい論理の飛躍はないし、常識と照らしても、それほどおかしな点はなさそうだ。だから、各地域、特に近畿、中部、中国、関東の中小企業のマインドに強い影響を及ぼす共通因子Fの正体とは、「世界経済の減速に伴う輸出の減少」であると結論づけていいだろうね。

ミライ 　次は、Gね。

東 　Gの因子負荷量は、北海道、九州・沖縄、四国等、ローカルな地域で高くなっていたんだったね。ここで再び、これらの地域の業種別の構成比率を見てみよう。

ミライ 　北海道で特にウエイトが高いのは……食料品、石油製品、鉄鋼、パルプ・紙、金属製品、九州・沖縄は輸送用機械、食料品、電子部品、鉄鋼、一般機械、四国は化学、石油製品、非鉄金属、食料品、パルプ・紙。かなりバラエティに富んでいるけど、いわゆる素材産業のウエイトが高いと言えないかしら？

東 　そうだね。僕は四国の出身なんだけど、素材型産業のウエイトの高さは、身をもって実感するところだ。ところで、ここに1つ、興味深いレポートがある。

ミライ 　「原油価格・原材料価格上昇の影響調査結果について」？

東 　2007年8月に、経済産業省が、原油価格や、鉄鋼製品、銅製品、亜鉛、ニッケル、アルミニウム等の原材料価格の高騰がわが国の産業に与えるインパクトについて報告したものだ。
　これによると、化学、繊維、パルプ・紙、食料品、石油製品、プラスチック製品、ゴム、窯業・土石、非鉄金属、輸送用機械

等の業種が、原油や石油製品の価格上昇によって大きなインパクトを受けたとされる。一方、パルプ・紙、食料品、ゴム、化学、出版・印刷、金属製品、木材・木製品、非鉄金属等の業種が、原材料価格の高騰によって重大な影響を受けたとされる。

ミライ 北海道、九州・沖縄、四国の主要産業の多くがそれらに該当するわ。

東 これら、原油価格や原材料価格高騰の影響をまともに受けたと思われる産業の比率を合算すると、北海道63.4％、東北24.6％、関東42.2％、中部47.4％、近畿31.0％、中国43.5％、四国59.1％、九州・沖縄39.4％。やはり、北海道や四国でウェイトが高くなっている。

さらに、それらをX、Gの因子負荷量をYとして回帰分析を行うと、R^2は0.4296とそれほど高いわけではないが、両者には正の相関があると言ってよさそうだ。

図表11-9　共通因子FとGが意味するもの

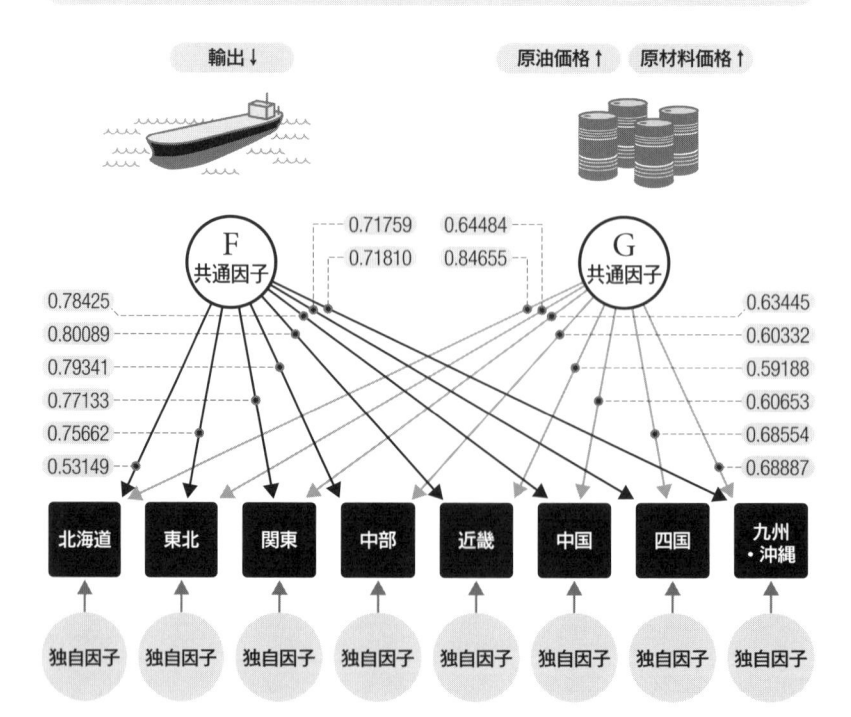

ミライ　ということは……〔昨今の原油価格や原材料価格の急騰〕→〔原油や石油製品・原材料の投入比率の高い、いわゆる素材産業の収益を圧迫〕→〔素材産業のウエイトの高い北海道、九州・沖縄、四国の中小企業の業績の悪化〕→〔それらの地域の業況判断DIの悪化〕というメカニズムが考えられるわね。

東　　十分あり得るのではないかな。だとすると、わが国の各地域の業況判断DIは、「世界経済の減速に伴う輸出の減（＝共通因子F）」と「原油価格や原材料価格の高騰に伴う収益の悪化（＝共通因子G）」という2つの因子に支配されているということになるね（**図表11-9**）。

このように、因子分析は、複雑に絡み合ったデータの中から、それらの背後に潜む少数の要因を見つけ出す際に威力を発揮する手法だ。もともとは心理学の分野で発達した分析手法だが、アンケート結果の解析等、ビジネスにおいても広く用いられるようになってきている。

たとえば、ある製品、たとえばパソコンに対する顧客の評価について、「処理速度」「グラフィック性能」「拡張性」「使いやすさ」「使い心地」「静音性」「耐久性」「デザイン」「価格」「アフターサービス」等、さまざまな観点からアンケート調査を行ったとする。評価項目がこれだけ多いと、結果の解釈も大変だよね。

でも、因子分析を使って、たとえば「ハード面の性能」「見た目」といった、これらの背後に潜む少数の因子を見つけ出すことができれば……

ミライ　ユーザーの「目の付けどころ」、つまり、ユーザーが何にもとづいてパソコンを評価しているのかがわかる！

東　　そのとおり。アンケート結果の解析が楽になると同時に、より深い洞察も得られるかもしれない。

ミライ　新商品開発のヒントが見つかるかもね！

12時間目
数学的に白黒をつける

判別分析

ミライ　今、営業本部の友達から相談を受けててね。その友達は、マイレージの担当なんだけど、どのお客さまにゴールドカードをお勧めして、どのお客さまに通常のカードをお勧めすればよいかを判定するツールが欲しいというの。そういうツール、作れるのかしら？

東　　今はどうやってるの？

ミライ　担当者の裁量に任されているらしいわ。でも、どちらのカードをお勧めすべきか、迷うことが少なくないみたい。

東　　ドライバーは、所得とか、フライト回数とかかな。であれば、たとえば、所得がいくらいくらで、フライト回数が何回の人にはゴールドカードを、とか、所得がいくらいくらで、フライト回数が何回の人には通常のカードを、ということを判定してくれるモデルを作ることはできると思う。

ミライ　ぜひ、聞きたいわ。

東　　OK。では、最後はちょっと難しいけれど、判別分析について説明しよう。

❶ 合格と不合格の境目は？

ミライ　判別分析……何かを「判別」するということ？

東　　そう。たとえば、英語の偏差値が65、数学の偏差値が55であるA君は〇〇大学に合格した。英数ともに60であるB君も合格した。一方、英数ともに55のC君は残念ながら不合格だった。さらに、英語の偏差値が60、数学の偏差値が50のD君も不合

格だった。

では、仮に、英数とも偏差値70のE君がこの大学を受験したら、合否はどうなるだろう？

ミライ　まず、まちがいなく合格するはずよ。

東　そうだね。では、英数とも偏差値50のF君が受験したとしたら？

ミライ　おそらく不合格。

東　おそらく。では、英語の偏差値が60、数学の偏差値が55のG君が受験したとしたら？

ミライ　微妙……

東　この場合は難しいね。おそらく、G君はボーダーライン上にあると考えられる（**図表12-1**）。

このように、ある個体、たとえばG君がどちらのグループ、この例では、合格者のグループもしくは不合格者のグループのどちらに属するのかを数学的に判定してくれるのが、判別分析だ。

図表12-1　英語・数学の偏差値と合否の相関

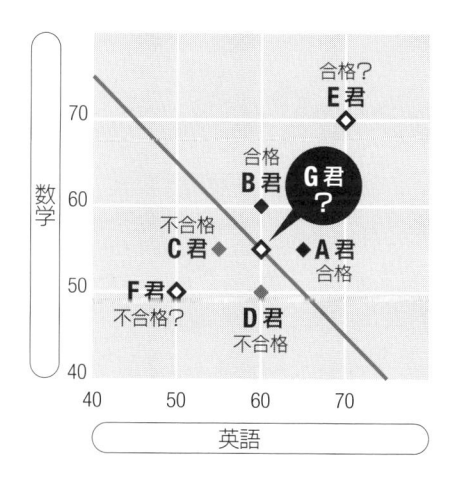

	英語	数学	合否
A君	65	55	合格
B君	60	60	合格
C君	55	55	不合格
D君	60	50	不合格
E君	70	70	合格？
F君	50	50	不合格？
G君	60	55	？？？

❷ グループ「間」のバラツキ vs. グループ「内」のバラツキ
　——級間変動と級内変動

ミライ　なるほど。でも、G君がどちらのグループに属するかを知るためには、合格と不合格の「境目」を知る必要があるわね。

東　そうなんだ。ということで、早速、その境目を見極めるうえでとても大切な概念を紹介しよう。「全変動（SST；Total Sum of Squares）」（「全平方和」とも言う）、「級間変動（SSB；Sum of Squares Between）」（「群間変動」もしくは「サブグループ間平方和」とも言う）、および「級内変動（SSW；Sum of Squares Within）」（「群内変動」もしくは「サブグループ内平方和」とも言う）の3つだ。

ミライ　SST、SSB、SSWね。

東　Yes。そして、それらには、

$$SST = SSB + SSW$$

という関係が成り立つ。

ミライ　つまり、全変動は級間変動と級内変動に分解することができる、と。

図表12-2　**SSBのイメージ**

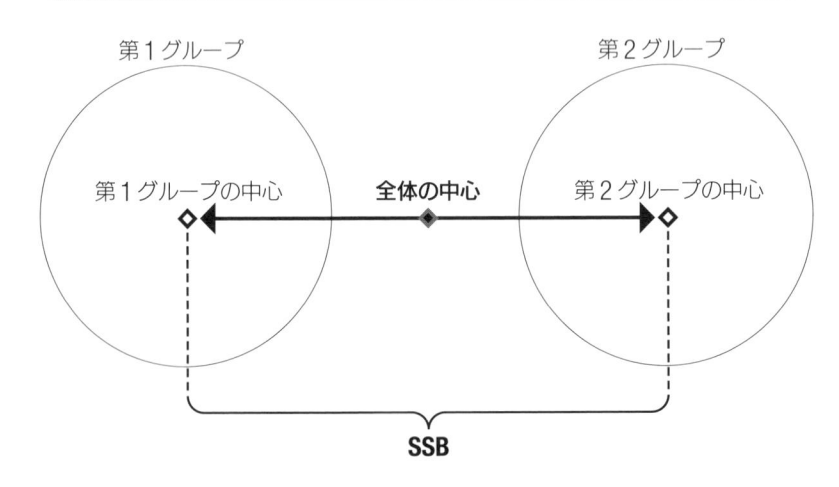

東　　そのとおり。では、まずSSBから。SSBは、2つのグループが両グループの中心からどれくらい離れているかを示す指標で、2つのグループを各々第1グループ、第2グループと呼ぶとすると、

〔第1グループの個体数〕×（〔第1グループの平均〕－〔全体の平均〕)^2
＋〔第2グループの個体数〕×（〔第2グループの平均〕－〔全体の平均〕)^2

で求めることができる。イメージは、**図表12-2**みたいな感じだ。

ミライ　SSBのBは"between A and B"のBだから、まさに、両グループの隔たりを表すのね。

東　　Yes。そして、SSBが大きければ大きいほど、2つのグループは離れているということになる。厳密には、SSBが相対的に──「相対的に」とは、ここではSSWと比較して、という意味だけど、大きければ大きいほど、両グループは離れていると言えるんだ。

ミライ　なるほど。じゃあ、SSWは？

東　　SSWのWは"within"の頭文字。withinの意味は知ってる？

ミライ　何々のうちに、とか、何々の中に、とか……

東　　そうだね。なので、SSBがグループ間のバラツキを表すのに対し、SSWはグループ内のバラツキを表す指標であり、

（〔第1グループの各データ〕－〔第1グループの平均〕)^{2}の総和
＋（〔第2グループの各データ〕－〔第2グループの平均〕)^{2}の総和

で求めることができる。SSWのイメージは**図表12-3**のような感

図表12-3　**SSWのイメージ**

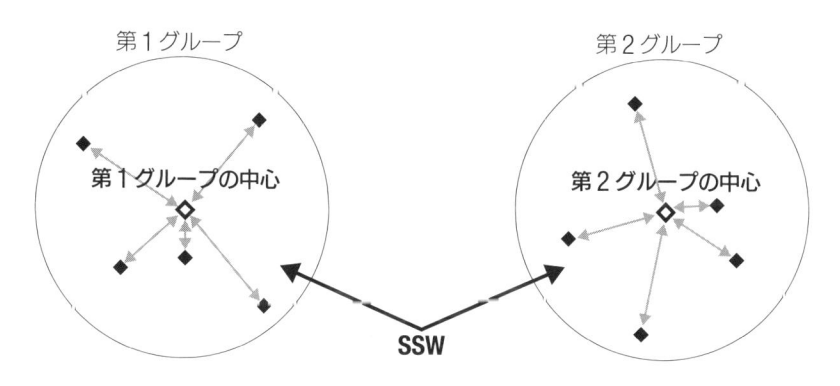

第1グループ　　　　　　　　　　　第2グループ

第1グループの中心　　　　　　　　第2グループの中心

SSW

DAY 5　データの山から重要な情報を抽出する

じだ。

ミライ　グループ「間」とグループ「内」？

東　そう。そして、グループ間のバラツキとグループ内のバラツキを足し算したものが、第1グループと第2グループを合わせた、データ全体としてのバラツキということになる。ここで、仮に、SSTに占めるSSWの割合が大きいとすると、それは何を意味すると思う？

ミライ　グループ内のバラツキの方が、グループ間のバラツキよりも相対的に大きい。

東　そう。逆の言い方をすると、グループ間のバラツキが相対的に小さいということだ。すなわち？

ミライ　2つのグループは、あまり離れていない、というか、あまり明確に分離されていない……

東　Good。では、逆に、SSTに占めるSSBの割合が大きいとすると？

ミライ　この場合は、グループ内のバラツキよりもグループ間のバラツキの方が相対的に大きいということだから……2つのグループは明確に分離されている。

東　Very good。ここで、SSTに占めるSSBの割合のことを「相関

図表12-4　相関比と2グループの離れ具合の関係

相関比 $\left(\eta^2 = \dfrac{SSB}{SST}\right)$ が0に近い

▼

両グループは明確に分離されていない

第1グループ　第2グループ

相関比 $\left(\eta^2 = \dfrac{SSB}{SST}\right)$ が1に近い

▼

両グループは明確に分離されている

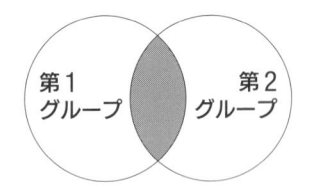

第1グループ　　第2グループ

比（η^2もしくはη；イータ）」と呼ぶ。

ミライ つまり、相関比が1に近ければ近いほど、2つのグループは明確に分離されている、ということね（**図表12-4**）。

東 そのとおり。といっても、なかなか難しい概念で、イメージが湧きにくいと思うので、いくつか例を見てみよう。

図表12-5は、メトロポリスジャイアンツの投手5名と京阪神タイガースの投手5名の身長を表にしたものだ。この表にもとづいて、グループ間のバラツキ、グループ内のバラツキ、および2つのグループ全体のバラツキを計算してみよう。まずはグループ間のバラツキから。

ミライ SSBを計算するには……ジャイアンツの平均と、タイガースの平均と、全体の平均が必要になるから、

ジャイアンツの平均は、
　　（190＋183＋188＋178＋186）÷5＝185cm

タイガースは、
　　（181＋184＋180＋187＋183）÷5＝183cm

全体の平均は、
　　（185＋183）÷2＝184cm

図表12-5　**メトロポリスジャイアンツと京阪神タイガースの投手の身長**

メトロポリスジャイアンツ

選手名	身長
G	190cm
N間口　T彦	183cm
K	188cm
G	178cm
U海　T也	186cm
平均	185cm

京阪神タイガース

選手名	身長
K保田　T之	181cm
A藤　Y也	184cm
F原　S	180cm
K村　S	187cm
S原　M司	183cm
平均	183cm

平均：184cm

東　OK。では、さきほどの公式に当てはめてSSBを計算すると？

ミライ　SSB＝$5×(185−184)^2+5×(183−184)^2=10$

東　Good。ではSSWは？

ミライ　ジャイアンツとタイガースの平均が各々185cmと183cmだから、

$$\begin{aligned}SSW=&\{(190-185)^2+(183-185)^2+(188-185)^2\\&+(178-185)^2+(186-185)^2\}\\&+\{(181-183)^2+(184-183)^2+(180-183)^2\\&+(187-183)^2+(183-183)^2\}\\=&118\end{aligned}$$

東　そうだね。では、SSTは？

ミライ　SST＝SSB＋SSW
　　　　＝10＋118
　　　　＝128

東　Very good。あるいは、

$(190-184)^2+(183-184)^2+(188-184)^2+(178-184)^2$
$+(186-184)^2+(181-184)^2+(184-184)^2$
$+(180-184)^2+(187-184)^2+(183-184)^2$

によってもSST＝128を得ることができる。で、相関比を計算すると、

$$相関比 \eta^2 = \frac{SSB}{SST} = \frac{10}{128} = 0.078$$

となる。

ミライ　データ全体のバラツキのうち、グループ間のバラツキはたったの7.8％……

東　Yes。裏を返せば、データ全体のバラツキのうち、実に92.2％はグループ内のバラツキということだね。両グループは明確に分離されていると言えるだろうか？

ミライ とても言えないわ。

東 そのとおり。イメージ的には、こんな感じかな（**図表12-6**）。

ミライ なるほど……ほぼ重なっていて、両グループの境目はないに等しい、と。

東 では、別の例を見てみよう。こちらのデータは、2005年度の1人あたり県民所得が最も高かった都道府県と最も低かった都道府県のリストだ（**図表12-7**）。さっきと同じように、SSB、SSW、SSTを計算してみて。

ミライ OK。

所得が高いグループの平均は、
　　(4,778＋3,524＋3,344＋3,275＋3,204)÷5
　　＝3,625千円

所得が低いグループの平均は、
　　(2,021＋2,146＋2,184＋2,212＋2,222)÷5
　　＝2,157千円

図表 12-6　**メトロポリスジャイアンツと京阪神タイガースの身長の重なり具合**

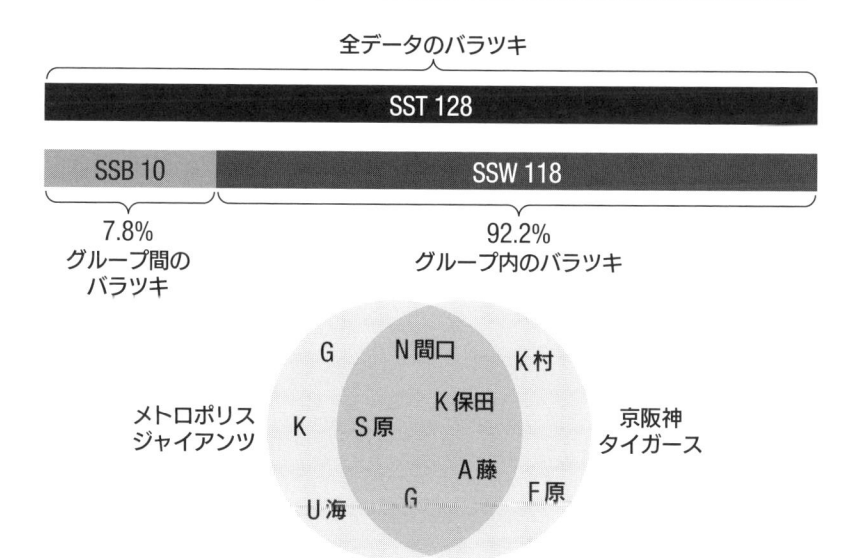

全データのバラツキ

SST 128

SSB 10　　　　SSW 118

7.8%　　　　　　　92.2%
グループ間の　　　グループ内の
バラツキ　　　　　バラツキ

メトロポリス　　　　　　　　　　　京阪神
ジャイアンツ　　G　N間口　K村　　タイガース
　　　　　　　K　S原　K保田
　　　　　　　　　　A藤
　　　　　　　U海　G　F原

全体の平均は、
　　(3,625+2,157)÷2=2,891千円
なので、
　　SSB=5×(3,625−2,891)^2+5×(2,157−2,891)^2
　　　　=5,387,560

東　　OK。SSWは？

ミライ　SSW={(4,778−3,625)^2+(3,524−3,625)^2
　　　　　　+(3,344−3,625)^2+(3,275−3,625)^2
　　　　　　+(3,204−3,625)^2}
　　　　　　+{(2,021−2,157)^2+(2,146−2,157)^2
　　　　　　+(2,184−2,157)^2+(2,212−2,157)^2
　　　　　　+(2,222−2,157)^2}
　　　　　=1,744,908

東　　では、最後にSSTは？

ミライ　SST=SSB+SSW
　　　　　=5,387,560+1,744,908
　　　　　=7,132,468

図表12-7　1人あたり県民所得が上位および下位の5都道府県

都道府県名	1人あたり県民所得（千円）
東京	4,778
愛知	3,524
静岡	3,344
滋賀	3,275
神奈川	3,204
沖縄	2,021
高知	2,146
青森	2,184
宮崎	2,212
長崎	2,222

出所：矢野恒太記念会『データでみる県勢2009年版』（矢野恒太記念会、2008年）より抜粋

東 　今回は、相関比、高そうだね。

ミライ 　相関比 $\eta^2 = \dfrac{\text{SSB}}{\text{SST}} = \dfrac{5,387,560}{7,132468}$
　　　　　$= 0.755$

つまり、2つのグループ全体のバラツキのうち約76％はグループ間のバラツキ……ということは、所得の高いグループと低いグループは、かなり明確に分かれている、ということかしら？

東 　そうだね。こんな感じかな（**図表12-8**）。
ところで、**図表12-9**は、所得の高い都道府県（東京、愛知、静岡、滋賀、神奈川）と、低い都道府県（沖縄、高知、青森、宮崎、長崎）の所得を棒グラフにしたものだ。所得の高いグループと低いグループの間には、明らかに段差があることが見てとれるんだけど、他に気づくことはある？

ミライ 　東京の突出ぶり？

東 　Yes。所得の高いグループを見ると、東京がアタマ1つ抜けているが、2位以下、すなわち、愛知、静岡、滋賀、神奈川はほぼ横並びだ。

ミライ 　所得の低いグループも、長崎から沖縄までほぼ横並びで、グループ間のバラツキはほとんどないわ。

図表12-8　**所得が高いグループと低いグループの離れ度合**

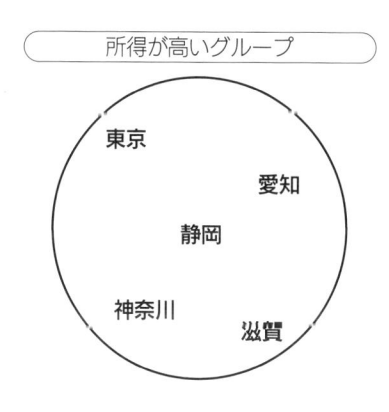

所得が高いグループ

東京　愛知　静岡　神奈川　滋賀

所得が低いグループ

沖縄　青森　高知　長崎　宮崎

図表 12-9　東京が含まれている上位グループ vs. 下位グループ

1人あたり県民所得（千円）

高いグループ
平均：　3,625 千円
標準偏差：　655 千円

低いグループ
平均：　2,157 千円
標準偏差：　82 千円

東京　愛知　静岡　滋賀　神奈川　沖縄　高知　青森　宮崎　長崎

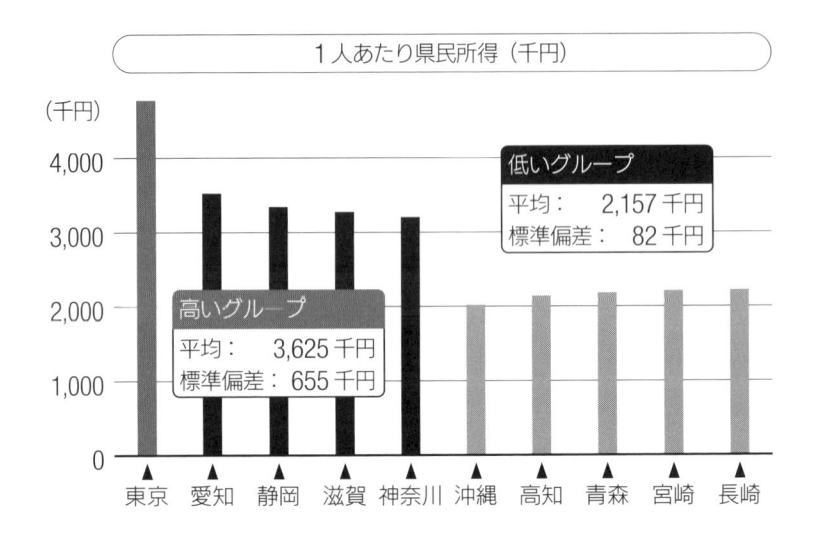

図表 12-10　東京を除いた上位グループ vs. 下位グループ

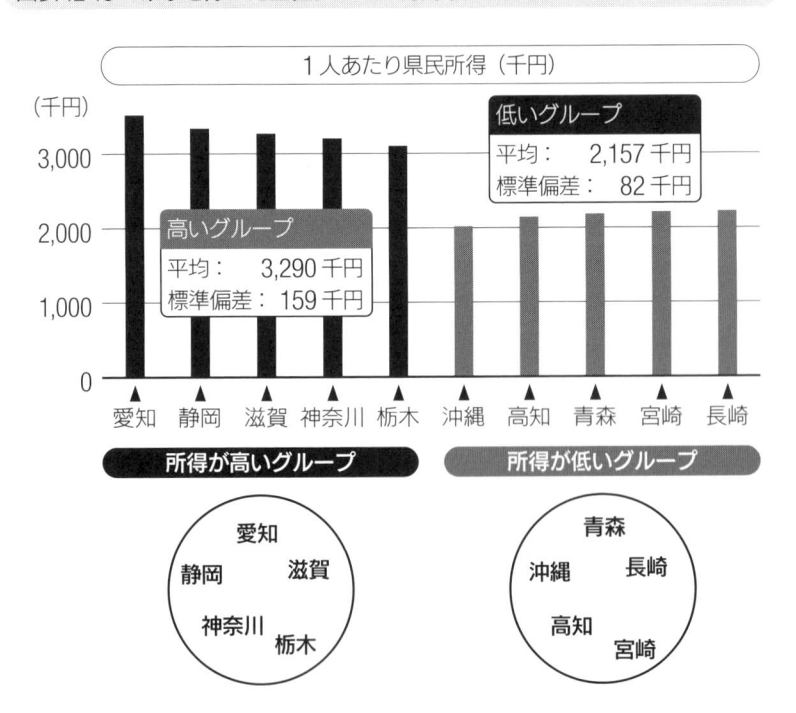

1人あたり県民所得（千円）

高いグループ
平均：　3,290 千円
標準偏差：　159 千円

低いグループ
平均：　2,157 千円
標準偏差：　82 千円

愛知　静岡　滋賀　神奈川　栃木　沖縄　高知　青森　宮崎　長崎

所得が高いグループ
愛知　静岡　滋賀　神奈川　栃木

所得が低いグループ
青森　沖縄　長崎　高知　宮崎

東　そうだね。つまり、東京の所得が圧倒的に高いがゆえに、SSWが大きくなっていることがうかがえる。そこで、仮に、東京の代わりに、6位の栃木（1人あたり県民所得3,101千円）を入れると、どうなるかと言うと、SSB：3,206,957、SSW：127,609、SST：3,334,566と、SSWがグッと小さくなり、その結果、相関比は実に0.962まで上昇する。

ミライ　所得の高いグループが、東京アリの場合よりもコンパクトにまとまり、結果、両グループの境界がよりクリアになったということね。

東　Good。こんな感じかな（**図表12-10**）。
さて、いよいよラストだ。締めは、かなりハードだけど、判別分析のもう1つの重要な概念である「マハラノビス距離」に挑戦してみようか。

❸ データがその値をとる確率をも考慮した距離
──マハラノビス距離

ミライ　マハラノビス距離？

東　「マハラノビス距離（Mahalanobis distance）」とは、ざっくり言うと、「データがそのような値となる確率をも考慮した距離」となる。ちなみに、「マハラノビス」は、このような概念を開拓したインドの数理統計学者プラサンタ・チャンドラ・マハラノビスから来ている。

ミライ　データがそのような値となる確率をも考慮した距離？

東　たとえば、次のような例を考えてみよう。京阪神のA井選手の身長は189cmだ。京阪神の選手の平均身長は180cmなので、平均を100とすると、A井選手の身長は？

ミライ　$(189 \div 180) \times 100 = 105$

東　OK。一方、I岡選手の体重は85kgだ。京阪神の選手の平均体重は81kgなので、平均を100とすると、I岡選手の体重は？

ミライ　$(85 \div 81) \times 100 \fallingdotseq 104.9$

東　OK。話を簡単にするため、105に丸めよう。おさらいすると、A井選手の身長は平均を100とすると105、I岡選手の体重も平均を100とすると同じく105となる。では、2人の身長や体重の平均からの離れ具合はどうだろう？

ミライ　A井選手の身長の平均からの距離は105 − 100 = 5、I岡選手の体重の平均からの距離も105 − 100 = 5だから、同じだと思うけど。

東　たしかに、平均との差、すなわち偏差はともに5で同じだ。しかし、この問いに答えるためには、京阪神の選手の身長と体重のバラツキを知る必要がある。

ミライ　バラツキ……分散や標準偏差ね。

東　そのとおり。京阪神の選手の身長と体重を、平均を100となるように指数化したうえで標準偏差を計算すると、2.8、9.4となる。簡単のため、各々3、9としよう。

ミライ　身長と体重では、バラツキに3倍以上の開きがあるのね。

東　Yes。身長の分布は、平均、つまり180cm付近にキュっと寄ったカタチをしている。身長が正規分布すると仮定すると——ヒストグラムを作ると、実際、正規分布に近いのだけれど、平均±1標準偏差の間に全体の約68%が含まれるのだったね。

図表12-11　**タイガースにおけるA井選手の身長のポジション**

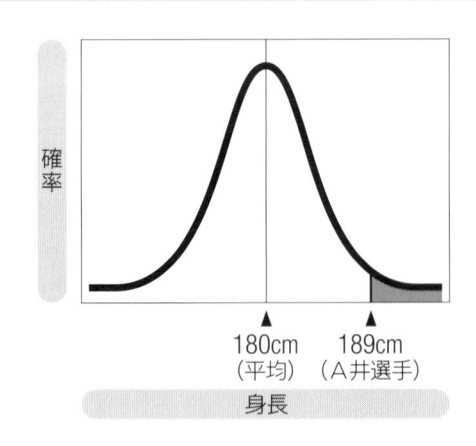

確率

180cm（平均）　189cm（A井選手）

身長

ミライ　この場合は、指数化しているので100±3、つまり97から103の間に、全体の約7割が含まれるということね。

東　Good。つまり、身長の分布は、平均を軸にかなりコンパクトにまとまっているため、A井選手の105という身長は、相対的にかなり高い位置にあるわけだ（**図表12-11**）。
実際、全選手のリストを見てみると、A井選手よりも背の高い選手は、H本選手（192cm）、R選手（191cm）、K田選手（190cm）の3人に限られる。

ミライ　なるほど……A井選手の189cmという身長は、チームの中でもかなりレアな存在だということね。

東　そうだね。一方、I岡選手の体重の方は……

ミライ　体重の分布は、標準偏差が相対的に大きいといっことは、身長の分布よりもなだらかな形状をしている（**図表12-12**）。

東　Yes。そしてこちらも正規性を仮定すると？

ミライ　平均が100、標準偏差が9なので、100±9、すなわち91から109の間に全体の約68％が含まれる。身長の範囲が97から103だったことからすると、ずいぶんストライクゾーンが広がった感じね。

東　そうだね。これでI岡選手の体重も、A井選手の身長と同様、平

図表12-12　**タイガースにおけるI岡選手の体重のポジション**

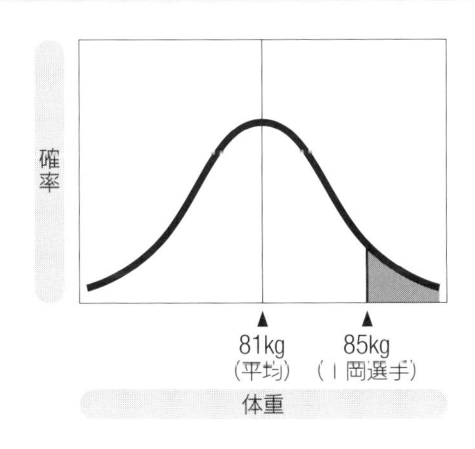

81kg（平均）　85kg（I岡選手）
体重

均よりも5%重いのだけれど、それほどレアとは言えないことがわかるね。実際、I岡選手よりも重い選手はチームに26人もいる。

ミライ　A井選手の身長も、I岡選手の体重も、どちらも平均より5%大きいけれど、その「レア度」には大きな差があるということね。

東　そのとおり。たしかに、偏差は、A井選手の身長、I岡選手の体重とも$105 - 100 = 5$で同じなんだけれど、身長が$189\mathrm{cm}$となる確率や体重が$85\mathrm{kg}$となる確率を考慮すると、平均からの距離は、A井選手の身長の方がずっと遠いと言えるんだ。

ミライ　なるほど。これが、データがそのような値となる確率をも考慮するということ、すなわちマハラノビス距離のコンセプトね。

東　Yes。そして、この例のように、変数が1つの場合のマハラノビス距離Dは、以下の式で計算することができる。

$$D = \frac{|x - \bar{x}|}{s}$$ （ただし、$\bar{x}$はxの平均、sはxの標準偏差）

ミライ　この式、どこかで見たことがあるような……偏差を標準偏差で割ったもの、いわゆる標準化変量かしら？

東　そうだね。標準化変量を求める式の分子が偏差であるのに対し、マハラノビス距離を求める式の分子は偏差の絶対値であり、厳密にはイコールではないけど、基本的には同じものだ。

ミライ　距離がマイナスというのはあり得ないから、後者は絶対値になるのね。

東　Yes。では、この公式を使って、A井選手の身長とI岡選手の体重のマハラノビス距離を求めてみよう。

ミライ　OK。まず、

$$\text{A井選手の身長のマハラノビス距離} = \frac{|105 - 100|}{3} = 1.7$$

東　OK。

ミライ　一方、

$$\text{I岡選手の体重のマハラノビス距離} = \frac{|105-100|}{9} = 0.6$$

東　Good。偏差はどちらも5だが、マハラノビス距離は1.7と0.6で、データがその値となるような確率も加味すると、A井選手の身長の方がずっと平均からの距離は遠いということになるね。

以上、マハラノビス距離の基本的な考え方を踏まえたうえで、変数が1つの場合の判別方法について説明しよう。

変数が1つの場合、あるデータxの、グループAからの距離をD_Aとすると、

$$D_A = \frac{|x - \overline{x_A}|}{s_A}$$

同様に、グループBからの距離をD_Bとすると、

$$D_B = \frac{|x - \overline{x_B}|}{s_B}$$

ただし、$\overline{x_A}$はグループAの、$\overline{x_B}$はグループBの平均を、s_AはグループAの、s_BはグループBの標準偏差を表すものとする。
ここで、$D_A > D_B$であれば、当該xはグループBに属する、逆に$D_A < D_B$であれば、当該xはグループAに属すると判定する。これが判別分析だ。

ミライ　なるほど。グループA、グループBの中心とのマハラノビス距離を各々計算し、それらのうち小さい方、つまり、近い方に属すると考えるということね。

東　そのとおり。では、さきほどの県民所得の例で考えてみよう。
1問目。2005年度における京都の1人あたり県民所得は2,895千円だった。京都は、所得の高いグループ、低いグループのいずれに属すると考えられるだろうか？　ただし、これもまるめの関係で、計算結果が若干違うかもしれないけど、気にしないでね。

ミライ　所得の高いグループの中心からの距離と低いグループの中心からの距離を求めればいいのね。まず、高いグループの中心からの距離をD_Hとすると、高いグループは、平均が3,625千円、標準偏差が655千円だから、

$$D_H = \frac{|2,895-3,625|}{655} = 1.11$$

一方、低いグループの中心からの距離 D_L は、低いグループの平均が2,157千円、標準偏差が82千円なので、

$$D_L = \frac{|2,895-2,157|}{82} = 9.05$$

東　　OK。よって？

ミライ　$D_H < D_L$、すなわち、所得の高いグループに近いので、京都は、所得の高いグループに属すると考えられる（**図表12-13**）。

東　　Good。では次に、愛媛でやってみよう。愛媛の1人あたり県民所得は2,357千円。高いグループと低いグループのいずれに属すると考えられるだろうか？

ミライ　さきほどと同様に、高いグループからの距離、低いグループからの距離を各々計算すると、

$$D_H = \frac{|2,357-3,625|}{655} = 1.93$$

$$D_L = \frac{|2,357-2,157|}{82} = 2.45$$

再び $D_H < D_L$、よって、愛媛も高いグループに分類されると考えられる（**図表12-14**）。

東　　計算上は、ミライの言うとおりだね。しかし、2005年度における愛媛の1人あたり県民所得2,357千円は、47都道府県中39位という水準なんだよね。その愛媛が、所得が高いグループに属する、というのは少し説得性に欠けると思わないかい？

ミライ　D_H、D_L を求める式を見ると、所得の高いグループのバラツキが極端に大きく、これが D_H を小さくしているような印象を受けるわ。

東　　そうだね。高いグループでは、東京の所得が圧倒的に高く、これが、高いグループの標準偏差を大きく引き上げているんだったね。

低いグループの標準偏差が82千円であるのに対し、高いグループのそれは約655千円であり、実に8倍もの開きがある。これが、D_Hを不当に小さくしているのは明らかだね。

そこで、第1位の東京と第6位の栃木を入れ替えてみよう。すると、高いグループの平均は3,290千円、標準偏差は159千円と、それほど違和感を感じない程度にまで下がる。この新しい平均と標準偏差にもとづいて、改めて京都と愛媛のD_H、D_Lを計算してみようか。

ミライ まず京都から。

図表12-13 京都は所得が高いグループ？ それとも低いグループ？

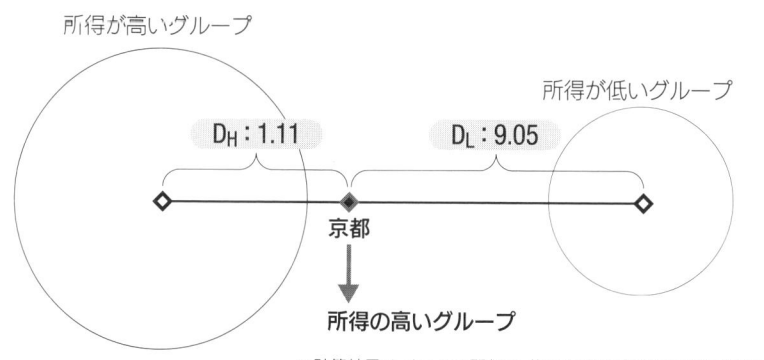

所得が高いグループ

所得が低いグループ

D_H : 1.11　　D_L : 9.05

京都

↓

所得の高いグループ

※計算結果は、まるめの関係で、若干の差異が発生する箇所がある。

図表12-14 愛媛は所得が高いグループ？ それとも低いグループ？

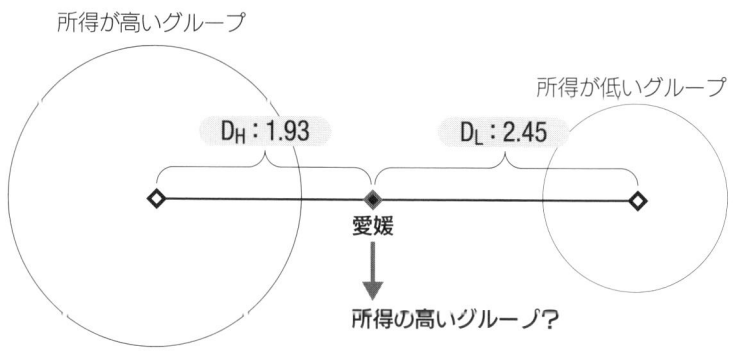

所得が高いグループ

所得が低いグループ

D_H : 1.93　　D_L : 2.45

愛媛

↓

所得の高いグループ？

※計算結果は、まるめの関係で、若干の差異が発生する箇所がある。

$$D_H = \frac{|2{,}895 - 3{,}290|}{159} = 2.48$$

D_L は先程と変わらず9.05。よって、$D_H < D_L$なので、京都は高いグループに属すると考えられる（**図表12-15**）。

東 OK。

ミライ 一方、愛媛は……

$$D_H = \frac{|2{,}357 - 3{,}290|}{159} = 5.87$$

D_L は先程と変わらず2.45。よって、$D_L < D_H$なので、愛媛は所得の低いグループに属すると考えられる（**図表12-16**）。

図表12-15 　**京都は所得が高いグループ？　それとも低いグループ？**

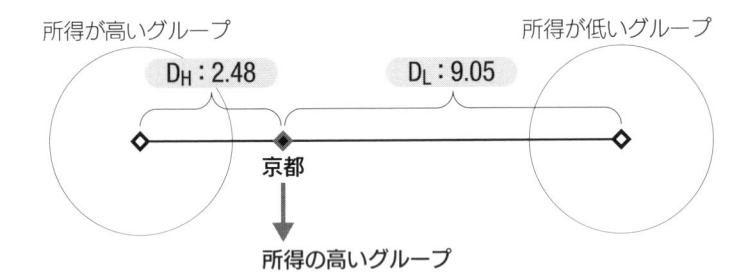

所得が高いグループ　　　　　　　　　　　　所得が低いグループ
D_H：2.48　　　D_L：9.05
京都
↓
所得の高いグループ

※計算結果は、まるめの関係で、若干の差異が発生する箇所がある。

図表12-16 　**愛媛は所得が高いグループ？　それとも低いグループ？**

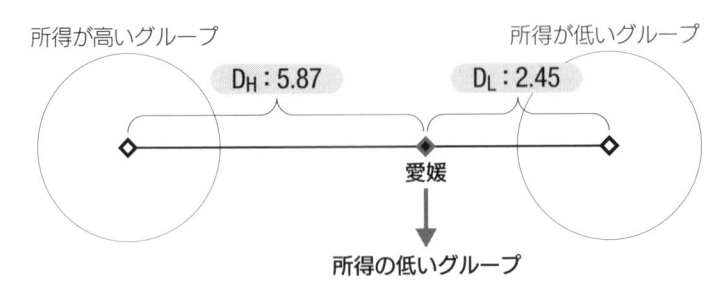

所得が高いグループ　　　　　　　　　　　　所得が低いグループ
D_H：5.87　　　D_L：2.45
愛媛
↓
所得の低いグループ

※計算結果は、まるめの関係で、若干の差異が発生する箇所がある。

東　　Good。今回の計算結果は、しっくりくるね。これが、変数が1つの場合の判別方法だ。

❹ 変数が2つの場合のマハラノビス距離を計算してみる

東　　しかし、もちろん、変数が1つとは限らない。変数が2つの場合は、以下のように読み替えるんだ。

- xの平均　➡　xとyの各々の平均
- xの標準偏差　➡　xとyの分散共分散行列
- 対象の、グループAからの距離D_A　➡　D_Aの2乗
- 対象の、グループBからの距離D_B　➡　D_Bの2乗

$\overline{x_A}$がグループAに属するxの平均、$\overline{x_B}$はグループBに属するxの平均、$\overline{y_A}$がグループAに属するyの平均、$\overline{y_B}$はグループBに属するyの平均、$S_{x_A}^2$がグループAに属するxの分散、$S_{x_B}^2$はグループBに属するxの分散、$S_{y_A}^2$がグループAに属するyの分散、$S_{y_B}^2$はグループBに属するyの分散、Sx_Ay_AがグループAに属するxとyの共分散、Sx_By_BはグループBに属するxとyの共分散の時、マハラノビス距離D_A^2、D_B^2は、次の式で表される。

$$D_A^2 = (x-\overline{x_A} \quad y-\overline{y_A}) \begin{pmatrix} S_{x_A}^2 & Sx_Ay_A \\ Sx_Ay_A & S_{y_A}^2 \end{pmatrix}^{-1} \begin{pmatrix} x-\overline{x_A} \\ y-\overline{y_A} \end{pmatrix} \cdots\cdots ①'$$

$$D_B^2 = (x-\overline{x_B} \quad y-\overline{y_B}) \begin{pmatrix} S_{x_B}^2 & Sx_By_B \\ Sx_By_B & S_{y_B}^2 \end{pmatrix}^{-1} \begin{pmatrix} x-\overline{x_B} \\ y-\overline{y_B} \end{pmatrix} \cdots\cdots ②'$$

この時、
- $D_A > D_B$　➡　当該データはグループBに属するものと見なす
- $D_A < D_B$　➡　当該データはグループAに属するものと見なす

これが、変数が2つの場合の判定方法だ。

ミライ　変数が2つになると、一気に複雑になるのね……

東　うん。これだけではイメージが湧かないだろうから、実例を挙げて説明しよう。
　　図表12-17は、ある大手経済系出版社が、いくつかのわが国企業の株価の動向について、「強気」もしくは「弱気」のいずれの判定を下したかをまとめたものだ。

ミライ　強気？　弱気？

東　株式の世界における強気とは、近い将来、たとえばこの先半年の間に、その株式の株価が上昇する可能性が高いことを意味するんだ。

ミライ　弱気は、逆に、近い将来、値下がりが見込まれるということね。でも、その出版社のアナリストたちは、何にもとづいて、強気、弱気の判断を下しているのかしら？

東　実際には、その企業の足元の業績、今後の業績見通し、その企業がプレーしている産業の趨勢、さらにはアナリストの勘等、さまざまな定量的・定性的なデータを総合的に勘案して、売りか買いの判断を行っていると思われるが、ここでは、2つの指標を

図表12-17　大手経済系出版社による株価予測

	実際の株価と理論株価の比(%)	アナリストの評価(ポイント)	大手経済系出版社による判定
A社	97.03	11	強気
B社	204.20	16	強気
C社	123.36	12	強気
D社	126.82	13	強気
E社	89.09	12	強気
F社	91.78	15	強気
G社	161.08	15	強気
H社	147.53	10	弱気
I社	104.65	10	弱気
J社	224.48	13	弱気
K社	154.67	7	弱気
L社	126.88	10	弱気
M社	154.44	11	弱気
N社	128.18	6	弱気

作ってみた。

1つは「実際の株価と理論株価の比」、もう1つは「アナリストの評価」だ。

まず、実際の株価と理論株価の比だが、実際の株価は文字どおり、足元における実際の株価だ。そして理論株価は、その会社の業績や業界の成長度合いからすると、これくらいが妥当であろうと思われる株価を意味する。

たとえば、A社の実際の株価と理論株価の比は97％だけど、これは、実際の株価570,000円（2010年5月28日時点における株価）を、理論株価587,463円で割ることで求められる。A社については、この比が1を下回っているのだが、これは何を意味すると思う？

ミライ　理論的には587,000円くらいまでいってもいいハズなのに、実際には570,000円にとどまっている……

東　ということは？

ミライ　ポテンシャル的にはまだ上昇する余地がある……

東　そのとおり。一方、H社の比は148％となっているが、これは、実際の株価3,495円を理論株価2,369円で割ることで求められる。

ミライ　A社と違い、H社の比率は1を上回っている。つまり、理論的には2,400円くらいが精一杯なのに、実際の株価は3,500円近くにまで上昇しているのね。

東　つまり？

ミライ　実力以上に買われているということだから、将来値下がりする可能性が高い。

東　Good。以上が1つ目の指標だ。もう1つの指標、アナリストの評価は、収益性や安全性といった観点からのアナリストの評価を数値化したものだ。具体的には、ある株式について、アナリストが、「今期業績」「来期業績」「需給判断」「安全度」という4つの項目について星5つを最高として通信簿をつけているのだが、「アナリストの評価」はそれらの星の数を単純に合計したものなんだ。

たとえば、B社について、アナリストたちは、今期業績★★★★

★、来期業績★★★★、需給判断★★★、安全度★★★★という高い評価を与えているとする。つまり、

$$同社のアナリスト評価 = 5+4+3+4 = 16$$

となる。

ミライ　この値が高ければ高いほど、アナリストの評価が高い、つまり、将来値上がりする可能性が高いということね。

東　そのとおり。一方、I社の通信簿はというと、今期業績★★、来期業績★★、需給判断★★★、安全度★★★なので、

$$同社のアナリスト評価 = 2+2+3+3 = 10$$

と凡庸だ。

ミライ　株価の見通しも明るくないということかな？

東　Yes。復習すると、実際の株価と理論株価の比については、これが小さければ小さいほど、アナリストの評価については、これが高ければ高いほど、その株式の株価が将来上昇する可能性が高まり、結果「強気」の判断が下されるということになる。

ミライ　逆に、実際の株価と理論株価の比が大きいほど、また、アナリストの評価が低いほど、将来、株価が下落する可能性が高まり、「弱気」と判断されるということね。

東　OK。では、本例にもとづいて、マハラノビス距離にもとづく判別分析をやってみよう。かなり複雑そうに見えるけど、基本的には先に紹介した計算式に数値を代入しているだけだから、がんばってついてきてね。

ミライ　OK！

東　ではまず、「強気」と判断された企業の「実際の株価と理論株価の比」と「アナリストの評価」の平均を求めよう。

ミライ　実際の株価と理論株価の比の平均は、

$$(97.03+204.20+123.36+126.82+89.09+91.78+161.08) \div 7 = 127.62$$

アナリストの評価の平均は、

（11+16+12+13+12+15+15）÷7=13.43

東 同様に、「弱気」と判断された企業の平均を求めよう。

ミライ 実際の株価と理論株価の比の比の平均は、

（147.53+104.65+224.48+154.67+126.88+154.44+128.18）÷7=148.69

アナリストの評価の平均は、

（10+10+13+7+10+11+6）÷7=9.57

東 Good。次に、2つの変数、株価の比とアナリストの評価の分散共分散行列を求める。本来ならば、ささはど示した式のとおり、「強気」と判断されたグループ、「弱気」と判断されたグループの各分散共分散行列を求めるべきなんだけど、今回は、簡単にするため、両グループ共通の行列を用いることにしよう。
XとYの分散共分散行列は、以下のように表される。

$$X と Y の分散共分散行列 = \begin{bmatrix} Xの分散 & XとYの共分散 \\ XとYの共分散 & Yの分散 \end{bmatrix}$$

Excel 2010では、分散は関数VAR.Sで、共分散は関数COVARIANCE.Sで求めることができる。
そういえば、Excel 2007には、いわゆる「母」共分散を求めるCOVAR関数はあるが、共分散推定量を求める関数はサポートされていない。Excel 2007で共分散推定量を求める場合は、COVARで計算した共分散に$\frac{データ数}{データ数-1} = \frac{14}{13}$を乗じることによって、便宜的に共分散推定量に変換する必要がある。共分散推定量とは、分散で言うところの不偏分散、標準偏差で言うところの標準偏差推定量に近いものだ。

ミライ OK。ではまず、株価の比の分散をVAR.Sで計算すると1,608.54。同様に、アナリストの評価の分散は8.27。

東　　Good。続いて両変数の共分散。

ミライ　COVARIANCE.Sで共分散を計算すると26.29。

東　　よって、株価の比とアナリストの評価の分散共分散行列は？

ミライ　株価の比とアナリストの評価の分散共分散行列

$$= \begin{bmatrix} 1{,}608.54 & 26.29 \\ 26.29 & 8.27 \end{bmatrix}$$

東　　Very good。では、最後のひと手間。得られた分散共分散行列の逆行列を作ってみよう。

ミライ　逆行列？　高校の時に習ったけど……忘れた。

東　　理系でもない限り、逆行列を求める公式なんて普通忘れてるよ。

$A = \begin{bmatrix} a & b \\ c & d \end{bmatrix}$ の逆行列 A^{-1} は、以下のように求めることができる。

$$A^{-1} = \frac{1}{ad-bc} \begin{bmatrix} d & -b \\ -c & a \end{bmatrix}$$

ミライ　うっすらと覚えてる……この公式を使って、株価の比とアナリストの評価の分散共分散行列の逆行列を求めればいいのね。

株価の比とアナリストの評価の分散共分散行列の逆行列

$$= \begin{bmatrix} 0.00066 & -0.00208 \\ -0.00208 & 0.12756 \end{bmatrix}$$

東　　OK。これで準備完了だ。さきほど示した①′式および②′式に各企業のデータを代入して、それらの「強気」グループからの距離と「弱気」グループからの距離を各々計算してみよう。

ミライ　「強気」グループに近ければ「強気」グループに、「弱気」グループに近ければ「弱気」グループに属すると判断するのね。

東　　そのとおり。たとえば、A社。A社の実際の株価と理論株価の比は97.03％、アナリストの評価は11ポイントだった。また、「強気」グループ7社の実際の株価と理論株価の比の平均は127.62％、アナリストの評価の平均は13.43ポイント。
　　　よって、A社の「強気」グループからのマハラノビス距離を

$D_{BUY_A}{}^2$ とすると、

$$D_{BUY_A}{}^2 = \begin{bmatrix} 97.03-127.62 & 11-13.43 \end{bmatrix} \begin{bmatrix} 0.00066 & -0.00208 \\ -0.00208 & 0.12756 \end{bmatrix} \begin{bmatrix} 97.03-127.62 \\ 11-13.43 \end{bmatrix}$$

$$= 1.05636$$

一方、「弱気」グループ7社の株価の比の平均は148.69％、アナリストの評価の平均は9.57ポイントなので、A社の「弱気」グループからのマハラノビス距離を $D_{SELL_A}{}^2$ とすると、

$$D_{SELL_A}{}^2 = \begin{bmatrix} 97.03-148.69 & 11-9.57 \end{bmatrix} \begin{bmatrix} 0.00066 & -0.00208 \\ -0.00208 & 0.12756 \end{bmatrix} \begin{bmatrix} 97.03-148.69 \\ 11-9.57 \end{bmatrix}$$

$$= 2.31832$$

ミライ A社の、「強気」グループからの距離は1.05636、「弱気」グループからの距離は2.31832……

東 よって？

ミライ 〔「強気」グループからの距離〕＜〔「弱気」グループからの距離〕なので、A社は「強気」グループに属すると言える。

東 Good。実際、A社は「強気」と判断されている。もう1社、やってみよう。今度は、「弱気」と判断されているH社だ。

ミライ H社の株価の比は147.53％、アナリストの評価は10ポイントなので、H社の「強気」グループからのマハラノビス距離を $D_{BUY_H}{}^2$ とすると、

$$D_{BUY_H}{}^2 = \begin{bmatrix} 147.53-127.62 & 10-13.43 \end{bmatrix} \begin{bmatrix} 0.00066 & -0.00208 \\ -0.00208 & 0.12756 \end{bmatrix} \begin{bmatrix} 147.53-127.62 \\ 10-13.43 \end{bmatrix}$$

$$= 2.04391$$

同様に、「弱気」グループからの距離を $D_{SELL_H}{}^2$ とすると、

$$D_{SELL_H}{}^2 = \begin{bmatrix} 147.53-148.69 & 10-9.57 \end{bmatrix} \begin{bmatrix} 0.00066 & -0.00208 \\ -0.00208 & 0.12756 \end{bmatrix} \begin{bmatrix} 147.53-148.69 \\ 10-9.57 \end{bmatrix}$$

$$= 0.02639$$

H社の場合は、〔「強気」グループからの距離〕>〔「弱気」グループからの距離〕なので、「弱気」グループに属すると判定される。

東　OK。そしてH社は実際、「弱気」と判定されているね。**図表12-18**は、A社からN社まで、14社の「強気」グループからの距離、「弱気」グループからの距離を各々計算したものだ。

図表12-18　マハラノビス距離に基づく判定 V.S. 実際の判定

	実際の株価と理論株価の比(%)	アナリストの評価(ポイント)	「強気」グループからの距離(D_B)	「弱気」グループからの距離(D_S)	モデルによる判定	実際の判定	一致／不一致
A社	97.03	11	1.05636	2.31832	$D_B<D_S$→強気	強気	一致
B社	204.20	16	3.86753	5.80408	$D_B<D_S$→強気	強気	一致
C社	123.36	12	0.24685	1.42960	$D_B<D_S$→強気	強気	一致
D社	126.82	13	0.02242	2.12572	$D_B<D_S$→強気	強気	一致
E社	89.09	12	1.00452	3.68539	$D_B<D_S$→強気	強気	一致
F社	91.78	15	1.39206	7.17067	$D_B<D_S$→強気	強気	一致
G社	161.08	15	0.82987	3.57928	$D_B<D_S$→強気	強気	一致
H社	147.53	10	2.04391	0.02639	$D_B>D_S$→弱気	弱気	一致
I社	104.65	10	1.51711	1.37397	$D_B>D_S$→弱気	弱気	一致
J社	224.48	13	6.34845	4.18275	$D_B>D_S$→弱気	弱気	一致
K社	154.67	7	6.47620	0.93099	$D_B>D_S$→弱気	弱気	一致
L社	126.88	10	1.48920	0.37536	$D_B>D_S$→弱気	弱気	一致
M社	154.44	11	1.49564	0.24776	$D_B>D_S$→弱気	弱気	一致
N社	128.18	6	7.05660	1.59745	$D_B>D_S$→弱気	弱気	一致

※本数値例を計算したExcelのモデルでは、「実際の株価と理論株価の比」が小数点第3位以下を持っていることから、若干の誤差が発生する箇所がある。

ミライ　各企業について、「強気」グループからの距離と「弱気」グループからの距離を比較すると……ほぼ、というか、すべて、実際の判定どおり。つまり、「強気」グループに属する企業は〔「強気」グループからの距離〕＜〔「弱気」グループからの距離〕に、「弱気」グループに属する企業は〔「強気」グループからの距離〕＞〔「弱気」グループからの距離〕になっている。

東　**図表12-19**を見てみて。この表は、上記14社のデータから作った判別モデルに、ランダムに選んだ100社のデータを入力して、それらが「強気」と「弱気」のどちらに判定されるかをシミュレーションしたものなんだ。

ミライ　そのうえで、モデルによる判定と実際の判定を突き合わせたのね。

東　そのとおり。

図表12-19　マハラノビス距離に基づく判定 v.s. 実際の判定

企業名	実際の株価(A)	理論株価(B)	AとBの比(%)	アナリストの評価(ポイント)	「強気」グループからの距離	「弱気」グループからの距離	モデルによる判定	実際の判定	一致／不一致
ＡＡ社	173	276	63	12	2.63	6.47	強気	強気	一致
ＢＢ社	1,002	895	112	15	0.58	5.48	強気	強気	一致
ＣＣ社	736	626	118	16	1.01	6.71	強気	強気	一致
ＤＤ社	621	733	85	13	1.14	5.09	強気	強気	一致
ＥＥ社	17,510	16,833	104	15	0.84	6.09	強気	強気	一致
ＶＶ社	328	360	91	12	0.93	3.53	強気	強気	一致
ＷＷ社	160	207	158	11	1.67	0.26	弱気	弱気	一致
ＸＸ社	62,900	34,954	180	10	4.06	0.61	弱気	弱気	一致
ＹＹ社	417,000	565,081	74	14	2.06	7.56	強気	弱気	不一致
ＺＺ社	2,254	1,493	151	10	2.20	0.02	弱気	弱気	一致

77社 一致　23社 不一致　→　**判別的中率＝77％**

ミライ	その結果、100社中77社はモデルによる判定＝実際の判定、23社はモデルによる判定≠実際の判定だった、ということね。
東	Yes。この、判定したすべての個体数に占める、正しく判定できた個体数のことを「判別的中率」と呼ぶんだ。
ミライ	そのままね。この例では、100社中77社が正しく判定できたので、判別的中率は77％ということね。
東	23社は、はずしてしまったんだが、それほど悪くないだろうね。以上が、マハラノビス距離にもとづく判別分析のエッセンスだ。では最後におまけとして、もう一つの線形判別分析の考え方について説明しておこう。
ミライ	線形判別分析？

❺ 白か黒か、直線で切る──線形判別分析

東	名前は今日初めて出てきたと思うが、考え方そのものはすでに紹介している。線形判別関数は、たとえば $z = ax + by + c$ といったカタチで表現されるのだけれど、この z の値によって、ある個体がどちらのグループに属するかを決めよう、というものだ。
ミライ	今までの話と何かつながりがあるの？
東	うん。さっき、相関比という概念を紹介したけど、線形判別関数の係数は、この相関比が最大になるように決められるんだ。
ミライ	相関比。全変動SSTに占める級間変動SSBの割合のことね。
東	Yes。そして、相関比が1に近ければ近いほど、両グループは離れているんだったよね。**図表12-20**は、さきほどの14社を、線形判別分析により2つのグループに分けたものだ。
ミライ	データの中心付近を貫く直線は？
東	さきほどの線形判別関数で、$z = 0$ と置いた時に得られる直線だ。このような直線、すなわち、相関比が最大となるような直線を引くことで、2つのグループを最もハッキリと分離することができる。たとえば、こんな角度（**図表12-21**）から各企業を眺めて見ると

どうだろう？「強気」グループと「弱気」グループはキレイに分離されていると言えるだろうか？

ミライ　「強気」と「弱気」がごちゃまぜだわ。

東　そうだね。この方向に判別直線を引いても、両グループをきちんと分離することができないのは明白だね。じゃ、この角度（**図表12-22**）から眺めて見るとどう？

ミライ　「強気」と「弱気」がほぼキレイに分かれている！

東　そう。判別直線とは、まさに、このように、2つのグループを最もキレイに分離することができるような直線のことなんだ。
そして、この例の場合、直線より左に位置する企業が「強気」、直線より右に位置する企業が「弱気」と判定されることになる。

ミライ　なるほど。この図によると、だいたい線形判別分析による判定＝実際の判定と言えそうだけど……1社だけ。I社かな、I社だけは異なる結果になったということかしら？

東　そうだね。残念ながら、I社は、はずしたということだね。なかなか難しかったと思うが、これが判別分析の考え方だ。
このように、判別分析は、物事にハッキリ黒白つけなければならない時に、きわめて有効なツールなんだ。特に、どちらのグループに属するか、微妙なポジションにある時、僕たちが「勘」で

図表12-20　線形判別分析による判別

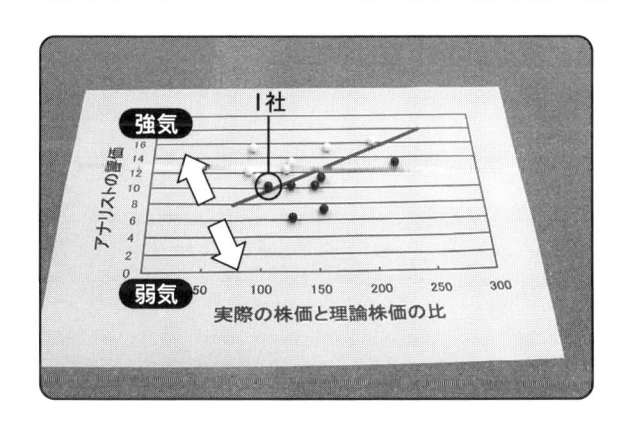

判断するよりも、はるかに確度の高い情報を提供してくれると言える。

ミライ　たしかに、さきほどの例だと、実際の株価が理論株価を大きく下回っていて、かつ、アナリストの評価も高ければ、何も行列計算なんかしなくても「強気」なのは明白だし、逆に、実際の株価が理論株価を大きく上回っていて、アナリストの評価もイマイチであれば、判別分析を行うまでもなく「弱気」と判定されるものね。

東　Yes。難しいのは、株価が理論株価よりも低いけれどもアナリストの評価が低い、もしくは株価が理論株価を上回っているけれどもアナリストの評価が高いといった、ちぐはぐなケースだ。

ミライ　あるいは、株価の比とアナリストの評価が、どちらにも転びそうな中途半端な位置にある場合。

東　そうだね。これらのケースは、なかなか一筋縄ではいかないよね。

ミライ　そこで、判別分析の出番というわけね。

東　判別分析は、従来、医学や薬学の分野で用いられることが多かったんだ。毎日これくらいビールを飲んでいる人は将来肝臓がんになるだろう、ならないだろうとか、毎日これくらいタバコを吸っている人は将来肺がんになるだろう、ならないだろうとかね。でも、判別分析は、製品のコンセプトや性能に関する顧客の評

図表 12-21　この角度から14社を眺めると、境界線がよくわからない

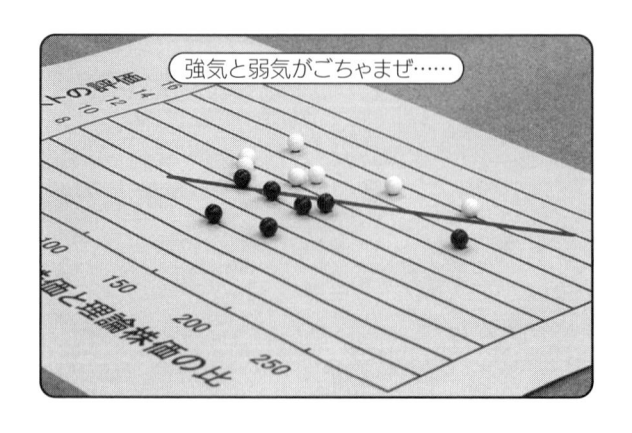

価と購買行動、ようは買うか、買わないかだけど、その関係を明らかにする等のように、ビジネスの分野でも広く用いられるようになってきている。

人間の心理やビジネスはアナログな世界で、コンピュータのように「0」か「1」で割り切れるものではない。でも、どうしても白黒つけなければならない時もある。そんな時、いつも当たるとは限らないけれども、判別分析はとてもパワフルなツールになるんだ。

図表12-22　**この角度から14社を眺めると、きれいに分かれている**

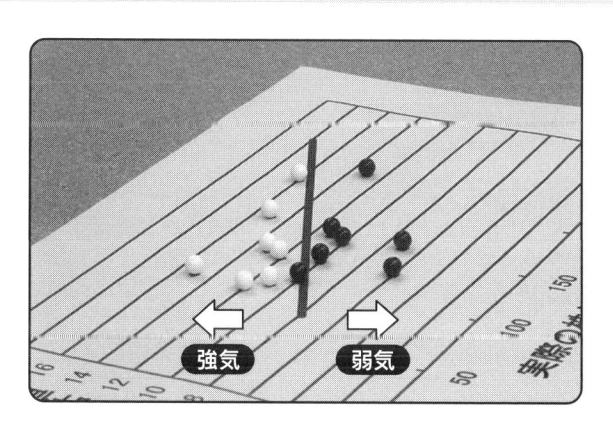

Epilogue

東 ビジネス統計の勉強会も今日が最終日。少し寂しい気もするけど……どうだった？

ミライ あっという間の5日間、という感じ。100％理解できた、とは言えないけど、今まで別世界だと思っていたビジネス統計との距離がグッと近くなった、という気がするわ。もちろん、教科書を見ながら、職場の先輩に手取り足取り教えてもらいながら、ということになるとは思うけど、学んだ統計手法を、実際のビジネスの場で使ってみたくて、今、うずうずしているの。

東 それを聞いて、率直にうれしいよ。告白すると、僕のゴールは、ミライがマハラノビス距離とは何かをスラスラ説明できるようになることではなくて、ビジネス統計は、決して、一部の専門家のものではなく、やる気と、ほんの少しの勇気さえあれば、誰もが……文字どおり、誰もが、使うことができる、ということを実感してもらう、ことだったんだからね。その意味では、僕の目的は、一応、達成することができたと言ってよさそうだ。

ミライ 5日間、本当にありがとうございました。

東 いやいや、ミライとの対話は、知的好奇心をくすぐるものだったし、僕自身、気づきの多い5日間だった。こちらこそ、礼を言うよ。ありがとう。
最後に、卒業試験、というほど大げさなものではないが、僕も、ミライがこの5日間で何をつかんでくれたのか知りたいので、いくつか、質問するね。気負うことなく、自分の言葉で答えてね。では、いくよ。たとえば、チェックインしてから出国審査を終えるまでの時間のバラツキは何によって表すことができるだろうか？

ミライ バラツキを表す指標としては、分散や標準偏差。

東 　そうだね。じゃあ、データのバラツキ具合を視覚的に確認するのに便利なグラフは？

ミライ 　ヒストグラム。

東 　OK。では、データが正規分布する時に使える便利な性質は？

ミライ 　ええと……平均±1標準偏差の間に全体の約7割が含まれる、±2標準偏差の間に約9割強が含まれる……ってやつ？

東 　そのとおり。この性質を使うことによって、たとえば、100人旅行者がいたとすると、そのうち70名は、160秒から200秒の間にチェックインを済ませることができる、といった分析が可能になる。では、そもそもなぜ、私たちはバラツキを知り、それを減らす努力をしなければならないのだろう？

ミライ 　顧客は、平均もさることながら、バラツキに非常に敏感だから。

東 　たとえば？

ミライ 　常に70点の料理を出すレストランと、90点の時もあれば30点の時もあるレストランでは、私はたぶん前者を選ぶ……から。

東 　なるほど。そして、平均とともに、バラツキも改善するというシックスシグマのコンセプトも紹介したね。
では、次の質問。高度10,000メートルで飛ぶのと、8,000メートルで飛ぶのとで、CO_2の排出量に差があるかどうかを統計的に見極めたい時、どのような手法が使える？

ミライ 　たとえば、ジェット機を10回ずつ飛ばして、データを収集して、仮説検定に持ち込む。

東 　Very good。この場合は、高度10,000メートルで飛ぶ場合の排出量と8,000メートルで飛ぶ場合の排出量の平均に、統計的に有意な差があるかどうかを知りたいわけだ。名前を紹介しただけだけど、技術的には2-Sample t-testと呼ばれる検定手法が使える。
もし検定の結果、10,000メートルで飛ぶ方が排出量が少ないということが統計的に確かめられれば、それを推し進めればいいし、統計的有意差なし、と判断されれば、効果なし……厳密に言うと、効果がない可能性が高いということだから、他の方策を

考えなければならないということだね。

ミライ　運航本部の先輩の話によると、10,000メートルを超える高高度では、窒素酸化物等、CO_2以外の温室効果ガスが、CO_2以上に強力な温室効果を発揮するらしいので、かえって温暖化を促進するおそれがあるらしいわ。

東　なるほど。実際にはそれほど単純な話ではないということだね。あるいは、今後、ミライはさまざまなプロジェクトにかかわっていくことになるよね。たとえば、顧客からのクレームを削減する、というプロジェクトをやった場合、最後にやるべきことはなんだろうか?

ミライ　打ち上げ?

東　その前に?

ミライ　プロジェクトをやる前とやったあとで、クレーム率に変化があるかどうかを、統計的に見極める必要がある。

東　そのとおり。打ち上げはそのあとだよ。ちなみに、この例のように、「比率」に差があるかどうかを調べるには、χ^2(カイ2乗)検定と呼ばれる検定手法を使う。
　　では、次に、原油価格と営業費用に何らかの関係……おそらくは右上がりの関係があるかどうかを調べるには?

ミライ　両者の相関を調べる。

東　具体的には?

ミライ　相関係数を計算する。

東　燃油サーチャージと旅客数、チケットレス化の進展度合と営業費用、上級クラスの利用率と便あたりの収益率、しかりだね。そして、もし相関があることがわかれば?

ミライ　一歩進めて、回帰分析により、両変数間の関係を定式化する。

東　定式化することによって?

ミライ　あるXのもとでのYを予測し、収支計画の策定、需要予測、運賃設定等に活かすことができる。

東　Good。その際、気をつけることは?

ミライ　因果関係、つまり、何がXで、何がYかということを常に意識すること。

東　そうだね。そして、もちろん、Xは1つである必然性はない。Xが2つ以上の場合に用いる手法は?

ミライ　重回帰。P値等を参考に、モデルに組み込むべきパラメータを絞り込んでいく。

東　Good。では、重回帰モデルを作るにあたって気をつけることは?

ミライ　モデルを必要以上に複雑にしない。シンプル・イズ・ベスト。

東　そのとおり。また、X間の相関、すなわち多重共線性にも注意しなければいけないんだったよね。
　では、旅客数等、時系列データを分析するにあたり、土台となる考え方は?

ミライ　どんなに複雑な動きをしている時系列も、トレンド、サイクル、シーズナリティ、ノイズの4つの単純な要素が絡み合ってできている、ということ。

東　そうだね。ということは、時系列分析とは、時系列データを、今ミライが言ってくれた4つの要素に分解することだと言える。たとえば、トレンドを知るには回帰分析が使えたんだったよね。では、サイクルを知るには?

ミライ　FFT。そして、時系列データから、季節による変動を取り除くためには移動平均法が使える。

東　では、たとえば、来年・再来年の旅客数を予測する手法には、どのようなものがあるだろうか?

ミライ　移動平均法、自己回帰、単純指数平滑法、ホルト法、単回帰等々。試しに過去数年間の旅客数をこれらの手法で予測してみて、MAD等を参考に、一番ぴったり当てはまりそうな予測モデルを決定する、と。

東　そうだね。そして、各モデルには「クセ」があるので、それを

知ることが大切だったよね。しかし、そもそも時系列分析を行う目的は何？

ミライ　過去のデータから将来を予測し、それを販売計画、設備投資計画、人員計画等の立案に活かすためよ。

東　　そのとおりだね。
では、顧客アンケート等、データのジャングルを切り開き、真に役立つ情報を取り出す手法としてはどのようなものがあった？

ミライ　たとえば、主成分分析等の多変量解析の手法。それによって、たとえば、国際的なネットワーク vs. 地域密着、オ　ソドックス vs. 新進気鋭、高級感 vs. お手軽さ、といった、「顧客の目の付けどころ」を知ることができる。さらには、主成分プロットを分析することにより、自社や競合の立ち位置を確認するとともに、今後志向すべきポジショニングにも思いを巡らすことができるようになる。

東　　Very good。
質問は以上だ。手元に具体的なデータがないので、今できるのはここまでだが、正攻法のアプローチだね。

ミライ　合格？

東　　はなまるをあげよう。でも、やり方を理解していることと、実際に分析することが別物であることも、また事実だ。僕からのアドバイスは、ただ1つ。ダメもとでもいいから、とにかく、やってみろ、ということだ。

ミライ　習うより慣れろってこと？

東　　そのとおり。僕の好きな言葉に、"Some men see things as they are and say, why. I dream things that never were and say, why not.（ある人々は現実を見て言う。なぜだ、と。私は不可能な夢を見る。そして言う。やってみよう、と）"というのがある。ロバート・ケネディ――ジョン・ケネディの弟で、ケネディ政権下で司法長官を務めた人だ。お兄さん同様、暗殺されてしまうのだが、その人の言葉なんだが、少しくらい、うまくいかなくてもいいじゃないか、とにかく、やってみないことには、何も変わらない、ってことだね。

ミライ　OK。やってみるわ。

東　　　でも、1つだけ、気をつけてって言ったことがあるんだけど、覚えてるかな？

ミライ　定量分析＞定性分析ではない、ということ？

東　　　そうだね。日曜日の繰り返しになるけど、定量分析か、定性分析か、という二律背反の問題ではなく、両者がほどよい緊張感を保ちつつ共存する、というのが理想的なカタチではないかと思うんだ。

ミライ　もし、分析結果が自分の感性とどうしても相容れない時はどうしたらいいのかしら？

東　　　ミライならどうする？

ミライ　私は、自分の感性を信じたい。

東　　　Why not?　日本経済は、今、正念場にある。ハローワークには、依然、人があふれているし、追い打ちをかけるように今回の悲劇だ。しかし、しなやかな感性と、それを数字で裏付ける力を併せ持つ人材が1人、2人と増えていけば、必ず、この国は良い方向に向かっていくと信じている。
　　　　おっと、もうこんな時間か。そろそろ追い出される時間だね。5日間、よくがんばったし、明日は土曜日だし……軽く行かないか？

ミライ　Why not?

Index

英数字

1サンプルt検定	105
2サンプルt検定	105
3次元散布図	175
50パーセンタイル	19
BCGモデル	244
F検定	105
FMEA	60
H_0	108
H_1	108
M1	185
M2	185
MAD（Mean Absolute Deviation）	216
NPV	33
P値	172
RPN	60
t分布	96
t分布表	99
Trivial Many	18
FFT（Fast Fourier Transform）	199
Vital Few X	18
z分布表	114

あ行

赤池情報量基準	221
アンダーソン・ダーリング検定	69
移動平均線	205
移動平均法	204
移動メディアン	217
因果関係	123
因子負荷量	272
因子分析	270
上側信頼限界	88
オイラーの公式	202
応答変数	133

か行

回帰直線/回帰線	150
回帰分析	147
階級	11
カイ2乗検定	105
確率分布	64
確率変数	63
確率密度関数	69
加重平均	32
仮説検定	103
片側検定	115
加法モデル	188
幾何平均	24
棄却域	116
季節調整	204
季節変動	186
期待収益率	35

期待値	34	最大値	12
キチン・サイクル	186	採択域	116
帰無仮説	106	最頻値	22
逆行列	318	サブグループ間平方和	296
級間変動	296	サブグループ内平方和	296
級内変動	296	残差	151
共通因子	271	残差平方和	151
共分散	273	算術平均	9
共分散推定量	317	散布図	126
虚数	202	散布図行列	140
寄与率	257	サンプリング周期	202
区間推定	86	時系列データ	183
クズネッツ・サイクル	186	時系列分析	183
群間変動	296	自己回帰モデル	217
群内変動	296	指数曲線	193
傾向変動	184	自然対数	193
決定係数	163	下側信頼限界	88
減価償却	143	シックスシグマ	55
減価償却費	143	シャピロ・ウィルク検定	69
現代ポートフォリオ理論	37	重回帰分析	165
検定統計量	111	周期	198
高速フーリエ変換	199	従属変数	133
故障モード影響解析	60	自由度	96
コルモゴロフ・スミルノフ検定	69	周波数	198
コンドラチェフ・サイクル	186	周波数成分	198
ゴンペルツ曲線	195	ジュグラー・サイクル	186
		主成分	252
		主成分得点	256
さ行		主成分得点プロット	265
サイクル	185	主成分負荷量	252
最小値	12	主成分分析	244
最小2乗法	150	需要の価格弾力性	129

循環変動	184
乗法モデル	188
正味現在価値	33
常用対数	14
初期値	226
真数	30
信頼区間	88
信頼度	88
スタージスの式	13
スペクトル	198
正規確率プロット	69
正規分布	66
正規分布表	79
成長曲線	195
説明変数	133
線形回帰式	150
線形近似	236
線形判別関数	322
線形判別分析	322
全平方和	296
全変動	296
相関	123
相関係数	124
相関比	298
相関分析	123
ソルバー	255

た行

対数	30
対数近似	238
対立仮説	106
多項式近似	240
多重共線性	175
多変量解析	270
ダミー変数	177
単回帰分析	165
単純指数平滑法	225
中央値	19
中心化傾向	16
中心極限定理	95
底（対数の）	30
独自因子	271
独立変数	133
度数	10
度数分布表	10
トリム平均	21
トレンド	184

な〜は行

二重指数平滑法	230
ノイズ	187
外れ値	10
バートレット検定	105
バラツキ	38
パレート図	16
パレートの法則	18
範囲	46
判別的中率	322
判別分析	294
ヒストグラム	10
被説明変数	133
非定常時系列	234

標準化	75
標準化変量	75
標準正規分布	75
標準偏差	44
標準偏差推定量	45
標本平均	108
不規則変動	184
複素数	202
不偏分散	45
ブラウン法	230
フーリエ解析	195
フーリエ変換	198
フリーキャッシュフロー	128
分散	44
分散共分散行列	317
平滑化係数	225
平均	9
ベキ分布	83
偏回帰係数	175
偏差	49
偏差積和	138
偏差平方和	49
偏自己相関係数	218
変量プロット	265
母共分散	317
母集団	44
ポートフォリオ	35
母標準偏差	44
母分散	44
ホルト法	230

ま〜ら行

マネーサプライ	185
マハラノビス距離	305
ミクロ経済学	129
メディアン	19
モード	22
有意水準	113
予測変数	133
離散型確率分布	64
離散データ	65
リスク(ファイナンスにおける)	37
両側検定	115
臨界値	113
累積寄与率	264
レヴィン検定	105
連続型確率分布	64
連続データ	65
ロジスティック曲線	195

Bibiography

内閣府『経済財政白書〈平成21年版〉――危機の克服と持続的回復への展望』日経印刷、2009年

矢野恒太記念会『データでみる県勢 2009年版』矢野恒太記念会、2008年

矢野恒太記念会『データでみる県勢 2011年版』矢野恒太記念会、2010年

中小企業庁『中小企業白書〈2009年版〉イノベーションと人材で活路を開く』経済産業調査会、2009年

経済産業省『通商白書〈2008〉新たな市場創造に向けた通商国家日本の挑戦』日経印刷、2008年

『暮らしと金融なんでもデータ 平成21年度版』知るぽると金融広報中央委員会、2010年

日本エネルギー経済研究所計量分析ユニット『EDMC/エネルギー・経済統計要覧（2010年版）』省エネルギーセンター、2010年

『プロ野球カラー名鑑2009』ベースボール・マガジン社、2009年

『ダイヤモンド「株」データブック　2010年夏号』ダイヤモンド社、2010年

白砂堤津耶著『例題で学ぶ初歩からの統計学』日本評論社、2009年

広田すみれ著『読む統計学 使う統計学』慶応義塾大学出版会、2005年

吉澤康代、石村貞夫著『Point統計学t分布・F分布・カイ2乗分布』東京図書、2003年

蓑谷千凰彦著『すぐに役立つ統計分布』東京図書、1998年

涌井良幸、涌井貞美著『図解でわかる統計解析用語事典』日本実業出版社、2003年

岩﨑学、中西寛子、時岡規夫著『実用 統計用語事典』オーム社、2004年

舟尾暢男著『R Commanderハンドブック』九天社、2007年

田口玄一著『タグチメソッドわが発想法－なぜ私がアメリカを蘇らせた男なのか』経済界、1999年

ナシーム・ニコラス・タレブ著、望月衛訳『ブラック・スワン上下巻――不確実性とリスクの本質』ダイヤモンド社、2009年

バルーク・ビジネス・コンサルティング編・関正行著『ステップアップ式MBAアカウンティング入門』ダイヤモンド社、2005年

落合信彦著『ケネディからの伝言』集英社、1996年

中村隆英、新家健精、美添泰人、豊田敬著『経済統計入門 第2版』東京大学出版会、1992年

上田太一郎監修、高橋玲子、村田真樹、渕上美喜、藤川貴司、近藤宏、上田和明著『Excelで学ぶ時系列分析と予測』オーム社、2006年

田中孝文著『Rによる時系列分析入門』シーエーピー出版、2008年

涌井良幸著『<ゼロからのサイエンス>多変量解析がわかった!』日本実業出版社、2009年

涌井良幸、涌井貞美著『ピタリとわかる多変量解析入門』誠文堂新光社、2005年

涌井良幸、涌井貞美著『図解でわかる多変量解析——データの山から本質を見抜く科学的分析ツール』日本実業出版社、2001年

Standard & Poor's, "*Standard & Poor's 500 Guide 2009 Edition*" The McGraw-Hill Companies, 2009.

James B. Dilworth, "*Operations Management*" The McGraw-Hill Companies, 1996.

Jay Heizer, Barry Render, "*Production & Operations Management*" Prentice Hall, 1996.

Philip Kotler, "*Marketing Management*" Prentice Hall, 1997.

Stephen A. Ross, Randolph W. Westerfield, Bradford D. Jordan, "*Fundamentals of Corporate Finance*" Irwin/McGraw-Hill

著者紹介

関 正行 (せき・まさゆき)

株式会社グローバル・ビジネス・インスティテュート
代表取締役

同志社大学卒業後、四国電力株式会社に入社。徳島県内の電力需要の予測や資源エネルギー庁向け火力燃料計画（火力発電所における原油・重油・石炭・コークス炉ガス等の調達計画）の策定に従事。同社在職中に、ニューヨーク市立大学の経営大学院で経営管理学を学ぶ機会を得、1999年、会計学専攻のMBAを取得。

帰国後、米国で学んだ知識や技術を活かし、大手総合商社、外資系金融機関等と協働し、原油オプション等、（原油価格の変動リスクをヘッジするための）エネルギー・デリバティブの導入可能性に関する調査・研究を行う。

四国電力を退職し、GEコンシューマー・ファイナンス株式会社(現新生フィナンシャル株式会社)に入社。同社では、GE（ゼネラル・エレクトリック）米国本社認定のブラックベルトとして、「不良債権の償却基準の変更」「コールセンターにおける入電数予測モデルの構築」等、大小様々なプロジェクトをリードした。

2009年、新生フィナンシャルを退職。同年、より実践的なビジネス英語と定量分析ツールの普及を目的として株式会社グローバル・ビジネス・インスティテュートを設立。現在に至る。

株式会社グローバル・ビジネス・インスティテュート
http://www.gbi-business.com/

Excelで経営情報を分析する
ビジネス統計入門[決定版]

2011年7月30日 第1刷発行
2013年9月8日 第2刷発行

著　者──関　正行
発行者──長坂　嘉昭
発行所──株式会社プレジデント社
　　　　〒102-8641
　　　　東京都千代田区平河町2-16-1
　　　　平河町森タワー13階
　　　　電話 03-3237-3732 [編集]
　　　　　　 03-3237-3731 [販売]

装丁・DTP　オムジグラフィコ
編集　　　　中島万寿代
印刷・製本　ダイヤモンド・グラフィック社

©2011 Masayuki Seki　　ISBN978-4-8334-1972-7
落丁、乱丁本はお取替えいたします。
本書の無断転載・複写・複製を禁じます。
Printed in Japan